Œuvres illustrées de Méry.

Le radeau.

LA FLORIDE.

PRÉFACE EN VOYAGE.

Les meilleurs cours de littérature sont aujourd'hui professés dans les chambres des paquebots à vapeur.

Aussi les voyages sont-ils aujourd'hui plus instructifs que jamais.

Ce genre d'éducation manquait à nos pères : on apprend tout ce qu'on ignore en voyageant sur la Saône, sur le Rhône, sur le Rhin, ou sur la mer.

Je venais de quitter Paris, selon mon usage, et je courais en vapeur vers la Méditerranée.

Nous étions cinquante, assis, couchés ou debout dans l'entrepont d'un paquebot.

Un monsieur grave prenait du café, en lisant un journal, et il souriait beaucoup.

— Il lit le roman de... dit un jeune homme en blouse ; — je suis en arrière de deux feuilletons.

— Moi, je suis abonné, dit un ami : je recevrai ma collection poste restante à Valence.

— Je lis ce roman avec beaucoup d'intérêt, dit une dame voilée de vert, parce qu'il est écrit dans le genre que j'aime.

— Vous êtes tout à fait dans mes opinions, dit un voyageur maigre et chauve ; moi, madame, je n'aime que les romans d'intérieur domestique, ceux qui peignent avec vérité la vie réelle, qui nous offrent un miroir fidèle, et nous corrigent de nos vices et de nos défauts en nous les représentant d'après nature. Je suis fâché que La Bruyère n'ait pas fait un roman.

Un jeune homme, coiffé à la Gioto, et qui allait en Chine un bâton à la main, prit la parole d'un ton leste et dit :

— Moi, je ne comprends pas trop le plaisir que vous trouvez à lire dans des livres ce que vous faites chez vous. Les Chinois ont bien plus de bon sens dans leur folie. Ils ne peignent, ne gravent, ne sculptent, n'écrivent que leurs rêves, leurs fantaisies, leurs caprices d'imagination. Tout ce qui se passe bourgeoisement

LAGNY. — Imprimerie de VIALAT et Cie.

autour d'eux leur paraît vulgaire et indigne d'être présenté à l'œil. Vous autres Français, vous voulez voir sur vos livres de boudoir, sur vos paravents d'alcôve, sur vos écrans de cheminée les mêmes choses que vous faites avec votre ridicule costume européen. Vous demandez à vos faiseurs de tapisseries une scène de nourrice, une noce de village, un départ de conscrits pour l'armée, un ménage de nouveaux mariés, un père maudissant un fils, une demoiselle qui touche du piano devant ses parents, un propriétaire qui met son locataire insolvable à la porte de sa maison.

De cette manière, vous avez l'agrément de pouvoir répéter dans le salon vos histoires de tapisseries. Quant à moi, en passant à Lyon, où je m'arrête cinq jours, je vais commander à un fabricant quatre panneaux de papiers représentant quatre scènes qui se passent dans la planète de Saturne. Eugène Delacroix m'en a fait les dessins à Paris. A Péking, je vendrai cela un prix fou.

— Mais, monsieur, observa un voyageur sérieux et enrhumé, savez-vous ce qui se passe dans la planète de Saturne ?

— Si je le savais, je ne le ferais pas peindre, répondit le Chinois : cela resterait alors dans la vie bourgeoise et réelle des gens de Saturne.

— Ah ! dit le voyageur sérieux ; et il toussa beaucoup.

— Les jeunes gens ont des idées de... jeunes gens, remarqua un monsieur presque endormi sur la pomme d'un jonc ; moi, ce que je cherche dans un roman, c'est un fait, un grand fait historique, une chose enfin qui m'instruise en m'amusant, comme dit Boileau ; car, soyons de bonne foi, quel fruit retirez-vous de la lecture d'une œuvre de pure imagination, d'un long mensonge, tranchons le mot ?

— Parbleu ! cela nous amuse ; voilà le fruit, dit le Chinois.

— Oui, dit le monsieur somnolent ; mais cela ne vous instruit pas. Moi, monsieur, j'ai appris l'histoire d'Écosse dans Walter Scott.

— Moi aussi, dit la dame voilée de vert.

— Moi aussi, dit son mari.

— Vous voyez, ajouta l'autre, que tout le monde ici est de mon avis, monsieur.

— Ah ! vous croyez aux histoires d'Écosse de Walter Scott, dit un Parisien qui entrait en éteignant son cigare.

Vous saurez, mesdames, qu'il pleut sur le pont... les histoires d'Écosse sont des fables en brouillards... comme toutes les autres histoires d'ailleurs ; à qui dites-vous cela ! Moi, monsieur, j'ai vu à Paris trois histoires et deux révolutions passer sous mes croisées, et je les ai rencontrées dans la rue, comme je vous rencontre ici. Depuis, j'ai lu vingt ouvrages sur ces événements. Chaque ouvrage contredit les dix-neuf autres, et tous contredisent ce que j'ai vu de mes propres yeux ; et vous voulez, après cela, que j'ajoute foi aux choses qui se sont passées dans les brouillards, les cavernes et les neiges d'Écosse il y a trois cents ans ! Allons donc !

Le monsieur sérieux agita le bras droit, mais la parole lui fut supprimée par une quinte de toux.

Une dame d'un âge mûr, qui donnait à boire dans son verre à un épagneul, prit la parole et dit : — Moi, je n'aime que les romans par lettres, comme ceux de M. Montjoie.

— Nous ne connaissons pas M. Montjoie, remarquèrent en trio trois jeunes gens.

— Mais quel âge ont ces messieurs ? demanda la dame de l'épagneul.

— Trente ans, comme tout le monde, répondit un des trois.

— M. de Montjoie, poursuivit la dame, écrivait en mil... mil... huit cent... et quelque chose... Il a fait les *Quatre Espagnols*, le *Manuscrit du mont Pausilippe*, etc., etc., toujours sous la forme épistolaire. J'ai lu cela au sortir du couvent.

— Il me faut à moi les grosses plaisanteries, dit un énorme voyageur qui s'ennuyait de se taire ; les farces, quoi ! un tas de gaudrioles à mourir de rire le dimanche quand il pleut. Tenez, voulez-vous savoir mon roman que j'aime, moi ? c'est celui de... aidez-moi un peu... j'ai le nom au bout de la langue... un farceur... Ce livre, où il y a un homme bête comme une oie, qui a une femme gentillette... et il y a un autre jeune cadet, nommé... chose... je suis brouillé avec les noms !.. J'ai acheté ce livre en arrivant de l'armée, et puis je l'ai donné à mon cousin, qui est veuf et qui n'a pas d'enfants.

— D'où vient que l'on ne fait plus aujourd'hui des romans avec des chevaliers ? demanda naïvement une dame qui allait joindre son mari à Alger.

— Des chevaliers de quoi ? répliqua un jeune évaporé, qui jouait avec ses cheveux.

— Des chevaliers qui se battaient dans les tournois et qui allaient en Palestine.

— Bah ! ce sont des romans de servantes de curés, ça ! dit le même.

— J'ai un cousin qui fait des romans, dit une dame mystérieuse ; vous devez le connaître, messieurs, mais je ne dis pas son nom. Il rédige beaucoup dans les gazettes. C'est plus fort que lui, il ne peut écrire que des choses tristes comme une robe de deuil ; je lui dis quelquefois : Alfred, mon ami (je l'ai vu enfant), il ne faut pas toujours broyer du noir comme cela : on dirait que tu es employé aux pompes funèbres... Ça le fait rire aux larmes... Eh bien ! c'est son naturel. Il est gai avec ses camarades, et dès qu'il prend la plume, il vous oblige à pleurer.

— Voilà un genre que je déteste, moi, dit un jeune farceur qui voyageait pour les garances.

Nous, par exemple, dans notre état, nous avons toujours la gaudriole à la bouche. Il faut causer beaucoup avec les correspondants. On est invité à dîner : on trouve des dames, des demoiselles qui vous demandent : Avez-vous lu le roman de M. tel ? Que diable ! si ce roman est noir comme un four, on ne peut pas rire au dessert. Nous voulons des historiettes galantes, des amourettes, des bêtises. L'autre jour, à Lyon, j'ai fait une affaire de vingt-sept mille francs, escompté deux, en disant cette drôle d'aventure de ce monsieur qui était dans les journaux avec la femme d'un autre ; et lorsque le mari entra, il sauta dans le jardin, et resta pendu par son habit à la grille en fer.

— Ce n'est pourtant pas ce que veut l'époque, dit un professeur de philosophie en vacances : l'époque est sérieuse. On accepte le roman comme distraction, comme amusement, comme on écoute l'air d'un orgue de savoyard dans la rue. Il y a beaucoup de gens frivoles qui cherchent, disent-ils, à tuer le temps. Mais pour la majorité des travailleurs, des penseurs, des moralistes, des industriels, le temps n'est pas une chose qu'on tue ; c'est une chose qu'on emploie. Quant à moi, je donnerais tous les romans du monde pour une page de Banks, de Slouds, de Kramm ou Strauss.

— Ce monsieur parle très-bien, dit un large visage coloré couvert d'un bonnet de soie noire.

— Qu'est-ce qu'un roman ? poursuivit le professeur. (On fit cercle autour de lui.)

Un roman est un long mensonge. Quel effet moral produit le mensonge ? il déprave : voilà le roman jugé en deux mots. Vous lisez une aventure romanesque ; vous vous intéressez à des malheurs imaginaires ; vous dépensez un trésor de sensibilité, au profit de qui ? au profit de qui, je vous le demande ?.. au profit de l'insensibilité ; c'est-à-dire que lorsque vous rencontrerez à côté de vous le lendemain des malheurs réels, des infortunes véritables, vous ne leur donnerez ni larmes, ni intérêt, ni assistance, ni secours : votre fonds sera épuisé.

— Il a raison, dit la dame mystérieuse.

— Certainement, dit le voyageur chinois ; si monsieur parle toujours, il aura raison.

— Permis à vous, monsieur, de me réfuter, dit le professeur avec un regard oblique et un sourire sacerdotal.

— Allons donc, monsieur, dit le Chinois, est-ce que l'on réfute quelque chose aujourd'hui ? Tout le monde a tort, tout le monde a raison. Il y a des modes ou des goûts qui existent, et que rien au monde ne peut empêcher d'exister.

— Tant pis ! dit le professeur.

— Vous dites tant pis ! autour de vous un million d'hommes et de femmes dit : tant mieux.

— Oui, monsieur, mais en morale, les opinions ne se comptent pas, elles se pèsent. Vous avez beau dire, vous ne changerez pas la nature de l'époque : notre siècle est sérieux.

— Oui, il est sérieux ! s'écria le Chinois en s'échauffant ; il est sérieux le siècle, parce qu'il n'a pas voulu rire à la lecture de *Clara* ou *l'Héroïne de Bougival*.

Le professeur pâlit.

— C'est un roman de monsieur, continua le Chinois. Voilà mon ami Clémenson, voyageur en librairie, qui vient de me souffler cela à l'oreille.

— Alors, dit le professeur, si notre discussion dégénère en personnalités, je me retire.

— Il n'y a pas de personnalités, monsieur. Êtes-vous ou n'êtes-vous pas l'auteur de *l'Héroïne de Bougival ?*

— Et quand cela serait, monsieur ?

— Cela est.

— Chacun de nous n'a-t-il pas quelques petites erreurs de jeunesse à expier ? dit le professeur d'un air contrit. A vingt ans, on s'essaie, on s'interroge, on se tâte, avant de choisir irrévocablement sa vocation.

— Vous avez fait *Clara* ou *l'Héroïne de Bougival*...

Ah !

— Mon Dieu ! comme vous faites sonner haut cette vétille !

— L'époque était sérieuse quand vous avez publié *l'Héroïne de Bougival*. C'est en 1841. Vous aviez trente ans ; vous aviez lu Banks, Kramm et Strauss.

— C'est possible, c'est possible, monsieur.

— Voici l'analyse de *Clara* ou *l'Héroïne de Bougival*.

— La plaisanterie traîne un peu en longueur, ce me semble, dit le professeur avec un rire d'écolier.

— Clara, poursuivit le voyageur, est une jeune, leste et fringante villageoise qui désole Bougival de ses coquetteries.

Clara met Bougival en état de siège.

Le maire, le juge de paix, le capitaine de la garde nationale ont échappé seuls à l'ascendant de Clara, et ils tendent des piéges à l'héroïne pour la forcer à déserter Bougival.

Clara tient bon : elle a deux cents amoureux qui ont juré de s'ensevelir sous les ruines de Bougival avant de perdre leur trésor.

De là une foule d'aventures plus ou moins scabreuses.

Clara est couronnée comme rosière au dénoûment, et elle ne se marie pas.

Ma pudeur m'empêche d'entrer dans les détails de ce roman, destiné au plus sérieux de tous les siècles.

Voilà, messieurs.

Au milieu de cette analyse, le professeur était monté sur le pont du paquebot.

La question des romans ayant été épuisée, on mit l'entretien sur la hausse des actions du chemin de fer d'Orléans.

Les dames s'endormirent et je me plongeai dans de sérieuses réflexions.

En quittant Paris j'avais promis à mon ami Dujarrier (1) de lui faire un roman.

Quel roman écrirai-je ? Telle était la question que je m'adressais sur le paquebot dans mes entretiens avec moi-même.

Vous figurez-vous l'intérêt que je dus porter à la discussion de cette société voyageuse ? J'écoutais chaque interlocuteur avec une avidité bien naturelle.

C'était pour moi comme un public en miniature, m'éclairant de ses conseils.

Je trouvai cinq plans en germe et plusieurs sujets.

Je penchais, tantôt pour le roman avec des chevaliers, avec une action en Palestine ou en Bretagne, que j'aurais appelée Armorique ; tantôt pour le roman par lettres, comme ceux de Montjoie ; tantôt pour le roman individuel avec un héros lamentable, accusant le destin, et se plaignant de l'ingratitude de tous les hommes et d'une femme ; tantôt pour le roman bourgeois avec des messieurs habillés comme nous, parlant, agissant et se mariant comme tout le monde, entre Chaillot et Bercy.

J'étais fort perplexe, je n'arrêtais rien, je ne décidais rien ; un instant je fus sur le point de conclure quelque chose avec les chevaliers ; mais la gloire de madame Cottin m'épouvanta.

Comment surpasser ou égaler les trente-cinq éditions de *Malek-Adhel ?*

(1) Directeur du journal la *Presse*. (*Note de l'éditeur.*)

Je m'adressai au jeune voyageur qui allait en Chine, et je lui dis : Pardon, monsieur ; si un ami vous priait de lui faire un roman, quel roman lui feriez-vous ? Excusez-moi si je vous interroge ainsi sans préface ; mais vous me paraissez un homme de goût, et je suivrais volontiers un de vos conseils.

— Monsieur, me dit-il, je vais en Chine tout exprès pour faire un roman chinois. La vie réelle que nous menons en Europe n'est pas amusante, il faut en convenir, et je ne vois pas ce qui peut m'obliger d'écrire pour les autres ce qui ne m'amuse pas moi-même. Il me serait impossible, d'ailleurs, de faire la peinture des cœurs humains qui barbotent dans la boue de nos villes du Nord, avec des socques et des parapluies. Ces cœurs-là se feront peindre par d'autres si bon leur semble, je ne m'en mêlerai pas. Monsieur, ces réflexions peuvent vous servir de conseil.

— Je vous remercie, monsieur. Vos idées sont à peu près les miennes : on se sent bien fort quand on est deux à penser la même chose. Pourtant, je dois vous avouer que mon goût de lecteur s'attache quelquefois avec fureur à des romans de vie intime ou à des actions contemporaines, dont nos cités les plus brumeuses sont le théâtre, et qui sont racontées avec un charme inouï jusqu'à nos jours par les puissants esprits de notre siècle. Depuis quinze ans, nous avons vingt admirables livres de ce genre, signés de noms divers ; et il ne manque à ces livres que d'être allemands ou anglais, pour être proclamés chefs-d'œuvre à la face de l'univers.

— Cela est vrai, monsieur, et je comprends que votre goût comme lecteur ne s'accorde pas avec votre goût d'écrivain.

— Vous le comprendrez encore mieux, lui dis-je, lorsque je vous aurai donné une petite explication. Entre autres défauts dont la nature m'a doué, je suis très-paresseux, et je crains beaucoup le froid. Lorsqu'on me fait l'honneur de me demander un roman, ma première idée est de choisir un pays chaud, pour y établir ma famille et y vivre au soleil ou à l'ombre tiède, avec mes femmes et mes enfants, imaginaires, bien entendu.

Après mon premier chapitre écrit, je suis dupe de mon illusion, et mon domicile est bien clairement établi pour moi entre les deux tropiques ou sous l'équateur ; au point que j'oublie souvent de faire du feu en janvier, lorsque j'écris à chaque page les mots de bananier, d'acacias, de cactus, de nopals, d'aloès, de tigres, d'éléphants, de lions.

C'est aussi une économie de flanelle et de bois. Un travail de ce genre triomphe encore de ma paresse constitutionnelle, parce qu'il m'amuse. J'écris en égoïste. Je mets en jeu mes héros de prédilection ; les grands animaux surtout, mêlés aux grands paysages. En Europe, nous avons pour auxiliaires de romans, parmi les quadrupèdes, les chevaux et les chiens ; ils ont leur mérite, cela est incontestable ; mais ils sont un peu usés. Les bêtes fauves de l'Afrique et de l'Asie me semblent nées d'hier.

L'histoire naturelle, avec sa gravité scientifique, ne les fait pas vivre, elle les empaille. J'ai donc essayé de leur donner un rôle actif et intelligent, par l'observation exacte de leurs instincts et de leurs facultés. Ceux qui, à force d'étudier les hommes, ont négligé les animaux, m'accuseront peut-être d'exagérer l'intelligence des bêtes, si je prête à des éléphants, par exemple, des combinaisons de vengeance, opérées dans leur vaste cerveau avec toute la subtilité du raisonnement humain.

En m'adressant un pareil reproche, on oublierait la plus populaire des histoires, une histoire racontée dans tous les livres, et qui est vraie, quoiqu'elle soit une histoire.

Il s'agit d'un éléphant que son cornac conduisait à l'abreuvoir chaque matin.

Dans la rue où passait l'animal, il y avait un savetier qui trouvait plaisant de le piquer avec son aiguille de travail ; l'éléphant supporta quelque temps avec patience cette méchanceté indigne, mais enfin, poussé à bout, il garda un jour dans l'immense réservoir de sa bouche un immense volume d'eau, et il noya le savetier.

Personne n'a jamais révoqué en doute ce trait d'intelligence fourni par un éléphant domestique, c'est-à-dire dégradé : que ne doit-on pas attendre d'un éléphant au désert, lorsqu'il n'a rien perdu des merveilleuses facultés de sa nature ! Ainsi, monsieur, en associant à des héros de roman les grands quadrupèdes de la création, en les encadrant de puissante verdure et d'horizons lumineux, je me sens la force de pouvoir conduire deux volumes jusqu'au bout, même en hiver, et l'année, hélas ! n'est qu'un hiver déguisé en quatre saisons ! Voilà pourquoi, monsieur, il me sera facile de suivre votre conseil.

— C'est ce qui peut m'arriver de plus heureux, monsieur, me dit le voyageur en souriant ; j'aime toujours à donner à mes amis les conseils qu'ils se sont toujours donnés eux-mêmes : ceux-là sont toujours suivis.

Je demandai une plume et du papier au garçon de chambre du paquebot, et j'écrivis ces pages qui devaient un jour servir de préface à *la Floride*, roman que j'allais composer au centre de l'Afrique, département des Bouches-du-Rhône, sur le bord de la mer où s'élève le château d'If.

I.

UN INCENDIE EN MER.

Les plus tragiques scènes de notre monde se passent sur l'Océan ; mais elles n'ont d'autres témoins que le soleil, ou les astres de la nuit, ou les oiseaux voyageurs.

Quand *le Malabar*, vaisseau de la Compagnie hollandaise, s'abîma dans le gouffre de la mer Indienne, nul regard humain ne vit cette scène de désolation ; les passagers et l'équipage s'étaient jetés à la mer ; le capitaine seul ne voulut pas quitter son pavillon ; il fut dévoré par l'incendie, et la mort le trouva courbé sur la carte marine, le doigt fixé sur le dixième degré de latitude, vers l'île de Socotora.

La mer était fort agitée, le vent soufflait avec violence ; aussi, les passagers et les hommes de l'équipage, qui avaient confié leur salut à la chaloupe ou à de petits radeaux improvisés, furent presque tous submergés à peu de distance du navire incendié.

Un seul radeau, défendu par sa solidité ou, pour mieux dire, par la Providence, résista aux vagues jusqu'au coucher du soleil : après un terrible et dernier coup de vent, l'air reprit sa sérénité ; l'ouragan parut s'ensevelir dans les nuages pourpres de l'horizon, comme un ouvrier qui a fini son travail et s'endort.

Trois êtres vivants, les seuls échappés à l'incendie et au naufrage, sentirent renaître en eux quelque espoir, quand les derniers rayons du soleil s'allongèrent sur une mer calme.

Leur radeau, favorisé dans ce désastre, pouvait alors suivre une direction à l'aide de quelques pièces de bois posées en manière de rames et de gouvernail.

Des trois passagers réfugiés sur cette planche, deux pouvaient la conduire au hasard, avec la boussole de la Providence, car aucune ombre de terre ne se montrait à l'horizon : le troisième était une jeune femme, qui paraissait abattue par la souffrance plutôt que par l'effroi.

La figure des deux hommes exprimait cette calme énergie qui sait se résigner à la mort en luttant contre elle ; ils étaient dans une de ces crises où l'action remplace la parole, où les coups de rames sont plus éloquents que les meilleurs discours.

Aussi la révolte désespérée de ces malheureux contre la mer s'accomplissait avec un morne silence.

Autour d'eux s'étendait la plus désolante des solitudes, celle de l'Océan, cercle infini dont leur radeau était le centre.

Le dernier rayon de soleil embrasa la mer, puis la surface de ce désert prit subitement une teinte opale, qu'elle ne garda pas ; le rapide crépuscule des régions équinoxiales permit aux passagers de jeter un coup d'œil circulaire vers des rivages invisibles ; et la nuit tomba lourdement avec ses embûches et ses terreurs.

Les deux hommes continuèrent leurs fonctions de rameurs avec une adresse de métier qui annonçait chez eux l'expérience de la mer.

Leurs regards interrogeaient fréquemment la boussole céleste de la croix du Sud ; et l'éclair de l'espérance ranima leurs forces épuisées, lorsqu'ils s'aperçurent qu'un favorable courant, bien plus rapide que l'action des rames, les emportait vers les côtes d'Afrique.

La jeune femme, étendue sur un lit de toiles goudronnées, dormait de ce lourd sommeil que donnent la fatigue, la douleur et le désespoir.

Si quelque observateur intelligent avait vu le maintien des deux naufragés dans cette crise, et surtout s'il avait entendu les premières paroles qui s'échappèrent de leur bouche après dix heures de silence, il aurait reconnu dans ces deux êtres des caractères peu communs et bien faits pour s'associer dans les hasards d'une vie pleine de périls.

Des deux acteurs de cette scène maritime, dont l'un était un jeune homme de vingt-six ans, et l'autre un homme jeune de trente-sept ans, ce fut le dernier qui rompit le silence.

— Nous faisons là un rude métier, mon cher Lorédan, dit-il en laissant tomber la poignée d'une rame sur le bord du radeau ; je ne sais pas si la vie vaut la peine qu'on la défende à ce prix.

— Nous avons à défendre la vie de cette jeune femme, sir Edward.

— Oui, c'est justement ce que je pensais aussi.

— Sir Edward, vous êtes trop généreux pour ne faire que la moitié d'une bonne action. Vous avez déjà retiré cette belle enfant du fond de la mer ; vous achèverez votre ouvrage maintenant.

— Certes, je ne demande pas mieux : en la sauvant, nous nous sauvons ; il y a souvent beaucoup d'égoïsme dans les bonnes actions des hommes. Ne me faites pas plus vertueux que je ne suis.

— Parlons bien bas pour ne pas la réveiller...

— Elle dort avec une confiance en nous qui mérite d'être justifiée... Lorédan, vous avez l'œil et l'odorat subtils ; ne flairez-vous pas l'Afrique à l'ouest ? Je vois que vos narines interrogent le vent.

— Oui, oui... il y a des parfums de terre dans l'air... Bon courage, sir Edward ; la côte n'est pas loin.

— Et quelle côte, mon jeune ami ?

— Que nous importe ! pourvu que ce soit une côte.

— Vous avez raison, au moins, nous ne ramerons plus. C'est que je ne connais pas du tout le pays ; si nous étions au Bengale, je ne ferais pas erreur d'un demi-degré ; mais ce quartier du globe m'est complétement inconnu.

— Ou je me trompe fort, sir Edward, ou nous ne sommes pas loin des atterrages d'Agoa.

— D'Agoa ! d'Agoa !.. un nom nouveau pour moi... je suis vraiment honteux d'habiter depuis trente-sept ans une ville aussi petite que la terre, et de ne pas connaître la rue d'Agoa... et vous êtes, sans doute, en pays de connaissance à Agoa, vous, Lorédan ?

— Moi, je n'y connais pas un brin d'herbe, pas une goutte d'eau ! C'est un nom que j'ai remarqué sur la carte, hier, quand je suivais le doigt de notre pauvre capitaine, et les pointes de son compas.

— Ah ! voilà tout ce que vous savez sur ce pays !

Sir Edward regarda les étoiles, et continua de ramer. Rien en lui ne trahissait la moindre émotion ; si à son prénom nous ajoutons son nom de famille, Klerbs, nous aurons désigné un voyageur intrépide, connu déjà de quelques-uns de nos lecteurs, et qui a laissé dans l'Inde de fort honorables souvenirs.

Le passage subit de la nuit au jour, phénomène des régions équinoxiales, découvrit aux yeux de nos deux naufragés une terre très-voisine ; c'était en effet la vaste baie d'Agoa.

Nos deux voyageurs, en voyant cet abri secourable, ne manifestèrent leur joie par aucune exclamation frénétique usitée en pareille circonstance.

On aurait dit qu'ils regardaient leur salut comme chose inévitable, ou comme une dette que la Providence acquittait envers eux.

Il est vrai que les âmes fortement trempées gardent

leurs secrets de joie ou de tristesse, et n'en laissent rien jaillir sur le front.

Le courant poussait le radeau vers la baie, comme une main providentielle et invisible.

A mesure que la côte s'élevait sur la mer, elle se parait d'une verdure charmante, et réjouissait les yeux des naufragés, en leur promettant tous les trésors que les ombrages donnent, les eaux douces et les fruits doux.

La baie d'Agoa, tranquille comme un lac indien, semblait ouvrir ses bras circulaires pour accueillir les naufragés, comme une mère assise au rivage, qui appelle ses enfants.

L'éclat du matin était si doux sur les eaux calmes de la baie, les grands palmiers s'inclinaient avec tant de grâce sur les deux rives, les oiseaux chantaient si joyeusement sous les feuilles, que les deux naufragés ne conçurent aucun souci en voyant se dérouler devant eux une terre déserte.

Il était impossible que cette charmante nature les accueillît si bien pour les étouffer; un mauvais soupçon eût été une offense contre le golfe de fleurs qui les sauvait des eaux.

Nos deux voyageurs s'abandonnèrent donc à tous leurs élans de joie intérieure, et le radeau s'arrêta devant un quai naturel, pavé de velours vert et ombragé de palmiers.

La jeune femme dormait toujours sur son lit de naufrage, et ses compagnons n'osèrent pas la réveiller, afin de la laisser savourer jusqu'à la dernière goutte ce suprême remède que la nature a infusé dans le sommeil, et qui guérit les maux du corps et de l'âme. Ils lièrent le radeau à la racine saillante d'un arbre, et lui donnèrent une alcôve charmante avec ses rideaux mobiles chargés d'oiseaux vivants et de fleurs.

Les deux gardiens de ce sommeil, debout sur la rive, tenaient leurs yeux fixés sur la plus ravissante jeune fille qui se soit jamais endormie dans un bois de palmiers, au chant des oiseaux et des fontaines.

Ce tableau appartenait à une nature primitive; il rappelait une scène des anciens jours de la création, lorsque les familles errantes n'habitaient que les eaux ou les bois, à la clarté des étoiles ou du soleil.

Rien dans le costume des trois naufragés n'annonçait des habitants de notre monde d'aujourd'hui; la mer avait dévasté les vêtements de ces voyageurs, comme aurait fait un pirate.

La chevelure noire de la jeune fille, pétrie par les vagues, s'élargissait sous sa tête comme un chevet d'ébène, et faisait ressortir la blancheur du front et l'incarnat des joues; le corps était comme enseveli sous un amas de toiles hideuses, et les deux hommes, qui contemplaient ce visage divin, semblaient attendre une résurrection, et non un réveil.

Sir Edward avait une de ces organisations singulières qui mettent de la pudeur dans la sensibilité; il y a des individus qui rougissent d'une vertu comme d'autres d'un crime, et qui prennent un soin extrême à cacher les plus honorables sentiments.

La parole de ces hommes est faite d'une raillerie perpétuelle qui déconcerte l'observateur assez hardi pour vouloir surprendre le trésor de bonté enfoui au fond de leur cœur.

Mais il y a dans la vie des heures solennelles où la sensibilité la plus contrainte dans son expansion se trahit par une larme, par un geste, par un regard.

— Cette pauvre jeune fille! dit sir Edward en couvrant ses yeux avec sa main; cette pauvre enfant, qui est attendue là-bas, au bout de l'Afrique, par la famille de son futur époux! Quel chemin de noces! Ne vaudrait-il pas mieux qu'elle dormît ainsi toujours!

Après cette phrase, dite à voix basse et pleine de mélancolie, sir Edward se ravisa et se repentit.

— C'est que, mon cher Lorédan, poursuivit-il, on ne va pas en radeau à la ville du Cap, où mademoiselle Rita est attendue; j'ai beau chercher autour de moi une maison solide de pierre, ou une maison de bois flottante, je ne vois rien... C'est un désert... un désert charmant, mais qui a le tort de ne pas être habité... Lorédan, vous qui étudiez les cartes, avez-vous aperçu autour de la baie d'Agoa quelque trace d'habitation humaine ou sauvage?

— Sur la carte, pas une ombre noire autour d'Agoa; un blanc uni et désespérant.

— Oh! si nous n'étions que vous et moi, je ne m'inquiéterais guère de ce blanc! j'en ai vu bien d'autres dans ma vie. J'ai failli fonder une ville, avec un de mes amis, dans un désert indien peuplé de tigres... mais nous avons cette pauvre orpheline sur les bras! un fardeau charmant dans une ville; bien lourd ici!

— C'est pourtant cette jeune fille qui me rattache à la vie, sir Edward, dit Lorédan de Gessin avec une expression de voix mystérieuse.

Sir Edward le regarda fixement, et après une pause:

— Ah! voilà qui est clair, dit-il... En effet, j'avais cru découvrir déjà un certain penchant du jeune passager pour la jolie passagère à bord du *Malabar*... Je vous demande pardon d'avoir sauvé la vie à mademoiselle Rita; je vous ai volé cette bonne action; mais ne craignez rien, je ne réclamerai aucune récompense: bien plus, je mettrai ce service sur votre compte: c'est généreux, n'est-ce pas?

A son tour, Lorédan regarda fixement sir Edward, mais avec cette expression de tristesse amicale, plainte muette de l'homme malheureux qui n'est pas compris.

— Ces diables de Français! poursuivit sir Edward, ils se ressemblent tous. Sur l'Océan, à la ration, avec le mal de mer, ils deviennent amoureux des jeunes filles qui vont se marier! Au reste, je conviens que, cette fois, le hasard vous a merveilleusement servi, Lorédan. Ce pauvre oncle, M. Thomas Clinton, qui conduisait Rita, sa nièce, à la ville du Cap, périt dans notre naufrage. La jeune et belle orpheline est sauvée des eaux par votre dévouement; il n'y a pas, dans la baie d'Agoa, le moindre brick en partance pour *Cape-Town;* nous sommes dans un désert, et par conséquent, obligés de fonder une ville à nous trois: tout cela justifie très-bien l'amoureux penchant né à bord du *Malabar.* Vous aviez tort hier; aujourd'hui vous avez raison. On n'est pas plus heureux dans un malheur. Mademoiselle Rita n'avait jamais vu son futur époux de Cape-Town elle n'aura donc pas de peine à l'oublier.

Lorédan secoua la tête mélancoliquement, et garda

ce silence mystérieux qui provoque une interrogation.

Sir Edward prit un biscuit de mer, le rompit, et en offrant la moitié à Lorédan :

— Je comprends, dit-il, vous regrettez votre riche cargaison d'écailles et de moka, incendiée, sans garantie d'assurances, avec *le Malabar*. C'était toute votre fortune, n'est-ce pas?

Lorédan fit un signe affirmatif.

— Quelle imprudence! continua sir Edward; mettre sa fortune sur une coquille de noix!.. Mais, tout bien réfléchi, Lorédan, vous avez vingt-six ans; c'est encore une belle fortune que vingt-six ans; vous avez l'intelligence du commerce; il vous sera facile de regagner ce que vous avez perdu. J'ai sur moi une ceinture de piastres fortes qui ne me quitte jamais; c'est mon cilice; je vous offre ces graines d'or pour les semer dans la première terre féconde que vous labourerez.

Lorédan serra les mains de sir Edward.

— Ah! dit-il après une pause; ah! cher compagnon d'infortune, vous ne connaissez pas le fond de mes misères! Oui, si je n'eusse regardé comme un devoir sacré de m'associer avec vous pour sauver cette jeune fille, croyez bien que j'aurais suivi ma cargaison au fond de la mer.

— Maintenant, je ne vous comprends pas, dit sir Edward d'un air qui sollicite une explication. Quoi! à vingt-six ans, estimer assez quelques morceaux d'écailles et quelques grains de moka pour se noyer avec eux! Cela confond mon intelligence, passée au crible de l'univers!

— Sir Edward! sir Edward! ne vous étonnez pas. En deux mots, voici mon histoire :

Mon père avait un nom vénéré dans le commerce; un nom sans tache; c'était sa noblesse, c'était son orgueil.

En 1828, une crise commerciale éclata dans notre ville du midi de la France; à son reveil, un matin, mon père se trouva ruiné, mais ruiné sans ressources.

Son désespoir fut effrayant parce qu'il fut silencieux. Je devinai sa pensée; elle était au suicide. Je pris donc la détermination de garder à vue mon père, et de ne le quitter ni jour ni nuit; je trouvai même un prétexte pour dormir dans sa chambre et dormir éveillé, s'il était possible.

Un soir, mon père m'embrassa avec une tendresse alarmante. Je le regardai fixement, il avait des larmes dans les yeux. Je redoublai de surveillance, et je me promis bien de garder son sommeil ou son insomnie.

Avant le jour, je le vis se lever avec précaution et marcher vers un meuble de sa chambre, et je vis luire dans sa main deux armes, à la clarté d'une lumière extérieure.

Au moment où il franchissait le seuil de sa porte, je me précipitai sur lui, je le repoussai vivement dans l'appartement. Là, tenant mon père étroitement pressé sur mon sein, j'épuisai tout ce que l'éloquence du désespoir peut inspirer au cœur d'un fils.

Que vous dirai-je de plus! il vous suffira de savoir que mon père, vaincu par mes larmes, consentit à vivre, ou du moins qu'il ajourna son suicide. Il fut convenu entre nous que le lendemain il convoquerait ses inexorables créanciers, et qu'il leur promettrait,

sous serment, de s'acquitter envers eux au bout de trois ans; ce qui fut proposé, débattu, et enfin accepté.

Maintenant un devoir terrible et rigoureux commençait pour moi. Mon père, vieillard sédentaire, ne pouvait reconstruire une fortune pour la donner; ce soin m'était confié.

J'avais à remplir une mission de dévouement filial, et je me sentais au cœur le courage de l'accomplir. Devant moi, sur le port de notre ville, on m'avait souvent montré des jeunes gens qui avaient fait leur fortune dans les Indes, sans autres éléments que l'intelligence et la probité.

Je fis mes préparatifs de départ; je me ménageai de longs entretiens avec ceux qui connaissent le commerce de l'Inde, dans ses grandes et modestes opérations; et prenant mon passage à bord de *l'Indus*, j'embrassai mon père et je partis en lui disant : Vous m'avez donné la vie, je vous la rendrai.

Sir Edward, vous savez le reste. Deux ans m'ont suffi pour gagner une fortune et la vie de mon père; une nuit a suffi pour tout perdre. Voilà ma position, jugez-la.

Pendant ce récit, la noble figure de sir Edward avait laissé entrevoir de vives émotions sous l'épiderme de bronze tissu aux rayons du soleil indien.

Il n'osait encore parler, de peur de trahir sa sensibilité par une parole tremblante, et il affectait de s'occuper de quelques détails de sa toilette de naufragé, comme si la confidence de Lorédan n'avait fait que traverser son oreille, sans arriver à son cœur.

Dès qu'il sentit qu'il pouvait donner à sa voix la froide assurance de l'égoïsme, il dit, en peignant avec ses doigts ses boucles de cheveux noirs collés sur son front :

— Mon cher Lorédan, votre position est triste, j'en conviens. Un malheur personnel, à votre âge, est un amusement; mais vous portez le malheur d'un autre, et cet autre est un père; voilà ce qui est intolérable. C'est le cas où le désespoir serait permis. Je crois pourtant qu'il y a une récompense providentielle au courage qui ne désespère pas dans le délire de l'infortune consommée. La vôtre a toutes les conditions qui semblent légitimer une révolte contre le ciel. Oui, il y a des fatalités si brutalement injustes, qu'elles peuvent ébranler la foi du plus sage. Eh bien! dans ma vie vagabonde, quand j'ai passé devant un grand désespoir, j'ai arrêté ses mains violentes; je lui ai ordonné de vivre, et il a vécu; quand j'ai repassé devant lui, longtemps après, il était calme et joyeux, comme cet océan après la tempête d'hier. Vous avez fait votre devoir, Lorédan; attendez demain.

— Mais mon père attend aussi; il attend; sir Edward! il attend ce qui n'arrivera pas; il attend la vie, et il recevra la mort. Mes dernières lettres de Bombay lui annoncent mon prochain départ. Quel coup pour lui! mon père est triomphant d'espoir; une tombe sur son front comme la foudre : il n'a plus de fortune, il n'a plus de fils!.. Oui, si je n'eusse regardé comme le devoir sacré du moment celui de sauver, avec vous, cette jeune fille à travers les flammes de l'incendie et les vagues de l'Océan, à cette heure je serais mort. Vous avez sauvé Rita, sir Edward, et Rita m'a sauvé.

— Eh bien! mon cher compagnon, dit sir Edward, — avec un de ces sourires tristes qui essaient d'égayer une horrible situation, — eh bien! mon pauvre Lorédan, je rétracte alors toutes les mauvaises plaisanteries qui ont provoqué cette explication. Excusez-moi; je me suis trompé; je vous ai cru amoureux de mademoiselle Rita.

— Amoureux! non, dit Lorédan — en copiant, comme un miroir, le sourire de son compagnon, — je ne suis pas amoureux; mais j'ai reconnu comme vous, et comme tous nos pauvres morts, que notre jeune passagère est une merveille de grâce et de vivacité créole...

— Oui, c'est un ange lutin.

— Voilà le mot!.. Certes, je conviens, sir Edward, qu'il est dangereux de naviguer en golfe Arabique avec elle. Fort heureusement, son oncle, Thomas Clinton, m'a soufflé en confidence que le mariage attendait la belle enfant à la ville du Cap.

— Lorédan, dites-moi, quand vous a-t-il fait cette confidence, Thomas Clinton?

— Avant-hier, sir Edward.

— C'est-à-dire après trente jours de traversée; il était peut-être un peu tard, n'est-ce pas? Et je présume même que l'oncle voulait plutôt vous donner un avis charitable que vous honorer d'une confidence.

— Ah! vous êtes méchant!

— Non, je connais les oncles: j'en ai eu quatre... Quatre héritages que le feu des tropiques a dévorés!.. Excusez cet aparté... cher compagnon, point d'hypocrisie entre nous... Dans un désert et devant la mort, entre les lions et l'Océan, nous ne sommes que deux et nous chercherions à nous tromper! Oh! pour le coup, l'humanité serait déshonorée sans rémission!.. Lorédan, soyez sincère; vous êtes amoureux de notre divine créole, amoureux comme un écolier; je suis si fin, Lorédan, que je puis me vanter de ma finesse; ainsi toute dissimulation ne vous servirait pas.

— Eh bien! dit Lorédan avec un mélancolique mouvement de tête, eh bien! supposons que je suis amoureux de mademoiselle Rita Clinton, n'entrevoyez-vous pas pour moi, dans l'avenir, un motif de désespoir de plus? Cette fois, il y aurait du luxe pour excuser un suicide...

— Comment donc jugez-vous cet avenir, Lorédan? Tout peut s'arranger, la fortune et l'amour. Les vies orageuses sont faites de miracles. Je ne compte que sur l'impossible, moi, je n'ai foi qu'en lui. L'invraisemblable est le mot du vulgaire, c'est l'exclamation du bourgeois. Les hommes comme nous sont les prédestinés de la Providence, le soleil ne luit que pour eux. Nous vivons toujours aux antipodes de la vie réelle. Si j'avais le malheur d'écrire dans une revue anglaise que nous sommes ici, vous et moi, après un incendie et un naufrage, occupés à déjeuner avec du biscuit, en causant gaiement devant une jeune fille endormie, tout Londres me lancerait un démenti, parce que Londres n'a jamais fait ce que nous faisons. Voyez ce pauvre Levaillant, l'intrépide voyageur, il a eu le malheur de dire qu'un jour il s'était rencontré, nez à trompe, avec un éléphant; cette histoire l'a perdu; on a mis son voyage dans la mythologie africaine.

L'an dernier, j'étais à Londres, où j'étouffais faute d'espace; on ne respire pas dans cette bicoque, quand on s'est domicilié en Asie.

Une famille me pria de lui raconter un chapitre de mes voyages. Je commençai de cette façon:

Un jour, mes bons amis, j'étais à Tranquebar; il était deux heures après midi. Je pris une tasse de chocolat et je partis. A ces mots, un sourire d'incrédulité courut sur tous les visages auditeurs. Personne de cette famille n'avait jamais pris du chocolat à deux heures après midi.

Je bornai là mon récit; on me pria de continuer; je répondis que mon chapitre était terminé.

Cher Lorédan, ces digressions, assez habituelles dans mes discours, m'amènent toujours à mon but. Nous sommes réservés aux choses extraordinaires; nous ne devons prévoir que l'imprévu. Vous êtes ruiné, c'est bien, vous êtes amoureux, c'est à merveille. Voyez comme la Providence veille sur vous; étudiez sa marche, et vous devinerez ses desseins. Croyez-vous que c'est pour vous perdre qu'elle vous a sauvé? Cette jeune fille est votre ange gardien visible. Votre amour vous a épargné un crime, le suicide. Ce concours d'heureuses circonstances n'est pas l'œuvre du hasard: c'est l'intelligente préface d'une histoire écrite pour vous dans le ciel. Lorédan, vous avez fait une noble action filiale, eh bien, vous aurez votre récompense; et moi qui n'ai jamais fait que des folies, je me sauverai à la faveur de votre bonne action.

Lorédan donna un long et triste regard au ciel, à la terre, à l'Océan, ces trois déserts pleins de mystères et de silence, et il n'exprima sa pensée que par la pantomime du doute et de la résignation.

En ce moment, une douce et légère ondulation se fit remarquer sur l'amas de toiles goudronnées qui couvraient le sommeil de la jeune fille.

Une main enfantine écarta quelques boucles de cheveux égarées sur les plus doux des visages; les yeux de Rita étincelèrent alors sous un front pur, comme deux étoiles sorties d'un nuage noir, et la nature sauvage de ce désert sembla se réveiller avec la belle créole.

Toutes les choses d'alentour, mortes ou animées, prirent un aspect enivrant; on aurait dit que les oiseaux, les feuilles, les fontaines, les petites vagues du golfe attendaient le regard d'une jeune fille pour donner un charme inouï à leur concert de chaque jour.

Ce fut la voluptueuse réalité du rêve de l'Eden du poète Bloomsfield, dont les vers peuvent imparfaitement se traduire ainsi:

Jamais depuis le jour où l'homme, après un rêve,
Vit poindre dans les fleurs le doux visage d'Ève,
Jamais, depuis l'Eden, regard plus gracieux,
De la femme tombé, n'illumina les cieux,
Lorsque toutes les voix qui chantent sur ce globe,
De l'aurore à la nuit, et du soir jusqu'à l'aube,
L'hymne des arbres verts, le murmure des eaux,
Les échos des vallons, le concert des oiseaux,
Mélodie inconnue, et soudain entonnée,
Dirent à l'univers que la femme était née!

Lorédan d'une de ses mains serrait la main de Rita.

II.

LA RIVIÈRE SANS NOM.

Il est inutile de reproduire ici toutes les phrases qu'amenait la situation, et qui furent échangées au réveil de Rita entre les trois naufragés.

L'intimité, si prompte à s'établir dans la communauté du malheur, vint adoucir bientôt une position en apparence désespérée.

La jeune fille, qui trouvait déjà un remède à son infortune dans sa vive gaieté de créole, ne put modérer son premier transport de joie lorsqu'elle se vit ainsi renaître au bord d'une mer calme, sous les arbres et parmi des fleurs ; un sourire même, qui se contint pour ne pas arriver à l'éclat, illumina sa figure, lorsque sir Edward, fièrement drapé d'un lambeau de voile, s'excusa de se présenter ainsi à elle dans son négligé du matin.

Pendant que sir Edward prodiguait à Rita les phrases consolantes de sa philosophie pour rendre la jeune fille à sa sérénité habituelle, Lorédan faisait de courtes et rapides incursions dans le voisinage, afin de découvrir un asile et des vestiges humains.

Ces rapides explorations ne servirent qu'à montrer aux naufragés leur isolement et le plus affreux abandon.

A la dernière de ces courses, le dernier espoir s'était évanoui.

Sir Edward s'occupait tranquillement à composer pour la jeune femme une coiffure de feuilles de bananier.

— Voilà, dit-il, ce qu'on ne trouverait pas chez la meilleure lingère de la rue Vivienne ou du *Quadrant*. Que pensez-vous de mon talent de modiste, Lorédan ?

— Je pense, dit Lorédan pâle et consterné, que nous sommes tombés dans un horrible pays.

— Cela vous sied à ravir, mademoiselle Rita, dit sir Edward avec le plus grand calme ; je fonderai ma réputation de coiffeur en Afrique. Vos beaux cheveux noirs s'harmonisent très-bien avec ce vert ardent. Corrège a coiffé une nymphe de cette façon. Elle est à la galerie Pitti... Vous disiez donc, Lorédan, que ce pays...

— Est horrible, sir Edward.

— Ah ! ne calomniez pas la création. Je ne connais que deux horribles pays, moi, la Cité à Paris, et la Cité à Londres. Mais ce qui se présente ici est superbe, mon cher naufragé. Avez-vous jamais vu de plus beaux arbres, de plus doux gazons, de plus belles eaux?

— Et pas un vestige de pied humain.

— Tant mieux, Lorédan. Savez-vous que ce vestige serait effrayant ici ? Consultez Robinson Crusoé ; il en découvrit un de ces vestiges, et il mourut de peur.

— J'espère bien pourtant, sir Edward, que nous ne passerons pas notre journée ici à faire des chapeaux de bananier et des sandales de nénuphar.

— Rassurez-vous, Lorédan ; notre toilette est terminée ; notre repas frugal du matin est fini ; nous allons maintenant nous mettre à la recherche de quelques vestiges humains. J'ai l'habitude de ces choses, vous verrez : il y a des procédés pour découvrir un pays, comme on trouve un domicile inconnu dans l'éternelle rue d'Oxford. Voilà une rivière charmante, une terre féconde, un site délicieux. Eh bien ! il y a des hommes domiciliés ici ; il ne s'agit que de connaître leur rue et leur numéro. Bien plus, j'ajoute que ces habitants sont des hommes bons et hospitaliers, parce que le paysage est doux, la colline arrondie, la rivière transparente, l'air embaumé ; parce que, chose rare en Afrique, il n'y a point de ces insectes sanguinaires qui aigrissent de bonne heure les meilleurs naturels, et les obligent à se faire sanguinaires à leur tour... Vous voyez, Lorédan, que j'ai étudié mon globe natal dans ses plus intimes secrets. Un avenir très-prochain me donnera raison. Vous verrez, mon ami.

— Oui, sir Edward, j'ai foi en votre expérience ; mais si nous persistons à faire une idylle au bord de la mer, sans nous mettre en quête d'un abri, nous ne rencontrerons jamais ces habitants hospitaliers et bons qui doivent nous accueillir et nous sauver. Je vous avouerai même, qu'à chaque bruit du vent dans les arbres, il me semble que notre groupe va s'augmenter de quelque lion inhospitalier.

— Voilà une erreur encore et qui vous vient des récits de ces voyageurs qui ne voyagent pas. Vous vous imaginez donc que les lions viennent ainsi rêver en plein soleil, au bord de la mer, comme des poètes lakistes. Je connais mes lions ; ils craignent la mer comme le feu. L'Océan est pour eux un monstre qui les tient à distance, et qui rugit plus fort que tout un concert africain. Cependant, je conviens avec vous, Lorédan, qu'il est temps de chercher un abri, et de suivre l'indication du doigt de la Providence. Cette jolie rivière chante avec une voix humaine ; elle nous fait un signe providentiel ; elle nous dit de remonter sa rive, en nous promettant d'étancher notre soif dans nos haltes ; levons-nous, et allons où elle nous dit d'aller.

A quelque distance de la mer, la rivière se voilait de la longue et flottante chevelure que secouait sur elle une double allée de tamarins.

Un sentier naturel, bordé d'iris, serpentait sur la rive comme une écharpe verte, et adoucissait la fatigue sous les pieds nus des voyageurs ; par intervalles, les arbres sauvages qui calmaient la faim et la soif perçaient les rideaux des tamarins comme des mains secourables, et laissaient pleuvoir leurs fruits sur le gazon ou les eaux.

Les trois naufragés suivaient avec espoir cette route merveilleuse.

— Il faut être patient et riche comme Dieu, disait sir Edward, pour dépenser depuis six mille ans tant d'eaux vives, de fruits et de fleurs, au bénéfice de trois pauvres naufragés !

La jeune femme, absorbée par un deuil trop récent, et marchant avec une résignation muette, n'exprimait sa reconnaissance envers ses libérateurs que par des regards remplis d'une douceur ineffable.

Elle comprenait tout ce qu'il y avait d'ingénieusement délicat dans cette insouciance de sir Edward, qui affectait d'agir et de parler comme s'ils se promenaient, en pleine civilisation, sur une allée de jardin anglais, et elle feignait elle-même d'être rassurée contre toute idée de péril, pour donner à sir Edward la seule récompense possible, c'est-à-dire la satisfaction de lui laisser croire qu'elle était dupe de sa trompeuse sécurité.

Le cœur des femmes est plein de ces nuances subtiles, et dans un assaut muet de délicatesse entre nous et elles, les hommes sont toujours vaincus.

Ce voyage au bord de la rivière n'avait encore amené aucune découverte, après cinq heures d'exploration et de marche non interrompue.

Lorédan donnait des signes d'impatience ; Rita, lourdement appuyée sur le bras de sir Edward, n'avançait plus qu'avec les plus grands efforts.

Le soleil, qui se révélait par intervalles dans les éclaircies de la voûte verte, descendait du zénith en sonnant le milieu du jour, comme l'horloge des déserts.

Les arbres, dans leur interminable succession, semblaient vouloir conduire nos voyageurs aux limites du continent africain, à la source d'une rivière sans nom.

Le calme de la nature était effrayant.

Le silence de midi régnait partout. On n'entendait que les caresses de l'eau sur les pierres polies, et le coup d'aile d'un oiseau invisible. Quelquefois une note claire, veloutée, un prélude de chant aérien, sorti d'un gosier de rubis et d'or, éclatait dans le calme de la solitude, et réveillait des échos que la voix humaine n'a jamais troublés.

Le charme virginal du paysage avait longtemps dissimulé cette terreur secrète qui réside au fond des eaux ténébreuses et des bois inhabités ; mais la grâce naïve de la rivière, de l'arbre et de la fleur, jouant ensemble pour le seul regard de Dieu, s'effaça bientôt pour ne laisser voir, sous une enveloppe hypocrite, que la désolation et la mort.

Lorédan, trop jeune et trop vif pour cacher une pensée alarmante, même en présence d'une femme, s'arrêta en frappant du pied le gazon, et, saisissant ses cheveux par un geste désespéré :

— Sir Edward, s'écria-t-il d'une voix sourde, il est inutile d'aller plus loin, ce chemin ne mène à rien.

Sir Edward laissa mollement tomber de son bras le bras de sa jeune compagne, et, regardant fixement Lorédan :

— Mon jeune ami, dit-il avec son flegme habituel, tout chemin mène à quelque chose ; mais il faut marcher, si nous voulons connaître le bout du chemin. Croyez-en ma parole ; je connais à fond le mécanisme de la vie excentrique : nous n'avons pas été sauvés d'un incendie et d'un naufrage pour mourir dans cet aquéduc végétal ; la Providence, cette mère de l'invraisemblable, marche avec nous : faisons notre devoir, elle fera le sien.

— Ah ! sir Edward ! s'écria Lorédan, tordant ses bras sur son front, vous savez que ce n'est pas pour moi que je demande la vie ! mon courage s'est évanoui ; doublez le vôtre pour remplacer le mien.

— Vous êtes un enfant, dit sir Edward avec un sourire qui corrigeait l'apostrophe. — Eh ! mon Dieu ! lorsqu'on abandonne sa rue natale et le numéro de son logis, on doit s'attendre à l'inattendu ; ceux qui passent devant *Regent-Circus* ou sur le boulevard Montmartre ne sont pas exposés à chercher un lit dans un désert. Quant à moi, je me suis fait un système admirable et bien naturel. Tous les soirs, lorsque je m'endors, je m'imagine que ma vie est finie et que j'expire dans mes bras. Tous les matins je ressuscite avec une surprise toujours nouvelle, et qui m'inonde de bonheur. On doit raisonner ainsi quand on a secoué l'ennui du citadin pour se faire voyageur universel. La vie réelle serait ma mort. Le *spleen* a tué sur place mes quatre oncles ; mon devoir est de leur conserver un neveu. J'ai voulu me dérober à cette épidémie de famille, et je m'en trouve bien. Le globe est ma maison, la mer mon lac, la forêt mon jardin. Je ne sors ainsi jamais de chez moi, et je passe ma vie à visiter mes propriétés. Si mes oncles avaient eu mes goûts, ils vivraient encore. Mais ils avaient la folie d'être sages et de diriger des filatures de soie à Manchester. Mon oncle Edmond était âgé de soixante ans, lorsqu'un ami lui apprit confidentiellement qu'il y avait au ciel des étoiles et au ciel un soleil. Cette nouvelle acheva le pauvre homme ; il mourut de chagrin dix jours après. Le comté de Lancastre regardait mon oncle comme le plus sensé des hommes. Dites quel est le fou, de lui ou de moi ? Lorédan, excusez dans mes discours l'absence de la logique ; on n'a pas le temps d'être logicien en costume de naufragé. J'essaye de vous résumer en trois mots, et par boutades, un volume de philosophie ; négligez-en la forme, méditez-en le fond. Lorédan, bon courage ! croyez que trois malheureux commençons, errant à travers les solitudes, excitent plus d'intérêt là-haut, dans le ciel, que toutes les populations embourbées dans nos grandes cités. En avant donc ! un fruit sauvage dans une main et quelques gouttes d'eau dans le creux de l'autre, allons où va le soleil !

Et sir Edward, offrant gracieusement son bras à la jeune fille, continua sa marche aventureuse vers l'occident.

Lorédan inclina la tête et les suivit.

Le jeune voyageur français avait en lui ce courage vulgaire qui consiste à braver des périls connus et classés : il aurait attendu une balle de pied ferme et pris une redoute d'assaut. Braver la mort que l'on subit ça, au son de la musique et du canon, c'est la plus facile chose du monde, puisque tout le monde le fait ; mais il y a des dangers vagues et invisibles qui agitent le cœur, brûlent la racine des cheveux, donnent le trouble à la voix, et contre lesquels il faut un courage exceptionnel, inconnu même aux plus intrépides soldats.

Cette dernière vertu manquait à Lorédan ; il marchait à la découverte plutôt avec la pensée et les pieds de sir Edward qu'avec les siens.

Une terreur mystérieuse, ardente comme la fièvre, exaltée comme le délire, présentait à ses yeux tous les objets sous d'horribles formes et remplissait sa tête d'un fracas confus et formidable, pareil au rugissement d'une armée ou des bêtes fauves du désert.

Le délire de sa pensée s'augmentait encore de l'explosion intermittente de deux sentiments impérieux qui ébranlaient sa raison ; le souvenir de son père et son amour pour la belle passagère du *Malabar*. Dans cette marche haletante à travers les domaines de l'inconnu, il se rappelait ses nuits douces et embaumées du golfe Arabique, quand le pont du navire semblait s'étoiler des yeux de la jeune fille, et que les mariniers arrêtaient leurs mains sur les cordages pour regarder ses jeux enfantins.

Il y a de ces amours qui prennent en naissant un caractère ineffaçable ; ceux-là éclatent dans les pays du soleil ; la mer les berce dans leur navire natal ; les vagues chantent leurs fiançailles, les étoiles de la nuit semblent écouter leurs premières promesses et les enregistrer au ciel en caractères d'or. Lorédan avait au cœur une de ces passions inexorables ; en quelques jours de voyage il avait déjà vécu un siècle de la vie de cet amour.

Rien désormais ne pouvait effacer le souvenir des chastes extases, mille fois ressenties, lorsque, appuyé sur le balcon du *Malabar*, il mêlait l'image de la femme aimée aux sublimes images de la nature indienne, et lui donnait pour digne cadre l'immensité du ciel et de l'Océan. Aussi l'ardent jeune homme ne trouvait aucune ressource en lui pour se créer le courage de sa position ; il pouvait même s'excuser noblement à ses propres yeux de trembler sur des périls personnels, puisque ces périls étaient ceux de son père et de cette femme, et que tous les efforts combinés de l'adresse et de l'héroïsme ne pouvaient pas les conjurer.

Sir Edward, lui, dégagé de ces terribles préoccupations, exercé aux luttes orageuses des voyages, estimant la vie ce qu'elle vaut, isolé sur ce globe et ne sortant, à longs intervalles, de son égoïsme superbe que pour rendre un éclatant service et disparaître avant le remercîment, sir Edward continuait son aventureuse course avec le dandysme d'un promeneur d'Hyde-Park, ou le flegme d'un botaniste en travail d'herborisation.

Ce sang-froid, moitié réel, moitié d'emprunt, ranimait à chaque instant les forces épuisées de sa jeune compagne, et faisait douter quelquefois Lorédan lui-même des périls qui les environnaient tous. Ainsi, lorsque, sur un vaisseau, des passagers novices, effrayés du vent et des vagues, s'imaginent que la mer va les engloutir, ils se rassurent contre l'imminence du péril en voyant la tranquillité joyeuse du capitaine, qui se connaît en tempêtes, et ne fait pas à celle du moment l'honneur de la redouter.

Marches brûlantes ou ralenties, angoisses du feu, espérances conçues et éteintes, haltes silencieuses et mornes, nos trois voyageurs avaient tout épuisé ; il ne leur restait plus rien de ce trésor de courage, de force et de résignation, que la nature prévoyante met dans les âmes obstinées à souffrir.

Sir Edward lui-même laissa percer sur son visage une ride d'impatience, lorsqu'en jetant un rapide regard à gauche, il aperçut à travers une brèche de verdure une campagne inhabitable et désolée ; çà et là des bouquets de grands pins élancés sur des lacs de sable ; un amoncèlement de roches grises, pareilles aux ruines de quelque Palmyre africaine ; des arbres lugubres, isolés sur des plateaux stériles comme des cyprès sur le sépulcre des géants ; un horizon, formé par de hautes montagnes nues, dont les pics, taillés en obélisques, semblaient appeler dans leurs antres ou leurs aires les aigles et les lions : c'était l'Afrique intérieure et primitive avec ses secrets, ses mystères, ses embûches, ses horreurs.

L'éclair de doute qui traversa le visage de sir Edward ne pouvait échapper à ses compagnons, dont il était la vivante boussole. La jeune fille se laissa tomber sur les hautes herbes de la rive, secouant mélancoliquement la tête en signe de détresse, et elle tendit la main à sir Edward et à Lorédan comme pour les remercier une dernière fois de leurs bontés sur ce lit d'agonie et de mort.

Sir Edward cherchait dans son esprit une parole de gaieté consolante, et s'étonna de n'y trouver qu'une pensée triste.

Son jeune compagnon s'assit auprès de Rita, et son attitude négligée annonçait l'intention d'associer son destin au sien et de partager au moins avec elle cette suprême couche des voyageurs agonisants. Les dernières heures du jour amenaient une fraîcheur sinistre sous la voûte verte : les teintes pâles qui préparent la nuit se répandaient dans les allées et altéraient déjà la transparence des eaux.

On entendait, sous les feuilles et sous les buissons, les oiseaux et les insectes qui saluaient le soleil couchant : et l'homme, qui assistait en profane à ces mystères d'une nature ennemie, comprenait que ce domaine n'était pas le sien, et qu'aux premières étoiles subitement levées au ciel du tropique, les monstres, rois de la solitude, allaient se précipiter vers cette rivière que Dieu leur donna pour abreuvoir à l'aurore de la création.

Nos trois voyageurs étaient à cette phase d'infortune où quelque chose de décisif, fatalité ou salut, doit arriver ; c'est l'heure que la Providence semble attendre pour intervenir avec ce miracle sauveur que les incrédules nomment le hasard. C'est le moment aussi où le désespoir succombe lorsqu'il n'a pas mérité d'être secouru. Sir Edward, toujours debout, les yeux fixés sur le pied des arbres, éclairés par un rayon horizontal, voyait, avec une tristesse tranquille, s'évanouir cette dernière gerbe de lumière qui les éclairait dans le désert.

Tout à coup il tressaillit de la tête aux pieds, et, en se retournant vivement vers ses compagnons, il remarqua chez eux les mêmes symptômes de terreur ; la jeune fille était à genoux, une main appuyée sur la terre, ses grands yeux noirs largement ouverts et fixes, son oreille droite penchée sur la rivière, comme pour entendre encore ce qu'elle croyait n'avoir que trop bien entendu. Lorédan interrogeait sir Edward par une pantomime expressive ; une de ses mains serrait la main de Rita ; l'autre, convulsivement roidie par un signe indicateur, désignait la source de la rivière.

Aucun des trois ne s'était trompé.

La voûte épaisse de verdure, comme un tube conducteur rempli d'échos sourds, apporta une seconde fois un cri rauque et puissamment timbré, qui semblait sortir d'une poitrine de bronze et rebondissait avec une vigueur stridente et corrosive sur l'épiderme humain. Impossible de douter ; ce cri était la voix souveraine du lion.

Rien ne peut exprimer la stupeur glacée qui domine le voyageur isolé dans les solitudes, lorsqu'il entend cette note sourde, brève, formidable, que le monstrueux roi de l'Afrique envoie comme un adieu au soleil couchant.

La grande image du lion semble alors se lever de partout : les rameaux des arbres se hérissent comme des crinières ; les racines s'allongent comme des griffes démesurées ; chaque reflet des derniers rayons sur les feuilles est un œil fauve ouvert sur le sentier ; un seul cri lointain suffit pour peupler le désert et diminuer le courage dans le cœur du plus fort.

Dès que le danger se fut, pour ainsi dire, matérialisé, Lorédan sentit renaître en lui sa première énergie ; l'idée d'un péril vague et insaisissable tourmentait son organisation nerveuse ; mais le péril prenant un corps et un nom, notre jeune voyageur se redressa vivement dans toute son audace virile et dit à sir Edward : Il faut sauver cette femme, il faut la sauver !

— C'est bien mon idée aussi, dit sir Edward avec un sang-froid méditatif.

— Sir Edward, le lion est dans le voisinage... J'ai son cri dans la poitrine...

— Non, Lorédan, il est encore assez loin. J'ai l'odorat subtil et je ne suis pas novice à la situation... Au reste, ce n'est pas l'unité que je crains, c'est le troupeau... Il n'y a pas à balancer, Lorédan, il faut porter notre pauvre jeune fille, là, dans cette île si bien boisée. Nous aurons de l'eau jusqu'à la ceinture en traversant... Ce sera du moins un abri à peu près sûr pour la nuit.

— Et demain, sir Edward ?

— Demain est à Dieu.

Dans l'état de faiblesse où elle se trouvait, Rita ne pouvait avoir que la volonté de ses compagnons d'infortune, et qu'un seul sentiment, le courage passif de la résignation.

Elle s'abandonna donc aux soins intelligents et dévoués de ses compagnons de naufrage, et acquiesça d'un signe de tête à toutes leurs déterminations, prises dans un intérêt commun.

La petite île qui devait leur servir d'hôtellerie et de retraite dans une nuit menaçante avait toutes les conditions désirables. Des arbres touffus et reliés étroitement entre eux par des plantes parasites offraient un abri contre les bêtes fauves ; il n'était pas d'ailleurs à supposer que les monstres du désert traverseraient à la nage le bras de la rivière, fossé naturel ménagé par la Providence pour les éloigner et les retenir sur l'une ou l'autre rive.

Sir Edward et Lorédan, après avoir déposé leur doux fardeau sur un lit d'herbes, dans une alcôve naturelle d'ébéniers et de nancléas, ressentirent une joie intérieure, douce comme la résurrection de l'espérance. Il faut peu de chose à l'infortune consommée pour se donner un sourire au cœur ; il faut moins encore au bonheur extrême pour s'inventer une tristesse.

Ce rayon qui traversa la figure des deux amis avec le dernier rayon de soleil était, à leur insu, l'éclair d'un pressentiment.

Les yeux de sir Edward, incessamment dirigés vers les massifs d'herbes de la rive, pour y découvrir quelque ennemi embusqué, s'enflammèrent tout à coup, et la main prompte qui suivit la direction du regard retira, du chaos des feuilles et des racines flottantes, une longue pièce de bois d'érable, façonnée en balustre, et qui se débattait avec ses entraves pour continuer sa course vers la mer.

Lorédan allait pousser un cri de joie ; sir Edward lui ferma la bouche, et lui dit à l'oreille :

— Préparez doucement cette pauvre jeune fille à cette nouvelle de salut ; il faut la ménager : elle est si faible... Lorédan, regardez ce morceau de bois... ce n'est rien, rien partout ailleurs ; ici, c'est la vie de trois créatures... A moins qu'un orang-outang ne se soit fait ébéniste dans ces bois, par imitation, ce fragment de ciselure s'est détaché de la barrière de quelque ferme du voisinage ; notez bien que je dis du voisinage ! Voici pourquoi. Cette pièce de bois si bien ouvrée n'a été mouillée qu'à moitié par l'eau ; le côté sec en est encore tiède de la chaleur du soleil auquel il a été exposé avant sa chute, et s'il n'a pas eu le temps de se refroidir, c'est que la ferme n'est pas loin. Vous savez d'ailleurs comme moi, Lorédan, que beaucoup d'Européens se sont établis dans l'intérieur de l'Afrique, entre les *kraals* des sauvages et les antres des lions... Nous allons voir des hommes, et par conséquent des amis, avant une heure, croyez-moi. Cette dernière découverte me regarde. J'ai l'habitude des forêts, j'ai l'œil bon, l'odorat sûr, le pied agile. Vous, restez avec elle et gardez son repos ; laissez-moi seul : quand je suis seul, je ne crains rien... Ne me contrariez pas, Lorédan ; je vous réponds du succès. J'en ai vu bien d'autres ! le soleil de l'Inde le sait bien. Adieu, Lorédan ; c'est une absence de quelques heures. Enfin, si, par hasard, je ne découvre rien, je m'en retourne pour mourir avec vous. Silence ! et n'effrayons pas la belle enfant. Souvenez-vous que vous devez passer pour son frère, si nous rencontrons quelque hospitalité dans ce pays désert. Il est donc bien convenu que vous serez frère et sœur : c'est fort important.

Lorédan inclina la tête en signe d'adhésion et dit :

— Ce n'est pas pour moi, c'est pour elle que je prie Dieu de vous garder.

Le rugissement du lion se fit entendre une troisième fois, et le même instant vit tomber le soleil, le crépuscule et la nuit.

Lorédan fit un effort pour retenir son ami ; mais l'intrépide voyageur persista dans sa résolution ; il but à plusieurs reprises de l'eau dans le creux de sa main, et se penchant à l'oreille de son compagnon, il lui dit :

— Vous savez, Lorédan, qu'on trouve tout dans la Bible, même ce verset consolateur : *Dans sa route, il boira de l'eau du torrent : c'est pourquoi il relèvera la tête et il écrasera le lion.* Le prophète David m'avait prédit.

Et il s'élança dans la rivière en faisant un dernier signe d'adieu à son ami.

III.

LA FAMILLE JONATHEN.

Sous les ténèbres de la nuit et des arbres, la petite rivière avait conservé une sorte de clarté phosphorescente qui pouvait guider sir Edward.

Sa marche ne se ressentait nullement de la fatigue de ce jour ; l'agile voyageur semblait courir vers un but immanquable, car son instinct merveilleux, exercé par de mystérieuses découvertes, lui annonçait déjà que cette longue forêt riveraine perdait son caractère de solitude sauvage, et que des cœurs d'êtres humains palpitaient non loin de là.

Il faudrait avoir supporté ces mortelles angoisses pour comprendre le saisissement de sir Edward, lorsque, dans le silence de la nuit et du désert, il entendit presque à ses oreilles la vieille et populaire chanson :

A captain Smith of Halifax
Who dwelt in Country quarters...

Au même instant il vit étinceler des vitres derrière le rideau sombre des arbres, et la silhouette noire d'une maison basse et large se dessina sur un fond ténébreux, dans une éclaircie étoilée.

Sir Edward traversa la petite rivière, et se précipita vers cette hôtellerie providentielle ; mais il fut arrêté brusquement par un fossé infranchissable, au fond duquel murmurait une eau sourde.

Il longea ce fossé, dans l'espoir de rencontrer un pont ou un passage ; ce gouffre, taillé à murs verticaux, entourait la maison, et n'offrait aucune apparence d'issue.

Cette précaution du propriétaire parut fort intelligente pour la sécurité des nuits ; elle neutralisait toute attaque du dehors, qu'elle vînt des hommes ou des bêtes fauves, et dans son respect admiratif pour cette ligne de défense, le voyageur se serait volontiers résighé à attendre le jour pour demander l'hospitalité, s'il n'eût pas songé aux angoisses d'une jeune fille et d'un ami.

Ce souvenir ranima le peu de voix qui lui restait dans sa poitrine dévastée par l'abstinence, et il entonna la chanson du capitaine Smith d'Halifax, avec cette voix fausse qui n'abandonne jamais un gosier anglais.

A cette explosion de notes criardes et inattendues, sorties du fond des ténèbres extérieures, la maison parut s'éveiller en sursaut; toutes les croisées basses s'ouvrirent, les kiosques secouèrent leurs persiennes avec des grincements aigus, et des nègres portant des torches de cire jaune d'une main, et la carabine de l'autre, parurent sur le perron.

La terrasse, ainsi soudainement illuminée, fut traversée par un jeune homme au pas leste et résolu, qui s'avança sur le bord du fossé où sir Edward continuait sa chanson.

Le costume du naufragé avait quelque chose de funèbre dans sa teinte et ses draperies; les nègres poussèrent un cri d'effroi; mais leur jeune maître leur fit un signe; et malgré leurs craintes superstitieuses, ils jetèrent un pont volant sur le fossé; en trois bonds sir Edward franchit la planche, qui fut aussitôt retirée.

Tout cela s'exécuta en un clin d'œil.

Une simplicité naturelle antique décora cette scène d'hospitalité.

— Je suis Willy Jonathen, neveu d'Éléazar Jonathen, citoyen américain, maître de cette maison, dit le jeune homme en serrant les mains de sir Edward.

— Nos pères étaient compatriotes, répondit le voyageur; je suis sir Edward Klerbs, citoyen de la Grande-Bretagne.

— Alors nous redevenons frères, puisque vous êtes malheureux, dit le jeune Willy. J'ai vingt-cinq ans, et c'est la première fois que Dieu me donne la grâce de voir un Européen et de lui offrir l'hospitalité.

— Ce n'est pas pour moi que je viens frapper à votre porte, dit sir Edward; pour moi, je n'aurais pas troublé la tranquillité patriarcale de votre repas du soir. Il y a là-bas, sur une petite île de la rivière, à deux milles d'ici, deux malheureux naufragés comme moi qui attendent votre secours; un jeune homme et une jeune fille, frère et sœur.

— A cette heure! dit Willy; là-bas, sur l'île Verte! Oh! pas une minute à perdre! A moi Donki, Neptunio, Nizam! Déchaînez Elphy, mon meilleur chien. Prenez un flacon de constance, et un autre de jus de wampi. Sir Edward, venez vous reposer entre mon oncle et ma sœur; je me charge de vous ramener vos compagnons.

Pendant que Willy présentait sir Edward à Éléazar Jonathen, les nègres exécutaient les ordres de leur jeune maître.

Nizam, le serviteur de confiance, soldat de la terrible guerre dont il portait le nom, homme habitué à combattre les taugs, plus féroces et plus rusés que les tigres, Nizam inspecta les amorces des carabines, fit replacer le pont volant, posa deux sentinelles sur le bord du fossé, déchaîna Elphy et le caressa d'un air mystérieux, comme s'il lui eût fait une confidence; le superbe animal s'avança gravement vers le fossé en flairant les émanations félines que le vent apportait de l'horizon ennemi, et il prit le maintien soucieux d'un être intelligent qu'on vient d'investir d'une grande responsabilité.

Dès que Willy reparut, le chien s'élança le premier sur le pont volant avec l'agilité de la panthère; Nizam fit un signe, et les nègres suivirent les traces d'Elphy. Willy fermait la marche, sa carabine à la main.

La salle où sir Edward venait d'être introduit était vaste, aérée, pleine de fleurs, de parfums, d'oiseaux et de fontaines.

Éléazar Jonathen et sa nièce Elmina, assis sur un divan couvert de nattes, avaient fait le plus gracieux accueil au voyageur.

Jonathen était un vieillard frais et vigoureux, avec de beaux cheveux d'argent et une figure honnête et franche; sa nièce était une délicieuse fille de seize ans, avec une figure d'ange blond, humanisée par des yeux d'un bleu vif, d'où jaillissait parfois un regard plein d'une expression sauvage; c'était bien la beauté comme on la rêve dans une solitude, empreinte de la grâce primitive des jours de la création.

Son costume, taillé sur le patron des *Saris*, d'étoffe du Bengale, n'avait, dans ses plis légers, aucun mensonge des modes européennes; il racontait sans détour ce que la pudeur lui confiait.

Comme la délicieuse enfant n'avait jamais subi le despotisme de nos toilettes, elle se développait dans tout le charme naturel de la femme; chacun de ses mouvements était une ondulation suave, mêlée de cygne et de gazelle. On aurait cru voir la personnification de l'Afrique vierge, ou la mystérieuse divinité de ces solitudes, pleines de l'attrait irritant qui promet la vie, et des sucs vénéneux qui donnent la mort.

Il fallait être un philosophe de la force d'Edward Klerbs pour aborder cette jeune fille avec la tranquillité de sa parole et de son esprit.

En quelques instants, notre voyageur universel s'était composé une toilette de colon africain; il avait pris un tour élégant à ses boucles de cheveux noirs et aux massifs de sa barbe, où l'on retrouvait la puissance végétale des tropiques.

Assis devant une table de festin providentiel, servi pour lui seul, il était subitement rentré dans son caractère normal; et à l'aisance de ses mouvements, aux charmes de ses manières, à la gaieté nonchalante de ses discours, on l'aurait pris pour un nabab entouré d'esclaves, et donnant lui-même l'hospitalité dans sa royale habitation.

— Ainsi donc, capitaine Jonathen, disait sir Edward après quelques préambules de conversation insignifiants; ainsi donc votre Afrique voit, ce soir, une chose touchante, le John Bull et l'Yankey se serrant cordialement les mains.

— Sir Edward, disait Jonathen avec ce noble sourire qui a tant de charmes sous des cheveux blancs, sir Edward, les inimitiés nationales s'éteignent dans le désert. Les sociétés ont des haines, l'homme isolé n'en a pas.

— Les sociétés sont absurdes, capitaine Jonathen.

— Vous avez à peu près raison, sir Edward. Aussi

vous voyez comme j'ai arrangé ma vie. Et remarquez bien que mon établissement en Afrique intérieure n'est pas une exception. Depuis Cape-Town jusqu'à mon domaine, on compte plus de cinq cents familles, vivant ainsi dans cet isolement tranquille et cette large liberté. Lorsque je commandais *le Belvéder*, dans mes stations de l'Inde, je descendis dans une embarcation à la baie d'Agoa, et je remontai, en chassant avec quelques officiers, cette petite rivière, qui reçut le nom de *Limpide-Stream*. Après quelques heures de course, nous arrivâmes ici, et nous n'osâmes nous aventurer plus loin, parce que notre chasse aurait pris un caractère plus sérieux, et que nous étions en trop petit nombre pour nous en tirer avec honneur. Bien des années après, lorsque je me dégoûtai des hommes et des villes, le souvenir de cette chasse détermina le but de mon émigration. Je vins me fixer ici avec mon frère, ma famille et quelques serviteurs dévoués.

Trente ans se sont écoulés depuis. Dans cet espace de temps, je n'ai éprouvé d'autres malheurs que les malheurs inévitables, ceux que la nature vous fait subir en tous lieux : j'ai ouvert et fermé trois tombes. Sir Edward, ces quelques mots suffisent aujourd'hui pour vous expliquer ma position. Chaque jour vous en apprendra davantage, et vous verrez que je suis heureux.

— Dieu soit béni! dit sir Edward; enfin j'en tiens un! J'ai vu le duc de Northumberland dans son palais à l'angle du *Charing-Cross*; j'ai vu le duc de Devonshire dans son château fabuleux; j'ai vu Palmer dans son sérail de Batavia; j'ai vu sir William Bentinck, le roi de l'Inde, après le soleil; je me suis vu, moi, partout; j'ai demandé à tous ces Pérous incarnés s'ils étaient heureux; je me suis fait à moi-même la même question; nous avons tous donné la même réponse; nous n'avons rien répondu. Notre silence est fort clair. Que Dieu soit béni! J'ai vu un homme heureux entre Agoa et Adel, dans un pays que la mappemonde a laissé en blanc, et qui, par conséquent, n'existe pas!

— Mais, sir Edward, dit Jonathen avec son sourire de bonté patriarcale, nous sommes tous heureux ici, et il ne tient qu'à vous de l'être aussi quelque temps, en demeurant avec nous jusqu'à la première occasion de départ.

— Ce n'est pas chose à refuser, capitaine Jonathen. En deux mots, s'il vous plaît, quel genre de vie menez-vous dans ce désert?

— Nous faisons le commerce, sir Edward.

— Le commerce! s'écria sir Edward, le commerce! Mais avec qui donc!

— Nous faisons le commerce des échanges...

— Avec les lions et les tigres, capitaine Jonathen?

— Avec les hommes, sir Edward. Nos produits ont une bonne réputation en Asie. Nous donnons le bois d'ébène, la cire, le sang de dragon et l'ivoire, et on nous paie en denrées de consommation; nous refusons toujours l'argent, qui nous serait d'ailleurs inutile ici. Ce commerce ne peut nous assurer une fortune, parce que nous sommes trop nombreux, mais nous y gagnons une aisance bien au-dessus de nos besoins.

— Cela me console, capitaine Jonathen. Excusez la promptitude inexorable de ma curiosité. Où faites-vous ces échanges?

— Rien de plus simple, sir Edward. Nos domestiques nègres descendent nos produits à la baie d'Agoa, deux fois dans l'année, à des époques fixes. Deux marchands, l'un Chinois, de Canton, l'autre Japonais, débarquent sur notre côte, et opèrent les échanges; ils sont avides surtout de notre cire, qui est en effet très-belle. Nous la récoltons là, dans le voisinage, à *Honing-Clip (roche de miel)*. Ces marchands retirent de gros bénéfices de ce commerce, aussi gardent-ils le plus profond secret sur son origine, pour éviter la concurrence; à tel point, que lorsqu'ils s'embarquent, ils font disparaître jusqu'au moindre vestige de leur campement sur la côte d'Agoa. Ce calcul et cette prudence sont aussi dans nos intérêts, sir Edward; car nous ne sommes pas exposés à voir notre tranquille solitude envahie par d'avides concurrents ou des aventuriers. Lorsqu'on fuit la société, c'est à la condition que la société ne viendra pas vous trouver. Il est inutile de vous dire, sir Edward, que ceci n'est nullement applicable aux malheureux naufragés conduits chez moi par les mains de la Providence dans les ténèbres de la nuit.

Sir Edward, qui avait déjà bâti un plan superbe pour donner à Lorédan une fortune immense, avec le commerce des échanges, vit tout son échafaudage s'écrouler sous les dernières paroles du vieillard : il garda quelque temps un silence qui aurait pu paraître étrange, s'il se fût prolongé; aussi releva-t-il lestement la conversation, avec un visage redevenu serein :

— Capitaine Jonathen, dit-il en approchant de ses lèvres un verre de constance, et en s'inclinant devant la jeune Elmina; capitaine Jonathen, en pays inconnu, je suis un véritable point d'interrogation vivant, toujours suspendu aux lèvres d'une réponse : dites-moi, je vous prie, comment vivez-vous avec vos voisins?

— Nous n'avons pas de voisins, sir Edward.

— Ah! voilà qui m'étonne singulièrement! Je suis alors obligé de vous dire que, vers le soir, aujourd'hui, j'ai entendu dans votre voisinage une formidable gamme de basse, qui nécessairement ne sortait pas d'un gosier humain.

A ces mots, un éclat de rire, céleste et mélodieux comme le chant des oiseaux du Bengale, retentit sous les lambris de bois d'érable, et réveilla les oiseaux endormis, le bec sous l'aile, dans les volières à treillis d'argent.

Les bengalis, les cardinaux, les loris, les perruches, allongèrent leurs cols, en inclinant gracieusement leurs têtes, comme pour regarder à travers les lames des persiennes si l'aube avait lui sur les palmiers, après cet harmonieux cri d'éveil. Les aras, au perchoir, se balançaient lourdement, et donnaient une œillade oblique à l'angle de la salle où riait leur jeune maîtresse, Elmina.

— Je n'ai jamais vu ma nièce Elmina rire d'aussi bon cœur, dit Jonathen en prenant dans les siennes les mains enfantines de la jeune fille. Sir Edward, vous allez comprendre le motif de cette gaieté folle.

C'est un lion si amusant.

— Oh ! mon oncle, s'écria la nièce avec une vivacité adorable, n'expliquez rien ; je veux que sir Edward me pardonne mon impolitesse, et me remercie ensuite de mon explication.

Elmina mit au fond de sa douce voix un grain de rudesse sauvage, et dit : *Come, come, Duke!* en faisant claquer le bout de ses petits doigts d'ivoire.

Duke entra, sans attendre un second appel.

C'était un lion superbe, avec une face presque humaine et empreinte de la royale majesté des déserts ; mais un de ces lions innocents, appelés en terme héraldique *mornés et diffamés*. Il marcha gravement vers Elmina, et posant sa tête énorme sur les genoux de la jeune fille, il doubla sa robe avec les flots ondoyants de sa crinière. On connaît un admirable tableau du grand peintre Camille Roqueplan, qui représente une scène de ce genre ; l'artiste croyait peindre une fable ; il peignait une réalité.

Sir Edward resta calme comme Fabricius devant l'éléphant de Pyrrhus, et sa voix même ne trahit aucune émotion, lorsqu'il dit, en croisant les bras sur sa poitrine :

— *Dam nit!* c'est donc ce gentleman, coiffé comme un avocat de Londres, c'est ce *Rascal* qui nous a fait tant de peur... Donne-t-il la patte, miss Elmina ?

— Comme un chien ; voyez, sir Edward.

— Et vivent-ils bien avec Elphy, miss Elmina ?

— En bons amis, sir Edward ; ils ont même changé d'espèce. C'est Elphy qui est le lion, et c'est Duke qui est le chien.

— Oh ! dit Jonathen ; si vous mettez Elmina sur le chapitre des lions, elle vous fera des histoires jusqu'au jour.

— C'est qu'un lion est si amusant ! dit Elmina en caressant la barbe blanche de Duke ; je profite de l'absence d'Elphy pour caresser Duke. Elphy est jaloux

Nizam chante les vers suivants.

comme un tigre. L'autre jour, il a mordu l'oreille de Duke, parce qu'à l'heure du repas Neptunio avait servi le lion le premier.

— Mais il me semble, capitaine Jonathen, dit sir Edward, que ce Duke-là doit vous attirer par ses cris de terribles confrères qui ne se laissent pas mordre par un chien.

— C'est une grande erreur, sir Edward. Je vois que vous avez étudié les lions dans l'histoire naturelle de Saavers. On sait que les savants naturalistes n'observent les animaux que sur les gravures. N'est-ce pas, sir Edward?

— A qui le dites-vous! j'ai été savant pendant dix ans.

— Sir Edward, continua Jonathen, ce Duke nous rend au contraire de grands services : il tient les lions à distance; je ne veux vous citer qu'un seul fait...

— Mon oncle, dit Elmina avec une minauderie enfantine, laissez-moi raconter cette petite histoire à sir Edward... Vous permettez?.. bien!.. Écoutez, sir Edward : Nous avons un domestique, ou, pour mieux dire, un enfant de la maison, un brave soldat de la guerre du Nizam, et que nous avons surnommé Nizam, parce qu'il parle toujours de cette guerre.

Notre Nizam est si leste et si rusé, qu'il fait souvent des promenades, là-bas, là-bas, par-dessus la cascade des Lions, et dans un vallon où nos plus braves serviteurs n'osent s'aventurer. Mon père seul a dépassé de douze milles les limites fixées par Nizam : mais mon oncle Jonathen vous dira que mon père n'avait point de rival pour l'exploration.

Un jour donc, Nizam revenait d'une périlleuse excursion au lac des Éléphants, lorsqu'il aperçut deux lions qui suivaient le même sentier que lui et s'avançaient dans la direction de notre maison. En un clin d'œil, Nizam escalada la tige d'un palmier et se voila de ses feuilles.

Au même instant, notre Duke poussa le rugissement du coucher du soleil.

Les deux lions s'arrêtèrent tout court, au pied même de l'arbre où Nizam s'était blotti, et la rude peau de leurs mufles se contracta furieusement, de la lèvre au front; ils ouvrirent des gueules énormes; ils aspirèrent l'air avec des narines convulsives; ils étalèrent toutes leurs dents; ils firent serpenter leur queue et grincer leurs griffes sur les racines de l'arbre, mais pas un rugissement ne répondit à la voix de Duke. Le brave Nizam les étudiait du haut de son observatoire et ne perdait rien de leur pantomime...

— J'aurais voulu voir là M. de Buffon avec ses dentelles, dit Edward.

— Voilà que notre Duke, continua Elmina, poussa un second et un troisième cri. Oh! alors nos deux lions eurent des attaques de nerf, comme dit Nizam; ils se regardèrent avec leurs plus grands yeux; ils mordirent le gazon avec des contorsions de gueules furibondes; ensuite, comme s'ils eussent été honteux d'avoir dégradé leur majesté par ces signes d'inquiétude vulgaire, ils se posèrent sur les quatre jointures de leurs pattes, et léchant leur griffe droite avec une nonchalance superbe, ils peignèrent leurs crinières et leurs barbes d'argent, comme feraient des gentilshommes après avoir ravagé leur toilette après une trop vive émotion.

Nizam, sur son arbre, méditait quelque ingénieuse malice de sa façon, pour se débarrasser de ces deux sentinelles incommodes. Nizam a tant de ruses dans sa tête! Les lions n'attendirent pas la ruse de Nizam: ils se levèrent et s'éloignèrent à pas lents du sentier qui mène à notre habitation.

Avez-vous compris, sir Edward, la conduite de ces deux animaux?

Sir Edward caressa son front avec sa main, regarda le plafond, avala un verre de constance, et dit:

— Je ne comprends pas la conduite de ces deux animaux. Je sais ce que Saavers et M. de Buffon disent du lion. Le lion, disent-ils, est un quadrupède justement appelé le roi des animaux; il est hardi, brave, généreux; il a quarante dents; une belle crinière; il craint le chant du coq et le serpent. Miss Elmina, pensez-vous qu'avec ces renseignements...

— Sir Edward, dit Elmina riant aux éclats, si vos naturalistes sont de cette force, il est évident que vous ne devinerez pas nos deux lions comme Nizam les a devinés. Voici donc l'explication.

Pour vos oreilles et pour les nôtres, notre Duke pousse de vrais rugissements de lion, de lion libre, de lion vigoureux; mais pour les oreilles de ses confrères du désert, c'est autre chose; ils ont le sens de l'ouïe plus subtil que le nôtre, et ils comprennent, avec cette sagacité merveilleuse de l'être sauvage, que ce cri lointain sort d'un lion dégradé, captif, malheureux, victime de quelque piège horrible tendu à ceux de leur espèce par un animal supérieur.

Aussi, en écoutant cette voix plaintive, ils se révoltent de tous leurs crins contre cet ennemi invisible qui domine les lions, et cet ennemi ne se présentant pas, ils poursuivent leur course, mais ils abandonnent prudemment le chemin qui mène à cet ennemi.

— Ces lions raisonnent fort juste, miss Elmina... Et nous appelons ces gens-là des animaux! Les naturalistes ont bien de l'orgueil! Ainsi, capitaine Jonathen, votre Duke est un gardien sans pareil. Je pense que, ce côté des mœurs des lions étant découvert, on pourrait se faire escorter par Duke, et s'en servir au désert en guise de chien de chasse: nous pourrons peut-être l'employer de cette façon. Miss Elmina, je vous remercie de votre histoire; elle m'a fort diverti. En Europe, on fait à la veillée d'ennuyeux commérages sur les voisins: ici, on fait la même chose; mais vos commérages sont les chapitres d'une histoire inconnue, et vos voisins sont des lions; j'aime mieux les commérages africains.

Les aboiements d'Elphy suspendirent cet entretien. Sir Edward se leva vivement.

— Les voici, dit le capitaine Jonathen.

Miss Elmina congédia Duke avec un signe de main.

— Ma nièce, dit le vieillard, appelez vos servantes, et conduisez tout de suite la jeune femme étrangère dans votre appartement. Votre chambre sera la sienne. Ce soir, je ne vous donnerai pas votre leçon d'échecs.

Jonathen embrassa tendrement Elmina en lui disant l'adieu de la nuit. Une voix pleine d'émotion lui répondit: — Mon oncle, vous serez obéi dans toutes vos intentions. Je regrette seulement votre leçon d'échecs.

Elmina sortit, et sir Edward ne quitta pas le capitaine Jonathen.

Un grand tumulte de pas et de voix se fit sur la terrasse. On entendait la voix de Nizam qui donnait ses derniers ordres dans le vestibule.

Bientôt après entrèrent Willy et Lorédan de Gessin. Le jeune Français se précipita sur les mains du vieillard et les baisa.

— Mon jeune ami, dit Jonathen à Lorédan, vous avez besoin de repos; nous ferons plus ample connaissance demain. Bonne nuit! Je vous laisse avec votre ami. Ma nièce donne ses soins à votre sœur. Le sommeil guérit tous les maux de la jeunesse. N'ayez aucune inquiétude; vous êtes en lieu sûr; vous êtes dans l'asile protecteur de la *Floride*; c'est le nom que j'ai donné à cette habitation, en souvenir de mon pays.

Jonathen salua les jeunes gens, et monta l'escalier de son appartement, suivi de Nizam et de Neptunio.

Elphy se promenait gravement dans le vestibule, avec l'importance d'un homme qui vient de rendre un grand service, et qui s'attristé de ne pas être remercié.

— Messieurs, dit Willy, vos chambres sont prêtes à vous recevoir.

— Willy, dit Lorédan, voilà la seule offre que je puisse accepter à cette heure. Je n'ai pas assez de force aujourd'hui pour vous accabler de tous les remercîments que vous méritez. J'ajourne mes expressions de reconnaissance à demain.

Willy suivit son père, et dit à deux domestiques de prendre les ordres des deux amis.

Sir Edward, avant de se séparer de Lorédan, ne put renvoyer au lendemain l'éloge de la belle Elmina. — Mon ami, lui dit-il à voix basse, vous croyez qu'il n'y a qu'un ange lutin dans cette maison! Il y en a deux.

Vous verrez demain une miss Elmina qui m'a foudroyé, moi, vieillard de trente-sept ans! C'est une jeune fille qui a le soleil dans les yeux et qui dompte les lions; elle parle avec toute la vivacité d'une femme qui n'a jamais eu d'auditeurs dans ce désert, et qui donne ses économies de paroles au premier venu. Quelle bonne fortune pour cette pauvre miss ermite que l'arrivée de trois naufragés! Il faut nous rendre nécessaires dans cette maison. Vous verrez que j'en trouverai le moyen. Nous avons un avenir d'azur et d'or; dormez bien, et faites des rêves de cette couleur; nous les changerons en réalité.

IV.

L'HABITATION, SES DÉPENDANCES ET LES COLONS.

Le petit plateau où la Floride était assise avait primitivement tous les avantages d'une presqu'île; les eaux de Limpide-Stream et d'un autre torrent creusaient, depuis la création, des lits profonds et larges sur trois côtés de ce plateau; et la main des hommes avait complété l'œuvre de la nature en ouvrant un quatrième fossé; de sorte que la Floride était une île admirablement fortifiée, gouvernée par Jonathen.

Les animaux les plus agiles n'auraient pu franchir le plus étroit de ces quatre ravins.

Souvent, pendant la nuit, la gazelle, poursuivie par la panthère, s'élançait d'une rive extérieure avec cet instinct de l'animal timide qui vient se réfugier sous le toit de l'homme, et le lendemain, victime et ravisseur étaient découverts roulant au fond du gouffre qu'ils n'avaient pu franchir qu'à moitié.

Les bêtes fauves, si habiles à deviner les piéges ennemis, par tradition naturelle ou par expérience de famille, respectaient, depuis bien des années, les abords de la Floride, s'imaginant, sans doute, que ce domaine, sorti des flancs du désert, était un monstre plus terrible qu'elles, avec ses quatre gueules béantes toujours prêtes à les engloutir.

Un nègre de la domesticité veillait nuit et jour au bord intérieur de ces ravins, et ce n'était qu'à de rares intervalles qu'un coup de carabine annonçait l'apparition d'un ignorant ennemi, arrivé d'une zone lointaine où les périls de la Floride étaient encore un mystère.

Les animaux doués d'une intelligence supérieure, comme les éléphants et les lions, avaient tout de suite compris, dans les premiers temps, que ce domaine ne leur appartenait pas.

Le vieux Jonathen se souvenait d'avoir vu, autrefois, de monstrueuses formes se mouvoir entre les grands troncs des arbres, et des tisons rouges luire dans les feuilles basses; mais ces apparitions ne se renouvelaient plus.

Les sauvages et puissants espions quadrupèdes envoyés à la découverte de la Floride avaient sans doute raconté aux grottes des montagnes ce qu'ils venaient de voir, et montré à leurs familles les blessures sanglantes données par d'invisibles et inabordables ennemis.

N'ayant rien à redouter des animaux, du moins dans l'enceinte de ses quatre fossés, la Floride avait eu encore le bonheur de trouver des auxiliaires dans la tribu des nègres Makidas.

On sait que, depuis les terres intérieures du Zanguebar jusqu'aux solitudes mystérieuses qui se déroulent vers l'équateur, la race africaine des hommes sauvages est en général d'un naturel fort doux.

Les Makidas confirment mieux que d'autres cette observation.

La grâce et la beauté de leurs pays, la fraîcheur des eaux douces qui les baignent et les abreuvent, et surtout le besoin impérieusement senti de vivre en bons frères et de se rallier contre les formidables ennemis dont ils usurpent les domaines, ont contribué à humaniser le caractère des Makidas et à les dépouiller peu à peu de cette férocité native commune aux peuplades des déserts.

Les Makidas, chassés de montagnes en montagnes et de vallons en vallons par leurs intraitables voisins, ont établi leur kraal, sans doute après bien des siècles, dans une île délicieuse située au milieu d'un lac profond, et ils vivent là de leur chasse et de leur pêche, comme les hommes des anciens jours.

Le traité d'alliance et de bon voisinage qu'ils ont fait avec les frères de Jonathen a une origine qui mérite d'être citée.

Un chasseur de la tribu des Makidas fit tomber un éléphant dans un piège et lui écrasa la tête avec un fragment de roche pour lui arracher sa provision d'ivoire. Il paraît que l'éléphant jouissait d'une grande considération parmi ses confrères, soit qu'il fût le chef du troupeau ou son éclaireur; c'est probablement ce qui attira dans l'île des Makidas la plus formidable des invasions connues.

Le lendemain, non dans les ténèbres, mais en plein soleil, une immense compagnie d'éléphants sortis des bois de Sitsikamma, leur antique repaire, se précipita de la montagne vers le lac des Makidas. On aurait cru voir une avalanche de roches grises rouler sur la plaine, avec des cris épouvantables, comme si chacune de ces roches était un volcan en éruption.

Les Makidas comprirent que, cette fois, l'instinct de leurs monstrueux ennemis s'élevait jusqu'à la hauteur d'une idée; un moment rassurés par la position de leur île et le large fossé du lac, nos sauvages ne doutèrent plus de l'imminence et de l'énormité du péril lorsque les premiers éléphants, arrivés sur la rive, s'élancèrent dans l'eau en intrépides nageurs.

Le troupeau entier suivit de près les éclaireurs; tous, selon leur usage, avaient enseveli leurs corps monstrueux dans le lac, et ils s'avançaient invisibles, leurs trompes élevées au-dessus de la surface des eaux.

C'était comme une île hérissée de roseaux voguant vers une île plantée d'arbres.

Les Makidas, n'osant se confier à leurs flèches et à leurs fétiches pour repousser une aussi terrible agression, s'élancèrent à la nage avec leurs femmes et leurs enfants du côté de l'île opposé à l'attaque des éléphants; et pendant que ces animaux ravageaient le kraal, déracinaient les arbres, éventraient les cabanes avec une furie de vengeance tout humaine, les agiles sauvages gagnaient les hauteurs voisines, et d'abris en abris arrivaient devant l'habitation de Jonathen.

Les maîtres de la Floride avaient dans leur domesticité quelques nègres Makidas, les plus doux et les plus dévoués des serviteurs.

Ceux-ci accoururent aux premiers cris de leurs frères, et demandèrent un asile pour eux au capitaine Jonathen.

La petite tribu avait jeté ses armes dans les ravins de la Floride, et les femmes élevaient sur leurs têtes leurs petits enfants pour implorer du secours au nom de l'innocence au berceau, qui est de tous les pays, de toutes les nuances d'épiderme, et de toutes les religions.

Jonathen accueillit ces sauvages et fit prendre les armes à ses serviteurs pour donner une leçon sévère aux éléphants, s'ils osaient s'avancer jusque sur ses frontières.

Ces préparatifs de défense furent inutiles.

On apprit ensuite, sur le rapport de quelques Makidas qui s'étaient perchés sur des roches inaccessibles pour assister à la dévastation du kraal, que les éléphants avaient regagné, par un vallon ténébreux, la route du bois de Sitsikamma, comme des conquérants satisfaits dans leur vengeance, après le sac d'une ville. Un autre incident, très-honorable d'ailleurs pour le caractère de ces sauvages, détermina peut-être la retraite subite de ces intelligents animaux.

Le chasseur, meurtrier de l'éléphant, et spéculateur en ivoire, se regardant, avec générosité, comme l'auteur de cette désastreuse invasion, attendit les vengeurs de pied ferme, et tenant dans ses mains les défenses de sa victime.

Comme cet héroïque sauvage, Curtius de sa tribu, ne reparut pas au milieu des siens, on peut présumer avec raison que les éléphants, avec leur bon sens naturel, ont accepté le sacrifice du seul coupable et ont regardé sa mort comme une satisfaisante expiation.

Lorsque les Makidas voulurent rentrer dans leur île du lac, ils reçurent des frères Jonathen des présents inestimables, et qui leur garantissaient toute sécurité dans l'avenir.

Les chefs de la tribu rapportèrent de la Floride douze carabines, à canon évasé, portant des charges d'éléphants, et un orchestre complet d'instruments de cuivre, artillerie de sons, plus terrible encore, dans une guerre de bêtes fauves, que la balle infaillible lancée par l'œil d'un Makida.

On ne s'étonnera pas ensuite de tous les prodiges de dévouement que ces nègres ont fait pour leurs bienfaiteurs, les Jonathen.

La reconnaissance est une vertu noire, comme l'ingratitude est un vice blanc.

Lorsque Eléazar Jonathen voulut donner à son habitation l'aisance et le luxe qui lui manquaient, il appela les plus intelligents ouvriers de la tribu du lac, et dirigeant lui-même leurs travaux, il se fit bientôt une résidence digne d'un nabab.

Douze kiosques à balcons saillants décoraient la façade, et laissaient flotter leurs persiennes de baguettes de nauclèas, entremêlées aux boutons d'or des cassiers : le toit, bordé d'une corniche d'érable à auvent dentelé se recourbant à la chinoise, était surmonté par un belvédère peint de toutes couleurs, d'où le regard embrassait le plus merveilleux horizon du monde inconnu.

La jeune Elmina choisissait avec amour cet observatoire pour ses rêveries du soir.

Tant que le soleil africain couvrait la campagne d'un voile éblouissant, tissu d'atomes de feu, tout se confondait aux yeux, les eaux, les arbres, les montagnes ; c'était le chaos de l'Eden enveloppé d'une brume lumineuse avant la création. Mais quand l'astre tombait sur l'horizon du couchant, il semblait entraîner avec lui ce voile et cette brume de rayons ; et la campagne se révélait alors dans sa fraîcheur et sa beauté virginale des premiers jours du monde.

Les couleurs les plus vives, les nuances les plus délicates se détachaient sur cet immense tableau avec une pureté admirable. Du fond des abîmes de verdure, les collines montaient vers les montagnes, et les montagnes vers le ciel, avec des contours déliés, avec des ondulations douces, ou des aspérités superbes, dans la vive transparence de l'horizon.

A cette heure de contemplation religieuse, la belle Elmina se sentait fière au fond du cœur en songeant que ce spectacle tombait pour elle des mains de Dieu, et qu'une jeune fille était seule conviée à cette fête du soleil, des fleuves, des montagnes, des bois et de l'Océan.

C'était la prière du soir d'Elmina ; elle aimait à venir se recueillir ainsi, dans cet oratoire aérien, après les jeux et les joies innocentes de sa journée.

Seule, au milieu d'une création sans bornes, pleine d'harmonie et d'amour, elle cherchait vaguement une âme sœur de la sienne, et elle s'étonnait de voir que cette nature puissante et féconde, qui répondait à la fleur du torrent et au pin de la montagne, ne réservait à la pauvre fille isolée que silence et stérilité.

Willy Jonathen, le jeune frère d'Elmina, était à l'âge où les passions absorbent la pensée : mais la vie ardente et occupée que menait le jeune homme à la Floride faisait tant de fracas autour de lui, qu'il n'entendait pas la voix intérieure et orageuse des sens.

Willy, debout avant le soleil levé, présidait à l'inauguration des travaux domestiques ; il conduisait les serviteurs à Honing-Clip, où d'innombrables essaims d'abeilles étaient en travail ; à la forêt, pour la coupe des bois, à la métairie, pour soigner les troupeaux, au verger et au jardin, pour l'entretien des plantes, des fleurs et des fruits.

Il donnait à tous, avec un regard et une parole, cette excitation qui double la force du travailleur, et rend ainsi son labeur plus léger. Il mettait sa gloire et son ambition à surpasser le plus hardi et le plus leste des sauvages en courage et en agilité.

Franchir les torrents sous l'écume et le tonnerre des cataractes ; s'élancer d'un bond de la racine à la chevelure des palmiers ; ravir les pics voisins une nichée d'aiglons ou de lionceaux à l'heure favorable ; ajuster une balle de mort dans l'oreille d'un éléphant, tout cela n'était qu'un jeu pour Willy.

Il avait dans l'œil cette exactitude infaillible que la nature donne à la bête fauve et à l'homme primitif, et dans tout son corps cette souplesse, cette élasticité, cette vigueur d'haleine qui semblent imprimer à l'élan de la course la rapidité du vol.

Ces qualités physiques, tant estimées chez les sauvages, avaient rendu le jeune colon l'idole de ses serviteurs et des autres nègres de la tribu voisine.

Willy était le dieu de la peuplade des Makidas; et lorsqu'il allait, à la lune nouvelle, les visiter dans leur île, le kraal, retentissait d'acclamations; les familles se précipitaient à ses pieds; les mères lui présentaient leurs enfants pour obtenir une caresse de sa main; les vieillards, levant les yeux vers le soleil, comme pour le prendre à témoin, affirmaient qu'ils n'avaient jamais rien vu de plus beau que Willy, et que ce jeune roi blanc unissait à la grâce de la panthère la majesté du lion.

Ces hommages enivraient de bonheur le fils de Jonathen, parce qu'ils étaient naturels, et que la flatterie intéressée n'avait pas pénétré chez les Makidas.

Willy, sa visite terminée, distribuait quelques présents, et la peuplade entière l'escortait jusqu'aux bords du lac pour suivre du regard les gracieux élans du nageur, qui coupait l'eau du tranchant de sa main, et secouait déjà les boucles noires de sa chevelure, debout sur la rive opposée, devançant la flèche ou l'oiseau.

Après les maîtres de la Floride, Nizam était le personnage le plus important de la colonie.

Ce serviteur anglo-indien laissait fort difficilement deviner son âge. C'était un de ces hommes qui ont trente ans toute leur vie, après les avoir eus une fois.

Il était né à Ceylan, disait-il, mais il ne l'affirmait pas.

Soldat au Coromandel, dans le régiment du colonel Feneran, il avait eu le bonheur de sauver la vie au fils aîné de son chef, et mistress Feneran lui ayant demandé d'indiquer lui-même sa récompense :

— Donnez-moi la liberté de la mer, avait répondu Nizam.

Et le colonel lui paya son passage au bord du *Delhy*, qui partait de Ceylan pour Moka. *Le Delhy* relâcha devant la baie d'Agoa pour prendre de l'eau. Nizam, entraîné par la séduction de la vie aventureuse, abandonna l'embarcation à l'aiguade, et, suivi d'un matelot déserteur, il remonta Limpide-Stream jusqu'au domaine de Jonathen.

Cet homme avait été si vivement impressionné par les terribles scènes de la guerre du Nizam, que tout genre de vie lui paraissait monotone et insupportable.

Si son désir eût été consulté, il aurait attendu sans doute le dénoûment de l'expédition, mais son régiment fut rappelé au Coromandel, pour réparer tant de pertes subies dans le drame le plus sanglant que le soleil indien ait éclairé.

Nizam avait donc besoin de continuer quelque part cette émouvante histoire, trop vite interrompue.

A défaut des formidables taugs, il lui fallait des sauvages ou des bêtes fauves.

Il n'était à l'aise que dans les crises sans issue probable, dans les luttes mystérieuses engagées avec d'intraitables ennemis.

— J'ai vécu deux ans, disait-il, avec des nids d'oiseaux de mer, assaisonnés au piment de Manille; et maintenant, il m'est impossible de vivre avec un plat chinois de bourgeons de frêne ou de racine de nénuphar.

C'est que nos petites guerres de civilisation, mollement délayées dans les marécages et sous les brumes du Nord, ne pourront jamais donner une idée de cette immense tragédie indienne, connue, ou, pour mieux dire, inconnue sous le nom de guerre du Nizam.

Ignorants Européens que nous sommes, avec notre orgueil historique enté sur quatre livres ennuyeux qui se répètent depuis cinq cents ans, nous ne savons pas encore la préface de cette histoire infinie, à laquelle rien ne manque, ni l'antiquité nébuleuse, ni les exploits héroïques, ni les fleuves de sang, ni les iliades sublimes, et qui eut, pour théâtre, le champ de bataille de l'Asie depuis le Penjab jusqu'au cap de Coromandel; depuis Golconde jusqu'à la mer Jaune et au golfe de Siam.

La guerre du Nizam est le dernier épisode de ce livre inconnu, écrit avec des flots de sang humain, à la clarté du plus beau soleil, sur des rives d'aloès et de palmier, sablées de perles et de corail.

Il y avait à Hyder-Abad, capitale du Nizam, un Vieux de la Montagne nommé *Hyder-Allah* (le lion de Dieu). Il portait à sa ceinture la hache magique de la déesse *Deera*, qui ne reçoit que des victimes humaines sur ses autels.

Cet Indien conçut le dessein de délivrer son pays du joug anglais au moyen d'une association ténébreuse qui, d'adepte en adepte, se répandit bientôt dans toute la province du Nizam.

C'était l'association des *taugs*.

Les régiments anglais, disséminés par cantonnements, ne tardèrent pas de connaître la puissance invisible d'Hyder-Allah.

Leurs sentinelles disparaissaient toutes dans les expéditions nocturnes; les officiers aventureux qui s'écartaient de leur camp n'y rentraient plus, et malgré les perquisitions les plus minutieuses dans les massifs des bois, les lits des fleuves, les entrailles de la terre, les ravins, les grottes, les précipices, les huttes des villages, aucun cadavre n'était jamais découvert.

Les garnisons anglaises s'anéantissaient, homme à homme, sans qu'une trace de meurtre, un vestige ennemi, un coup de feu, un cri de victime, donnât un rayon de lumière à ces ténébreux assassinats.

Les taugs, nus et souples comme des boas, prêtant à leur chair la nuance du sol où ils rampaient, se servant, avec les ruses des êtres fauves, de tous les accidents de terrain et de végétation, pour s'approcher de l'ennemi sans être découverts; les taugs saisissaient leur victime avec l'impétuosité du tigre, et l'étranglaient; puis, comme le hasard le révéla, ils portaient le cadavre dans le voisinage d'un ruisseau; ils l'enterraient profondément, et détournant le cours du ruisseau, ils lui donnaient pour lit la fosse récemment ouverte, afin que la terre, toute fraîche remuée, gardât son mystère le lendemain.

Les soldats anglais envoyés aux expéditions de nuit, accablés, dans les premiers temps, par une terreur silencieuse et invincible, s'habituèrent enfin à ce genre de guerre, où ils étaient vaincus sans combattre et sans voir en face aucun ennemi. A la ruse sauvage ils opposèrent la ruse civilisée, car toutes les combinaisons de la tactique et de la stratégie européennes échouaient devant les plans de leurs insaisissables ennemis.

Une nuit, le major Walancey, qui commandait un détachement disséminé dans un vaste champ de tulipiers, à douze milles de Golconde, revêtit de l'uniforme écarlate quelques troncs de jeunes arbres étouffés dans des massifs de verdure ténébreuse.

Il se mit lui-même à la tête de cinquante soldats d'élite, nus et déguisés habilement en tulipiers jaunes chargés de fleurs.

Le Mosy, rivière du Nizam, coulait tout auprès avec un fracas torrentiel, et dominait le murmure de la respiration humaine, que l'oreille subtile des taugs eût entendu à mille pas dans le silence de la nuit.

L'heure était si solennelle que les Européens embusqués n'accordaient pas la plus légère émotion aux humbles détails d'intérieur domestique, offerts par le désert indien, quand les étoiles luisent au ciel.

Ainsi, par exemple, sur l'autre rive du fleuve, des tigres superbes venaient étancher leur soif et aiguiser leurs griffes sans obtenir un regard de terreur ou de curiosité.

Le soldat restait immobile comme l'arbuste dont il empruntait le vêtement fleuri. Après une attente longue et désespérée, le major Walancey remarqua une légère ondulation dans les hauts gazons de la rive, et au même instant un groupe de spectres chauves et cuivrés se dressa, comme du fond d'un sépulcre, à la lisière du petit bois où luisait l'écarlate des uniformes.

Les soldats rejetèrent promptement leurs enveloppes végétales et saisirent les taugs avec une vigueur qui supprima toute résistance.

On se garda bien de les tuer, dans l'espoir de les soumettre par la violence et la menace des supplices à d'importantes révélations. Mais ces héroïques brigands, liés par un serment religieux, gardèrent leurs secrets; les tortures ne leur arrachèrent pas une plainte; ils subirent la mort en martyrs.

Cette découverte ne termina pas une guerre qui devait être si longue avec des ennemis de ce caractère.

Les Anglais avaient autour d'eux la plus formidable des insurrections, l'insurrection calme, invisible, partout présente, partout absente.

On voyait passer des paysans, des batteurs de riz, des Jemidars, des Fakirs avec leurs *poitah*, des jardiniers avec leurs instruments de labourage; tous ces Indiens, si pacifiques le jour, la nuit venue, se faisaient assassins; il n'y avait aucun espoir d'amener ces insurgés, inoffensifs en apparence, à une bataille rangée et de frapper un coup décisif. Il fallut donc se résigner à poursuivre, jusqu'à extinction de taugs, une guerre sourde et sans gloire, qui, à la clarté du soleil, avait tout le calme d'une paix profonde, et qui, les ténèbres venues, avait toutes les horreurs d'une infernale destruction. Les Anglais, avec cet acharnement invincible qui est le véritable fond de leur puissance, acceptèrent la lutte comme elle se présentait; ils y perdirent les meilleurs soldats et les plus braves capitaines.

Mais enfin, après bien des années teintes de sang à chacun de leurs jours, ils ont exterminé les taugs et pacifié le Nizam (1).

Cette digression historique servira peut-être à présenter sous son véritable jour le caractère de cet intrépide serviteur que les Jonathan avaient surnommé Nizam.

Telle était la position de la nouvelle colonie, lorsque trois nouveaux hôtes y furent accueillis avec cette bienveillante sollicitude que l'homme errant rencontre toujours chez l'homme isolé au désert.

Trois naufragés, sans pain et sans habits, resteraient peut-être longtemps nus et affamés aux portes de Paris ou de Londres; mais la plus pauvre cabane d'Afrique, d'Amérique ou d'Asie est toujours ouverte à l'étranger malheureux.

Cette habitation, toujours si calme, devait nécessairement recevoir quelque agitation à l'arrivée de trois nouveaux personnages inconnus.

On ne peut rester longtemps seul au désert; l'homme appelle l'homme.

Toute société commence par la cabane et finit par la cité.

Le premier solitaire de la *Thébaïde* peupla les solitudes du Nil, malgré l'attrait répulsif des repas d'eau douce et de racines. Siméon le Stylite resta seul sur sa colonne, parce qu'il n'y avait pas de place pour deux : s'il eût choisi un pilastre, il aurait trouvé un compagnon.

Le premier Anglais qui élut domicile au rez-de-chaussée du mont Himalaïa, croyait vivre en anachorète; au bout de quelques années, il a vu accourir un monde de locataires sur les six étages de cette Babel de Dieu.

La loi de la nature le veut ainsi.

La terre demande à être habitée dans ses plus secrets recoins. La solitude serait peut-être le bonheur, et il y a peut-être une loi mystérieuse qui force les hommes à se rassembler pour leur défendre d'être heureux.

V.

LA CHANSON INDIENNE.

Parmi les nombreuses habitations fondées aux déserts de l'Afrique intérieure par des Européens, aucune n'avait les avantages et les inconvénients de la Floride.

Les fermes hollandaises, anglaises, portugaises, établies dans la terre de Natal, dans la fertile campagne de Boror, au pied du mont Lupata, ou vers la baie de Zanzibar, ou sur les bords de la rivière Quilimanei, avaient toutes de bons voisinages et des chances de protection immédiate; c'étaient de vastes maisons rus-

(1) M. Taylor, officier distingué, qui a fait ses preuves au Nizam, dans cette cruelle guerre, a publié à Londres un ouvrage extrêmement remarquable sur les *taugs*.

tiques, assez éloignées, il est vrai, des comptoirs européens, des villages ou des kraals amis, mais offrant à peu près la même sécurité que nos châteaux de plaisance, isolés sur les rives de la Loire, ou dans la vaste plaine du comté d'Oxford.

Les frères Jonathen, avec leurs traditions domestiques de pionniers américains, voulurent planter le drapeau de la colonisation sur les limites d'une zone jusqu'alors jugée inhabitable et sur une terre qui ne reconnaissait d'autres souverains que le lion et l'éléphant.

Ainsi, l'intérêt qui s'attache à cette famille aventureuse doit être plus vif que celui qu'on accorde aux anciens colons de la rivière de l'Orange, du Mozambique et du Zanguebar : cet intérêt peut même grandir encore, du moment où les passions, les mœurs, le langage du monde civilisé, menacent la virginité de la colonie naissante et font pressentir des orages que le soleil de ce pays fait éclater au cœur de l'homme avec plus de violence qu'à la cime des monts africains.

Peu de jours avaient suffi pour établir une intimité douce entre les maîtres de la Floride et les nouveaux-venus.

L'isolement et le malheur ne connaissent pas la lenteur des gradations et les tâtonnements des expériences morales pour arriver à l'intimité. Sir Edward, Lorédan de Gessin et la jeune Rita, cordialement accueillis, furent bientôt traités en vieux amis.

Eléazar Jonathen, éclairé par cette sagesse qui vient avec les cheveux blancs, ne voyait aucun péril pour sa maison dans l'hospitalité passagère accordée à trois naufragés, qui devaient saisir avec empressement la première occasion favorable de rentrer dans leur pays.

Les moussons approchaient, le navire attendu à la baie d'Agoa pour les échanges recevrait sans doute ces trois passagers, qui donneraient au capitaine une forte somme d'argent, avec la promesse solennelle de ne pas révéler les atterages de leur commerce mystérieux.

Tel était le plan et l'espérance d'Eléazar Jonathen ; et il faut convenir que tout cela était fort admissible dans les éventualités d'un avenir très-prochain.

Pendant que les vieillards, trop loin de leur jeunesse pour s'en souvenir, font des plans raisonnables et d'une réussite infaillible, la jeunesse, maîtresse du présent et de l'avenir, rêve des choses folles, et les voit souvent se réaliser.

Les vieillards ne sont maîtres que de leur passé ; ils ne voient même pas luire à leurs côtés, retentir à leurs oreilles, le premier regard, la première parole, qui commencent une histoire dont ils ne connaîtront pas la fin.

Un jour, quelques instants avant le coucher du soleil, la terrasse de la Floride était le cadre d'un tableau fort original et fort inconnu dans nos musées.

Sur des talus de hauts gazons tièdes encore de la chaleur du ciel et jonchés des aiguilles sèches des pins et des fleurs des acacias, les hôtes de la Floride étaient assis, et semblaient, d'après une habitude vieille de quelques jours, vouloir prolonger jusqu'aux étoiles un entretien intime plein de charme et d'abandon.

Comme on le pense bien, on ne traitait pas là ces questions qui agitent le monde européen, et qui volent de nos cités à nos campagnes sur l'aile des journaux.

Si Lorédan ou sir Edward avaient mis sur le tapis un discours de la chambre des communes ou des députés, le soleil se serait peut-être éclipsé, sans l'intervention de la lune ; la rivière aurait remonté vers sa source, et les visages des auditeurs auraient pris une expression inconnue à Lavater.

Ainsi, quant au fond et à la forme de ces entretiens du désert, il ne faut pas s'attendre à leur trouver quelque ressemblance avec les causeries de nos salons et les anecdotes malignes du jour.

Chaque société, selon sa position, pense et s'exprime à sa manière. Il faut savoir faire quelques concessions aux caprices de notre planète, que Dieu créa plus grande que le département de la Seine et le comté de Middlesex.

— Mademoiselle Rita, disait sir Edward, le costume que miss Elmina vous a fait est charmant. J'ai vu, à Bangalore, une bramanesse habillée d'une étoffe de même dessin et taillée de la même façon. Ces grandes fleurs vives ressortent très-bien sur ce fond feuille morte et se marient avec un goût exquis à votre joli fichu crêpe de Chine, léger comme deux ailes de colibri. La bramanesse de Bangalore portait aussi, comme vous, deux jolis bracelets de corail, au-dessus des coudes, et laissait voir deux bras du plus beau cuivre doré, qui pourtant ne valent pas l'ivoire des vôtres. Vos cheveux sont, comme les siens, de l'ébène le plus ardent et le plus fluide, et la fleur de magnolia que vous avez posée sur la natte gauche lui donne un reflet merveilleux.

— J'accepte votre compliment, dit la jeune Rita, et je le rends à miss Elmina.

— Sir Edward, dit Lorédan, vous parlez de la toilette des autres avec une intention de fatuité bien évidente. Personne encore ne vous a félicité sur cette dalmatique de mandarin que vous portez avec la grâce d'un jeune Kolao de Zhé-Hol.

— J'accepte votre compliment, dit sir Edward, et je le rends au capitaine Jonathen qui habille si bien les naufragés que la mer déshabille encore mieux.

— Quand vous irez en chasse, sir Edward, dit le jeune Willy Jonathen, je ne vous conseille pas de porter cette tunique jaune serin avec les portraits de la lune dans ses quatre quartiers ; vous auriez une querelle avec le premier singe noir de la forêt.

— Ah ! dit sir Edward, les singes noirs n'aiment pas ce costume ! Et comment faut-il s'habiller pour leur plaire à ces messieurs ?

— Comme Lorédan et moi. En blanc et à la légère, à la mode des planteurs.

— Nizam, mon vieux Nizam, dit miss Elmina, puisque sir Edward aime tant les bramanesses, chantez une fois pour lui votre chanson indienne... vous savez... la chanson des cascades d'Elora.

Nizam arrivait en ce moment sur la terrasse ; il salua Eléazar Jonathen et sa société, puis il inclina sa carabine sur le tronc d'un acacia, et secouant la tête avec mélancolie :

— Miss Elmina, dit-il, ma voix est bien usée ; j'aimerais mieux aller chercher pour vous deux défenses d'ivoire dans le bois, que deux couplets dans mon gosier. Pourtant, il faut vous obéir.

— Oh! dit Elmina, il y a bien longtemps que je ne l'ai entendue, votre chanson de la bramanesse, mon vieux Nizam. Je suis sûre que ces messieurs l'entendront avec plaisir. M. Lorédan de Gessin surtout, parce qu'il chante fort bien les *pantouns* malais.

Lorédan s'inclina.

— Miss Elmina, dit Nizam, dois-je m'accompagner avec le *bin?* Vous savez que Duke se fâche lorsqu'on lui fait grincer à l'oreille un instrument indien.

— Et Duke a bien raison! dit sir Edward; il paraît que les lions me ressemblent : ils ont les nerfs délicats, en musique indienne.

— A tel point, sir Edward, dit Nizam, que j'ai le projet de mettre un violoncelle sur des roulettes et de jouer un concerto toute la nuit, autour de la cascade des Lions, pour donner des attaques de nerfs à la grande ménagerie de là-bas.

— Il a raison, Nizam, dit Elmina. Et prenant la barbe blanche de Duke, couché à ses pieds, elle lui dit : On va chanter, Duke ; soyez sage et bon.

Le superbe animal ouvrit ses grands yeux d'or vitrifié, puis les referma en faisant glisser son large front sous la main de sa jeune maîtresse, et allongeant ses pattes avec des élans de sensibilité joyeuse, il tomba sur le flanc droit, dans l'attitude immobile d'un lion héraldique posé en *pal au champ de sinople*.

Nizam préludait sur l'instrument par des accords simples et plaintifs, ressemblant à ceux que chantent les mariniers le soir sur les môles de Naples ou de Gênes ; car la musique, abandonnée à son expression naturelle, n'a que les mêmes notes pour faire parler l'amour devant une mer tiède, et sous un ciel étoilé, dans toutes les langues harmonieuses et sur les rivages de tous les beaux pays.

Le jour venait d'être subitement éteint par la nuit, sans la transition du crépuscule.

De l'abîme des ravins montait l'harmonie des cascades ; du sommet des collines descendait le parfum des genêts d'or ; une fraîcheur suave arrivait, sur les éventails des arbres, du fond des lacs lointains et inconnus ; l'air était rempli de ces douces et mystérieuses extases que le soleil lègue à la nuit des tropiques. Nizam chanta les vers suivants :

LA FILLE DE GOLCONDE.

Près du lac bleu, tiède rivage,
Sous les cascades d'Élora,
Je vis passer, dans mon jeune âge,
Celle que mon cœur adora;
Et je lui dis : Rien ne t'égale,
Trésor de perle et de corail ;
Aureng-Zeb, le roi du Bengale,
Languit pour toi dans son sérail.

Oh! qui me le rendra
Le doux rivage
De mon jeune âge!
Oh! qui me redira
La voix charmante
De mon amante
Sous les cascades d'Élora!

Je lui disais : L'astre qui brille
Au front du dieu bleu, tous les soirs,
A moins d'éclat, charmante fille,
Que le rayon de tes yeux noirs.

Conte-moi les plaintes touchantes
De la sultane de Delly;
Je les aime quand tu me les chantes
Avec ta voix de bengali.

Oh! qui me le rendra, etc.

Elle n'avait pas sa seconde
Lorsqu'à seize ans elle arriva
Avec les filles de Golconde
A la fête du dieu Siva;
Sur vingt rivales des plus fières,
C'est elle que l'on vint choisir,
Et le sultan des Cinq-Rivières
En fit présent à son vizir.

Oh! qui me le rendra, etc.

A l'heure où le grand tigre rôde,
Un soir, en vain je l'attendis ;
Un jeune bonze, à la pagode,
Me la fit voir au paradis.
Elle m'attend dans l'autre vie ;
Le dieu bleu qui me la donna,
Le dieu jaloux me l'a ravie
Pour son jardin de Mandana.

Oh! qui me le rendra, etc.

Un long silence succéda au chant du soldat indien.

Quelques nègres du Bengale, vieux serviteurs de la maison, assis loin de leurs maîtres, la tête appuyée sur les mains, pleuraient en écoutant les vers de leur harmonieuse langue ; les sauvages de la tribu des Makidas, groupés avec leurs femmes et leurs enfants, sous la treille de la métairie, inclinaient encore la tête du côté de Nizam pour recueillir le dernier écho de la mélodie bengalienne.

Les acacias, mollement agités dans leurs cimes par le premier souffle de la nuit, versaient une pluie de fleurs sur tous ces visages de bronze, d'ébène, d'ivoire, éclairés par les mêmes étoiles, animés par les mêmes émotions.

Il se passait en ce moment quelque chose d'extraordinaire et qui échappait à tout ce monde, excepté au regard infaillible de sir Edward.

Le jeune Willy Jonathen s'était levé avec précipitation et marchait vers le fossé oriental de la Floride en cueillant çà et là quelques fleurs sauvages mêlées aux grandes herbes.

Elmina quitta sa place, et se rapprochant de Rita, l'embrassa avec toute la tendresse d'une sœur.

Puis, comme si elle eût regretté cette démonstration amicale que rien ne semblait motiver en pareille scène de rêverie et de silence, elle marcha vers Nizam, et lui dit avec une voix légèrement émue :

— Je vous remercie, mon vieux Nizam ; jamais vous n'avez si bien chanté.

— Miss Elmina ne vous flatte pas, Nizam, dit sir Edward avec une affectation de légèreté qui voulait changer le caractère de cette scène. — Où avez-vous appris cette chanson, Nizam ?

— C'est un prisonnier taug qui me la chantait tous les soirs à Golconde.

— Je veux que vous me la chantiez souvent, dit Rita. Je veux l'apprendre aussi.

— Je l'ai retenue du premier coup, dit Lorédan; je te la chanterai demain, ma chère sœur.

Miss Elmina s'appuya sur le dossier du fauteuil de son oncle.

Rita ne répondit rien. Elle se leva pour rendre à Elmina la caresse qu'elle en avait reçue.

Les deux jeunes filles, enlacées l'une à l'autre par leurs bras nus, s'écartèrent du cercle, et marchèrent vers le fossé oriental, silencieuses toutes deux, comme sont deux jeunes femmes au moment d'une confidence, l'une espérant toujours que l'autre parlera la première.

Lorédan attachait un regard mélancolique sur Rita et Elmina, et il ne pouvait se rendre compte de la mystérieuse émotion qui l'agitait en ce moment.

Sir Edward, pour faire diversion à ces petits incidents étranges qu'une chanson indienne avait amenés, interpella brusquement Nizam :

— Vous arrivez de la chasse, dit-il, les mains vides aujourd'hui. Avez-vous été maladroit ou malheureux ?

— Oh ! je n'ai fait que douze milles vers le nord, aujourd'hui, sir Edward ; et je n'ai rien tué... Le vent souffle des lacs intérieurs, et tous les animaux à poil ou à plume vont toujours chercher leur proie contre le vent qui leur en apporte l'odeur. Voilà ce qui fait que je n'ai rien vu.

— Alors vous avez été malheureux.

— Non, sir Edward, j'ai été heureux. J'apportais quelque chose de mieux que du gibier ou une couple de défenses ; mais au moment où j'allais l'offrir à miss Elmina, elle m'a ordonné de chanter. J'ai obéi. Après ma chanson, tout le monde s'est endormi, je crois, car personne n'a parlé. Enfin j'ai cru le moment favorable pour offrir mon présent à miss Elmina, mais elle s'est éloignée avec mademoiselle Rita, et j'attends... Sir Edward, il paraît qu'il y a du nouveau à la Floride... quelque chose que je ne sais pas...

— Quelle étrange idée avez-vous, Nizam ! dit sir Edward en souriant ; croyez-vous qu'on fait naufrage tous les quinze jours devant la baie d'Agoa ?

— Sir Edward, dit Nizam en secouant la tête, nous sommes Anglais, vous et moi ; ainsi vous permettrez à un compatriote de vous communiquer ses observations ; j'ose vous affirmer, sir Edward, qu'il y a du changement à la Floride. Quand on observe par métier les grands animaux et qu'on descend aux hommes, il est facile de les deviner. Voici mon système. Dès que je vois un éléphant qui sort de ses habitudes de marche, de cri, de terrain, je devine que l'animal se trouve dans une difficulté non prévue par son instinct. A la guerre du Nizam, lorsque je voyais onduler un champ de riz, après le tomber du vent, je disais : il y a des taugs là-dessous, et je ne me trompais pas. Ecoutez, sir Edward, nous sommes seuls dans ce coin de la terrasse ; ces demoiselles se promènent ; M. Willy cueille des fleurs ; le capitaine Jonathan parle avec M. Lorédan à l'autre bout ; personne ne peut nous entendre ni soupçonner ce que nous disons.

— Où diable veut-il donc en venir, ce brave Nizam? dit sir Edward avec un ton d'insouciance qui semblait accuser fort peu d'intérêt aux révélations futures de son interlocuteur.

— Sir Edward, poursuivit Nizam, tous les jours, lorsque je sors de chasse, miss Elmina, prévenue par les aboiements d'Elphy, accourt au-devant de moi jusqu'à Honing-Clip, tant elle est empressée de savoir si je n'ai pas quelque histoire d'animaux à lui raconter. Vous savez qu'elle est folle de ces histoires. Aujourd'hui, miss Elmina n'a pas paru. Au moment où je croyais qu'elle allait m'adresser sa demande d'habitude, elle m'a fait chanter une vieille chanson, oubliée ici depuis trois ans. Après la chanson, je lui ai dit à l'oreille :

— Miss Elmina, j'ai une superbe page à vous donner pour votre histoire naturelle ! — En tout autre temps, hier encore, elle aurait bondi comme une gazelle à cette annonce : aujourd'hui, elle ne l'a pas remarquée. Tantôt je lui ai dit :

— Miss Elmina, une superbe histoire de lion et de singe noir ! — Elle m'a regardé avec des yeux distraits, et me répondant :

— A demain votre histoire, elle a congédié Duke et a pris le bras de mademoiselle Rita qu'elle serre encore en ce moment. Sir Edward, je ne sais pas ce que cela signifie ; mais cela n'annonce rien de bon.

— Cela signifie, Nizam, que miss Elmina n'est plus une petite fille qu'on amuse avec des contes d'animaux.

— Sir Edward, excusez ma hardiesse ; vous ne dites pas ce que vous pensez... Voulez-vous maintenant que je m'explique avec plus de clarté ?..

— C'est inutile, mon brave Nizam... Voilà le capitaine Jonathan qui rentre à l'habitation, et Lorédan qui se rapproche de nous... Fondées ou non, ne faites part de vos observations à qui que ce soit.

— Cela suffit, sir Edward,... mais je veux avoir raison de la conduite de miss Elmina, quand nous serons seuls, elle et moi.

Nizam marcha nonchalamment vers le groupe des jeunes femmes, sans avoir l'air de les rechercher, mais avec l'intention de les aborder comme par hasard, et de provoquer une explication avec miss Elmina, qui affectait depuis quelques heures une si mystérieuse insouciance pour les histoires de lions et de singes noirs.

Sir Edward prit le bras de Lorédan avec la tranquillité habituelle de ses mouvements et de sa parole, et il lui dit, de ce ton distrait que donnent l'ennui et l'absence de toute préoccupation sérieuse :

— Miss Elmina est adorable et bien dangereuse ; je ne sais pas, Lorédan, ce qu'il faut redouter le plus, dans ce désert, des yeux d'une panthère ou des yeux d'Elmina. Ils luisaient tantôt, là, sous cet arbre, quand Nizam chantait ; ils luisaient avec un rayonnement si vif que, dans un moment de distraction et de folle pensée, j'ai été tenté d'aller ramasser deux étoiles tombées du ciel.

— Edward, dit Lorédan avec un éclat de rire faux, vous parlez comme le *Songe d'une nuit du milieu de l'été*, de votre grand poète William. Ordinairement, vous êtes plus naturel dans vos phrases, et je ne vous ai jamais vu ramasser des étoiles. Seriez-vous amoureux de miss Elmina, par hasard ?

— Mon très-cher ami, je donnerais le cinquième héritage de ma dernière tante pour être amoureux de miss Elmina.

— Où cela vous conduirait-il ? voyons !

— Je la demanderais en mariage au capitaine Jonathan.

— Quand ?

— Ce soir. Je craindrais que le roi de Makidas ne me l'enlevât demain.

— Bah ! un roi tatoué qui adore les Manitous !

— Eh ! Lorédan, qui voulez-vous que miss Elmina épouse dans ce désert ? Elle n'a devant elle d'autres figures humaines que celles de son oncle et de son frère. Il est évident qu'à l'extrémité elle épousera un prince tatoué, adorant les Manitous.

— Eh bien ! Edward, je vous suppose un instant le mari d'Elmina ; quel genre d'existence mènerez-vous ?

— Je me livrerai au commerce. Je déracinerai des forêts de campêche, qui sont ici plus belles que dans la presqu'île de Yucatan ; je moissonnerai les ébéniers et les dragonniers ; j'expédierai des cargaisons de cire et de miel, de qualité supérieure, au Malabar, au Coromandel, au Japon, à la Chine, aux îles de la Sonde, à la ville du Cap ; j'élèverai le modeste commerce de Jonathan à des proportions colossales, redoutant fort peu d'attirer des flottes marchandes à ma baie d'Agoa. Je ferai ma fortune enfin, et la fortune d'un autre par-dessus le marché... Que dites-vous de mon plan, mon jeune Français ?

Lorédan baissa les yeux et garda quelque temps un silence méditatif ; puis il renoua ainsi l'entretien :

— Vous êtes libre de toute affection, vous, Edward ; si vous voulez tenter votre demande en mariage, aucun empêchement moral ne vous retient.

— Mais je ne veux demander personne en mariage, moi, très-cher Lorédan ; souvenez-vous que nous avons fait une supposition. Est-ce que je suis amoureux de miss Elmina ?

— Vous abhorrez donc le mariage, sir Edward ?

— En voilà un autre ! Moi, j'abhorre le mariage ! Quelle calomnie ! j'ai failli me marier trois fois !

— Oui, mais vous êtes resté garçon, sir Edward !

— Parbleu! je crois bien... dès que je me présente pour épouser une femme, un autre l'épouse avant moi! C'est une fatalité! Il y a des destinées comme cela. J'avoue pourtant, avec ma justice ordinaire, que je dois à ce triple échec conjugal un bonheur inouï de voyage et de navigation. Les naufrages, les incendies, les duels, les tigres, les serpents, les bandits ont toujours respecté en moi l'homme toujours malheureux dans ses amours, et assuré à la compagnie d'assurance du Ciel, contre toutes les perfidies des animaux et des éléments. Lorsqu'un coup de foudre va me frapper, on dirait qu'une voix s'écrie :

« Respectez cet homme échappé à trois mariages! »
Et la foudre m'épargne et tombe sur un voisin marié.

Je conviens, néanmoins, que certaines circonstances impérieuses détermineraient un mariage dans ma maison. Par exemple, ici, je ne serais pas trop éloigné d'épouser miss Elmina; en voici la raison, elle est toute simple. Un célibataire peut garder sa position égoïste à Londres et à Paris, sans nuire au progrès de la civilisation; les zéros s'y alignent avec tant de vitesse sur les registres de l'état civil que l'unité absente n'est pas aperçue. Au désert, c'est différent : ses premiers citoyens ont un grand devoir à remplir. Dans le paradis terrestre, Adam n'aurait pu rester garçon sans nuire aux intérêts du genre humain.

Je vous affirme donc que, l'autre jour, j'ai pensé au mariage sérieusement; ce serait mon quatrième essai en ce genre; et je risquerais encore une tentative si je ne craignais de trouver, entre miss Elmina et moi, quelque prince Makida, portant des anneaux de laiton aux narines et deux couleuvres tatouées sur les bras. Vous concevez que cette fois l'humiliation serait désespérante, et je n'y survivrais point. Mais vous, Lorédan, où en êtes-vous de vos projets d'amour? Tantôt vous causiez confidentiellement avec le capitaine Jonathen, le seul beau-père que Dieu ait mis au dixième degré de latitude. Dites, y a-t-il un mystère domestique là-dessous?

— Pas le moindre mystère, Edward! Le capitaine Jonathen parle trop clairement, et son visage soucieux parle encore plus clairement que sa bouche. Notre présence ici commence à lui peser beaucoup. Il lance çà et là des mots d'une franchise toute navale, et qui sont, hélas! très-significatifs. Son fils Willy lui donne de vives inquiétudes.

— Je ne reconnais plus mon Willy, me disait-il, là; il néglige ses travaux, il rêve les voyages lointains, et lorsque vous partirez, je crains bien ne pouvoir le retenir.

— Lorédan, je suis décidé... Pendant quelques jours j'ai balancé, mais après ce que vous venez de me dire, je n'hésite plus. Tous les plans que j'ai formés pour vos intérêts sacrés, Lorédan, sont renversés si nous partons trop tôt; il faut donc rester à la Floride, d'où l'on veut nous exiler. Nous resterons.

— Et que ferez-vous, sir Edward?

— Je me dévouerai.

— Vous demanderez miss Elmina en mariage?

— Je ferai plus que cela, Lorédan; je vais me rendre indispensable, à dater de ce soir, sous le toit de Jonathen. Gagnons du temps; c'est l'essentiel. Vous allez me voir à l'œuvre, et vous me comprendrez.

— Expliquez-moi votre idée, mon cher Edward; nous la pèserons ensemble...

— J'ai tout pesé... Croyez-vous donc, Lorédan, que les soucis de Jonathen m'aient échappé? Cela se conçoit. Un vieillard a ses habitudes domestiques, auxquelles il tient comme à une seconde religion. Il faut convenir que nous avons tout bouleversé ici en arrivant. Le bon Jonathan est dépaysé dans sa propre maison. Ce soir encore, sur cette terrasse, les jeunes femmes et les jeunes gens ne lui ont pas adressé une seule fois la parole; il ne sait vraiment à quelle cause attribuer la conduite nouvelle de la nièce et du neveu.

Les oncles, jeunes ou vieux, sont plus susceptibles que des pères : ils s'irritent de tout. Croyez-vous donc que ce soit chose facile de remonter le moral du vieux capitaine Jonathen? Si je vous chargeais de cette besogne, vous donneriez votre démission avant même l'essai. Croyez-moi, Lorédan, ceux de votre pays n'entendent rien à la colonisation... Encore un mot, Lorédan; demanderez-vous en mariage mademoiselle Rita?

— A qui donc dois-je la demander?

— Parbleu! à elle-même! elle est sa seule parente ici!

— Eh bien! dit Lorédan avec un soupir, cette demande a été faite aujourd'hui.

— Vous soupirez en disant cela?.. Oui, je comprends... votre mariage ne peut être célébré dans ce désert. Tout manque ici : le prêtre, le notaire, l'état civil. Voilà l'obstacle. Mais il vous suffit d'avoir le consentement de Rita, et à la première occasion, au premier voyage...

— Sir Edward, — dit Lorédan avec une certaine irritation — vous arrachez les secrets du fond de l'âme par une adresse infernale!.. Il est vrai — ajouta-t-il en souriant — que vos bonnes intentions justifient votre procédé. Vous tendez des pièges pour rendre service à un ami, comme on ferait pour détruire un ennemi. Je vous connais..., serrez-moi les mains... je veux donner pleine victoire à vos ruses bienveillantes. Oui, j'ai hasardé le mot mariage, ce matin; le terrible mot, le mot sacramentel...

Sir Edward ne put retenir sur sa figure une mystérieuse contraction de pitié que voila l'ombre de la nuit et des arbres; puis il reprit son organe habituel, dépouillé de toute émotion intérieure, et dit :

— Lorédan, permettez-moi encore un piège... Que vous a répondu Rita?

— C'est la première fois que j'ai remarqué sur son visage une expression de tendresse. Jusqu'à ce moment, vous savez avec quelle froide réserve elle a répondu à mon amour. J'attribuais cette indifférence et cette retenue à sa position de jeune fille isolée, sans appui et sans protection. Je me suis alors décidé à me présenter à elle sous un autre aspect.

— Monsieur, m'a-t-elle répondu, vous m'avez sauvé la vie au péril de la vôtre dans un horrible naufrage; ma vie est à vous.

— Piège à part, cette réponse de Rita vous a-t-elle satisfait?

— Elle m'a donné une ombre de joie... Ne trouvez-vous pas cette réponse assez claire, sir Edward?

— Lorédan, regardez, à travers les persiennes, la silhouette du capitaine qui se promène dans la salle basse. Jonathen médite quelque sentence d'exil contre nous. Je vais me coloniser chez lui.

— Sir Edward, vous ne m'avez pas répondu...

— La réponse de Rita est claire comme cette nuit. Adieu.

Lorédan resta seul sur la terrasse, et frappant du pied la terre, il dit :

— Ce diable d'homme me fera damner !

VI.

UNE NUIT AFRICAINE.

Lorsque Lorédan eut achevé son exclamation contre sir Edward, il s'avança jusqu'au seuil de la porte de la Floride pour espionner sir Edward et connaître ce beau plan qui devait leur assurer, dans l'habitation, une résidence perpétuelle.

A travers les lames d'une persienne, Lorédan pouvait tout voir et tout entendre.

Sir Edward était assis devant un guéridon, et il disposait les pièces sur un échiquier. La figure de Jonathen rayonnait de joie.

— Capitaine Jonathen, disait Edward, si j'avais connu plus tôt votre passion, je ne vous aurais pas laissé vingt jours, avec votre écolière, ici en tête-à-tête devant un échiquier.

— Elmina, disait Jonathen, est une étourdie qui n'entendra jamais rien à ce jeu. Elle n'y attache un peu d'intérêt qu'à cause des *tours*, que nous appelons en indien des *éléphants*. Mon neveu Willy s'endort en poussant le premier *pion*. Je serais donc bientôt à jouer seul, comme le fakir de la rivière de Cavéri.

— Vous avez navigué longtemps, capitaine, vous avez habité l'Inde ; je conçois donc votre passion pour ce jeu ; j'attends, moi, mon premier cheveu blanc pour m'y livrer avec une fureur tout indienne. Vous savez ce que dit en quatre vers le brahmane Tiéki de Djagrenat ? Je traduis :

> Ce beau jeu que l'Inde nomme
> Monte à la hauteur de l'art ;
> Il vieillirait le jeune homme,
> Il rajeunit le vieillard.

— Ah ! je vous demande une copie de ces vers ! dit Jonathen en serrant la main de sir Edward.

— Je vous les graverai sur un acacia, capitaine. Le brahmane Tiéki est âgé de cent onze ans ; et il me disait un jour à Djagrenat : Mon fils, pour vivre longtemps, il faut jouer aux échecs tous les soirs après le repas. Dès qu'on a pris l'habitude de consacrer une heure à cette partie, on ne peut plus mourir, parce qu'on est toujours obligé de jouer le lendemain. La sagesse indienne se révèle dans ce mot : A Paris, M. de La Bourdonnais m'a montré le chevalier de Barneville, le doyen de l'échiquier ; il a connu Louis XIV, et enseigné la marche du jeu à Philidor. La Mort est si habituée à voir, à midi, M. de Barneville pousser son premier pion, qu'elle n'a pas le courage de le déranger... A vous le *trait*, capitaine Jonathen.

La partie étant engagée, Willy et les deux jeunes femmes parurent dans la salle, et Lorédan les suivit. On fit cercle autour des joueurs.

Miss Elmina s'appuya sur le dossier du fauteuil de son oncle, et suivit les coups avec un intérêt plein de distractions.

Sir Edward paraissait absorbé dans des calculs d'où dépendait le sort du monde. Ses yeux tombaient d'aplomb sur l'échiquier, et rien de ce qui se passait aux environs n'avait le pouvoir d'obtenir un seul de ses regards.

Lorédan l'admirait dans son cœur. Quel homme ! se disait-il à lui-même ; qui ne croirait, en le voyant ainsi recueilli, que sir Edward fait une partie sérieuse, et que sa fortune et son repos sont joués entre ces deux horizons de bois blanc et noir !

Quant à Jonathen, il ne feignait rien, lui ! sa figure avait déposé cette teinte de mélancolie habituelle que la solitude donne même à ses plus fervents adorateurs.

Le vieux capitaine entrait dans une sorte de convalescence morale, après une cruelle maladie d'ennui : sir Edward était son médecin sauveur. Avec quelle joie le bon Jonathen voyait sur le champ clos la mêlée intelligente des deux petites armées, conduites avec une égale force de combinaisons !

Ses regards avaient l'éclat de l'espérance comblée : désormais il n'avait plus rien à demander à Dieu. Les hommes qui ne connaissent pas cette innocente passion, seuls, ne peuvent juger le bonheur de Jonathen.

Personne n'osait hasarder une parole. Miss Elmina adressait, par intervalles, un gracieux mouvement d'épaules accompagné d'une minauderie exquise, au malheureux Nizam, qui, encadré par la porte, faisait une pantomime de lion et de singe, et poursuivait, avec son histoire inédite, la fille de Jonathen.

Willy feignait de suivre la partie, et ses yeux détaillaient successivement tous les objets de la salle, pour avoir le droit de se fixer sur le plus intéressant de tous.

Lorédan, immobile de corps, comme les autres, s'agitait dans sa pensée vagabonde, et lorsque l'occasion s'offrait naturellement, il regardait Rita, dont la charmante tête, appuyée sur l'épaule droite d'Elmina, mêlait des flots de cheveux noirs à des flots de cheveux blonds.

Sir Edward avait devant lui ce divin tableau de deux figures d'anges souriant à la tête argentée d'un vieillard ; mais il ne daigna pas une seule fois relever son front pour voir ce groupe adorable ; et lorsque la voix triomphante de Jonathen proclama son *mat* victorieux, sir Edward resta comme enseveli dans sa défaite ; si la jolie main de miss Elmina ne l'eût arraché, par une espièglerie, à ses méditations posthumes, l'aurore l'eût peut-être trouvé, devant l'échiquier, remontant aux effets et aux causes de ce *mat* inattendu.

Jonathen savourait sa joie intérieure, mais en dissimulant son bonheur, pour ne pas humilier ou décourager le vaincu.

— Miss Elmina, dit sir Edward avec un ton sérieux, si dans le club de Westminster vous faisiez une de vos charmantes espiègleries à un joueur d'échecs, on vous mettrait à l'amende de vingt-cinq livres sterling.

— Ah! vous êtes injuste, sir Edward, dit Elmina en dégageant sa tête des bras de Rita ; on voit que vous avez perdu. Lorsque je vous ai enlevé votre bonnet rouge de mandarin, la partie était terminée ; vous cherchez une excuse à votre défaite. Ce n'est pas bien, sir Edward.

— Ma nièce, dit Jonathen avec cette bonté conciliatrice que la victoire donne au visage et au cœur, ma chère Elmina, tu es une écolière aux échecs, et tu ne connais pas toute l'importance que nous attachons à une fin de partie, même après la fin... Sir Edward, je vous offre votre revanche...

— Pardon, capitaine Jonathen, laissez-moi replacer le coup... le *mat* n'était pas forcé... en avançant le pion de la tour du roi, je pouvais me sauver et remettre la partie... A ce jeu, la bonne idée m'arrive toujours le lendemain.

— A demain, donc, sir Edward... Mais nous ne commencerons pas si tard, n'est-ce pas ?

— Oui, capitaine ; nous réglerons notre jeu à trois parties...

— Nous pourrions aussi employer quelques heures au fort de la chaleur... à moins que...

— Du matin au soir, capitaine, si cela vous plaît... Moi, je n'ai jamais eu véritablement qu'une passion, les échecs...

— Noble passion! sir Edward, dit Jonathen en serrant les mains de son adversaire... A demain.

C'était l'heure où chacun était rendu à sa liberté de repos ou de veillée. Les adieux du soir se croisèrent entre parents et amis ; miss Elmina et Rita sortirent avec Jonathen. Willy s'était déjà éclipsé.

Sir Edward et Lorédan descendirent sur la terrasse en affectant la démarche indolente de ceux qui, n'ayant rien à se dire, vont où les pousse le hasard.

C'était une nuit de tropique, avec toutes ses étoiles, et son chaos ténébreux de forêts et de montagnes lointaines. Il y avait dans l'air ce trésor d'amour et de sensations mystérieuses que le ciel verse aux déserts depuis la création, et qu'une lèvre humaine n'a jamais recueilli.

A des distances infinies, s'élevaient des bruits confus et solennels, comme si les vagues de l'Océan, le tonnerre des cataractes, les cris sauvages du vallon et du bois, mêlaient des langues inconnues pour célébrer les splendeurs virginales de cette nuit.

Sir Edward, appuyé sur l'acacia le plus éloigné de l'habitation, regarda autour de lui, et posant l'entretien sur un diapason très-bas, il dit :

— Eh bien ! cher Lorédan, êtes-vous content de moi ?

— Vous êtes adorable, sir Edward, adorable de dévouement !

— Quel dévouement ! j'ai supprimé Curtius... hélas ! moi, je ne suis pas content de vous...

— Ah ! j'ai oublié de vous seconder peut-être... c'est possible... éclairez-moi... voyons...

— Nous ne sommes jamais seuls un quart d'heure dans cette maison depuis notre arrivée. Voilà, je crois, notre second tête-à-tête, et nous le devons à la partie d'échecs. J'ai donc hâte de vous exposer vos torts...

— Mes torts !... J'ai des torts envers vous, sir Edward ?

— Envers qui donc les auriez-vous ? En amitié, le défaut de confiance est un tort ; ici, dans un désert, c'est presque un crime... Écoutez, Lorédan, l'heure est sérieuse et ma parole aussi ; permettez-moi d'être grave un instant ; c'est sans conséquence... Lorédan, il paraît que vous avez tout oublié ; moi, je n'ai rien oublié.

Vous aviez une femme à aimer pour vous, vous aviez une fortune à faire pour un autre. Qu'est devenu ce double projet d'amour et de fortune ?.. Ne m'interrompez pas, Lorédan... Si votre amour n'a été qu'une étincelle ramassée dans l'incendie du *Malabar* et étouffée dans le naufrage ; si votre projet de fortune n'a pas été sérieux, vous ne me laisserez pas, j'espère, mourir à petit feu sous les *mats* du capitaine Jonathen. Ce que vous appelez mon dévouement serait une chose absurde et même odieuse, si je l'appliquais à favoriser un caprice amoureux ; tandis que je m'honorerais de mes services, s'ils pouvaient vous mettre sur la voie d'une fortune qu'un noble fils doit à son père malheureux.

— Sir Edward, dit Lorédan, les mains dans les mains de son ami, ce que je vous ai dit en sortant du radeau du *Malabar*, je vous le répète aujourd'hui, et avec bien plus d'énergie que la première fois, parce que vingt jours se sont écoulés depuis, et que ces vingt jours sont peut-être l'agonie de mon père.

Sir Edward, croyez-vous que je puisse, devant des témoins si nombreux, laisser voir sur mon visage les peines de mon esprit ? Il faut bien que je paye l'hospitalité de Jonathen au moins avec une joie menteuse. On trompe pour le bien comme pour le mal : vous en êtes la preuve vivante, à chaque instant, vous, noble Edward.

J'aime Rita. Mon amour n'est pas un caprice. Laissons les fantaisies aux villes froides ; la mer, la solitude et le tropique ne donnent au cœur que des passions.

J'aime cette jeune fille, et lorsque je vous dis cela, il me semble que ces bois et ces étoiles disparaissent, et qu'une image de femme remplace tout.

Maintenant, où me conduira cet amour ? je l'ignore. Sait-on jamais où l'on va quand on aime ? On aime parce qu'un attrait inexorable, formé d'un rayon de visage et d'un rayon de soleil, vous oblige à aimer. Mais ne croyez pas, Edward, que le souvenir affreux du malheur de mon père soit anéanti par cet amour.

Le cœur de l'homme n'est encore assez large pour contenir deux grandes idées. Mes projets de jour roulent entre deux noms ; mes rêves de nuit entre deux fantômes.

Chaque matin, lorsque je viens saluer cette puissante création, il me semble qu'une de ces roches, qui s'est fendue pour laisser jaillir un arbre de fer, va me jeter au front une idée secourable, une révélation, un expédient sauveur. Chaque soir, il me semble que le ciel, en s'étoilant, va changer l'ordre de ses constellations, pour me répondre en caractères de feu, alignés sur des pages d'azur.

Ma tête s'égare ; il faut que je me répète souvent que je suis fou, pour me prouver que je ne le suis pas.

Oui, je vous ai trompé, vous aussi, avec ce calme

d'emprunt qui est le masque de mon visage et le déguisement de mon corps. Si vous saviez ce que j'ai souffert, tantôt, dans la salle, pendant votre jeu! Rita était belle comme la grâce, belle à damner un chérubin; ses cheveux noirs, caressés par les doigts d'Elmina, jouaient sur son cou, et sa figure sérieuse, en toutes ses lignes, laissait poindre le germe d'un sourire entre les perles et le corail de sa bouche d'enfant.

J'étais là devant elle, mon âme sur mes lèvres, pour recueillir son premier regard de sérénité, attendu comme la vie. Ce regard s'est égaré sans rencontrer le mien. C'était un rayon, un éclair qui a illuminé la salle et n'a laissé que moi dans la salle des ténèbres.

La pensée qui conduisait ce regard n'était donc pas à moi! et pourtant elle m'avait dit aujourd'hui: *ma vie est à vous!* Oui, j'ai compris, quoique tardivement: dans une passion, la moindre étincelle éclaire comme un incendie. Oui, c'est un devoir de reconnaissance qui me rend maître de Rita.

Elle croit que je l'ai retirée du fond de la mer, et c'est à ce mensonge que je devrai un froid sentiment qui ne sera jamais de l'amour. Ma délicatesse se révolte à cette idée. J'aimerais mieux renoncer à cette femme que l'acquérir au prix d'une fausseté indigne. Si elle doit m'aimer un jour, ou du moins m'accepter comme époux, je serai pur à ses yeux, aux vôtres et aux miens.

Le jeune homme abandonna la main de sir Edward qu'il tenait étroitement serrée et s'assit sur le gazon.

Sir Edward croisa les bras sur sa poitrine et attendit que son calme habituel lui fût revenu pour le mettre dans sa parole, car la sortie ardente de Lorédan l'avait vivement ému.

— Oui, dit-il après une longue pause; oui, vous m'avez donné votre conviction, Lorédan; votre âme est entrée dans la mienne. Je pense maintenant avec votre esprit...

Et changeant le ton de sa voix par gradation de nuances, il ajouta:

— Au fond, Lorédan, je vous avoue que j'aime ces étranges situations. Elles donnent à la vie un charme irritant, et sans elles, la vie serait une chose morte... Cela posé, je vois que nous ne sommes pas plus avancés que le premier jour; c'est peu marcher pour le long chemin qui nous reste; je dis *nous*, parce que j'ai pris l'habitude de vivre de la vie des autres; ce qui est plus aisé que de la vivre pour soi. Il faudrait un incident imprévu et désespéré, tombant de l'équateur sur nous deux; alors, debout sur les ruines de mes combinaisons, avant d'abandonner un ami, je sens que je m'associerais à son destin, à mes risques personnels. Je me précipiterais dans un mariage pour le sauver. J'épouserais miss Elmina, qui aura un quartier d'Afrique pour dot, et je donnerais ce trésor pour secourir un légitime désespoir. Ne vous laissez donc pas abattre, Lorédan; vous avez encore vingt chances de salut. Nous sommes, vous et moi, isolés, dans un désert immense; ainsi, rien ne peut détourner sur des voisins l'attention du bon génie qui veille sur nous, et qui s'obstine à nous sauver malgré nos doutes injurieux.

Lorédan allait exprimer sa reconnaissance lorsqu'il sentit sur sa bouche la main ouverte de sir Edward.

Un bruit de pas se faisait entendre à peu de distance du sombre massif où parlaient nos deux amis.

— C'est Nizam qui fait sa ronde, dit Edward à voix très-basse; ne quittez pas cette place, Lorédan, je vais l'aborder comme par hasard, et le faire causer.

Sir Edward sortit de son abri de verdure épaisse, et se mit dans l'allée que suivait Nizam; bientôt ils se rencontrèrent:

— Toujours debout, nuit et jour, mon brave Nizam! dit sir Edward en frappant sur l'épaule du serviteur de Jonathen; on peut dormir tranquille lorsque vous veillez.

— Je veillerai toute la nuit, sir Edward, répondit Nizam, l'avant-bras appuyé sur le haut de sa carabine; nous venons d'apprendre que le Chinois est arrivé.

— Quel Chinois, mon brave Nizam?

— Notre acheteur en échanges; il est à l'ancre dans la baie d'Agoa.

Sir Edward ne put réprimer un mouvement de joie à cette nouvelle; Nizam le remarqua et dit:

— Voilà qui vous arrange à merveille, n'est-ce pas, sir Edward? C'est une occasion pour vous de quitter ce désert ennuyeux; et si vous la laissez échapper, vous ne la trouverez que dans six mois... Ah! diable! j'y songe un peu tard... j'ai trop parlé; je crois que j'ai fait une sottise. Le capitaine Jonathen n'aime pas qu'on s'entretienne de son commerce, ni avec les noirs, ni avec les blancs, ni avec les cuivrés... Faites comme si je n'avais rien dit, sir Edward.

— Nizam, tu es trop fin pour dire une sottise, et tu ne l'es pas assez pour me tromper... Tu veux m'engager à partir, dans l'espoir que je t'emmènerai avec moi. Nizam, sois sincère, et je t'en donne ma parole de compatriote, tu ne t'en repentiras pas.

— Sir Edward, si vous le prenez sur ce ton, je vous parlerai avec franchise. Oui, je sens que j'ai vécu trop longtemps ici: mon humeur est vagabonde; on n'est pas Indien et Anglais pour aimer longtemps le même logis.

Un seul lien me retenait à cette maison; je m'étais attaché à miss Elmina; elle avait douze ans lorsque je suis venu ici; j'ai vu grandir cette belle demoiselle, et si j'avais la couronne de l'Inde à mettre sur une tête, ce serait la sienne que je choisirais. Vous devinez bien, sir Edward, qu'à mon âge et dans ma condition d'humble serviteur, mon affection pour miss Elmina ne doit être qu'une amitié respectueuse.

Mais ce sentiment est encore assez vif pour me faire regarder comme un malheur intolérable le changement qui s'est opéré dans le caractère de miss Elmina. Autrefois, quand j'étais assis comme une esclave aux pieds de ma jeune reine, et que je donnais à son visage une émotion de joie ou de terreur, en lui contant mes aventures de chasse, je n'aurais pas échangé mon siège de gazon pour le trône de sir William Bentinck.

Souvent j'ai risqué ma vie, là-bas, bien loin d'ici, en essayant de découvrir au fond d'une vallée inconnue et rocher nu où le père d'Elmina, le courageux Arthur Jonathen, a gravé le nom de sa fille pour insulter les lions et les éléphants. Je savais que cette découverte me serait payée d'un serrement de main et d'un sourire d'ange, et cette idée m'aurait fait courir à travers toutes les griffes et toutes les crinières du désert.

Maintenant c'est fini. Mon bonheur était modeste, n'est-ce pas, sir Edward? Eh bien! je m'en contentais; il suffisait à ma vie; il ne me laissait rien à désirer. Me voilà retombé dans mon néant. Je ferai pourtant mon devoir de serviteur fidèle tant que j'habiterai sous le toit du capitaine Jonathan; mais à la première issue qui s'ouvrira devant moi, je le prierai de me rendre la liberté de la mer.

Aux lueurs douteuses que les étoiles versaient par les éclaircies des arbres, sir Edward vit couler quelques larmes sur les joues bronzées de Nizam.

Le serviteur s'avança jusqu'à la lisière de la terrasse, et après avoir regardé quelque temps l'habitation, il fit à sir Edward le signe de main qui signifie, avancez.

En cet endroit, les branches des acacias s'arrondissaient, et leurs extrémités flottantes touchaient le terrain nu de la terrasse; on voyait sans être vu, derrière ce rideau naturel.

Sir Edward suivit des yeux un second signe indicateur fait par Nizam, et vit un tableau vivant qui donnait un charme ineffable aux tableaux animés de la plus belle des nuits.

Un seul kiosque de la façade avait soulevé sa persienne, et le balcon était doublement éclairé par les lumières intérieures et par les constellations, si brillantes, à cette heure, qu'il semblait que le soleil s'était divisé en mille fragments dans le ciel, et ne l'avait pas abandonné.

L'ovale de ce cadre aérien faisait ressortir, dans un relief lumineux, le groupe de deux jeunes femmes appuyées sur le balcon et regardant la campagne. Même à cette distance, il était facile de comprendre que le spectacle de la nuit n'absorbait pas exclusivement leur pensée, car les paroles qu'elles échangeaient à l'oreille avaient le mystère des confidences et ne formulaient pas, sans doute, les intimes élans d'un enthousiasme adressé aux magnificences de la nuit.

— Sir Edward, dit Nizam, je veux voir si miss Elmina honorera son serviteur d'un salut de sa main; je vais passer devant la maison, tête basse, comme si je n'avais rien vu. J'ose vous prier, sir Edward, d'ignorer demain devant le capitaine Jonathan ce que je vous ai dit sur l'arrivée du vaisseau à la baie d'Agoa.

— Nizam, dit sir Edward, j'ai besoin de toi; tu resteras à la Floride; pour moi, maintenant, si tu ne veux plus y rester pour les autres. Entends-tu? j'ai besoin de toi.

Nizam fit un geste d'acquiescement équivoque, et sortit des allées, cheminant comme au hasard dans une tournée d'inspection nocturne: sa tête se releva tout à coup, une voix du kiosque venait de l'appeler par son nom. Il s'élança d'un bond au balcon d'Elmina. La jeune fille se pencha en dehors de la rampe, et prenant son organe le plus caressant:

— Nizam, dit-elle, je sais que le navire du Chinois est arrivé ce soir. Vous vous y rendrez au jour, n'est-ce pas?

— A présent, s'il le faut, miss Elmina.

— Non, au jour, cela suffit. J'ai une commission à vous donner.

— Donnez, miss Elmina; je vous écoute de la tête aux pieds. Tout mon corps est une oreille quand vous me parlez.

— Vous choisirez pour moi deux *talis* de perles et deux colliers de corail; deux pièces de mousseline fine à paillettes d'or et deux pièces de guingan rayé; tout par deux, entendez-vous?

— Oui, miss Elmina.

— Si vous trouvez deux beaux *saris* mouchetés, vous les prendrez aussi... Voilà tout, Nizam.

— Vous n'avez rien autre à me dire, miss Elmina?

— Rien autre pour le moment.

— Vous ne voudriez pas écouter mon histoire de lion et de...

— Ah! il est trop tard pour écouter des histoires... Adieu, mon brave Nizam; à demain. N'oubliez pas surtout les deux colliers de corail.

— Je n'oublierai rien, miss Elmina.

Nizam fit un salut respectueux et entra dans la métairie.

Quelques instants après, l'une des deux jeunes femmes quitta le balcon du kiosque, mais sir Edward ne distingua pas si c'était Rita ou Elmina.

Un jeune homme, marchant avec précaution dans l'ombre des corniches saillantes de la Floride, lança quelque chose de lourd et d'informe qui tomba sur le balcon. La jeune fille, restée dans la cage du kiosque, ramassa ce qui lui était envoyé, s'inclina comme pour remercier, et faisant tomber la persienne, elle disparut.

Sir Edward, qui ne dissimulait pas une vive émotion lorsqu'il était seul, croisa ses mains par-dessus la tête en se disant à lui-même : voyez donc ce drôle de Lorédan, comme il me trompe! et comme je me suis trompé aussi!.. Il est plus heureux que je ne croyais. On accepte ses cadeaux à minuit.

Il pensa qu'il était inutile de retourner au fond des massifs d'arbres, où il avait laissé son ami. Cependant, comme ce détour n'allongeait pas trop son chemin, il se dirigea machinalement de ce côté, en réfléchissant sur la perfidie des hommes et des amis.

Un corps plus noir que l'ombre, et placé en travers sur l'allée étroite, le fit reculer un pas. A cette heure, et dans ces régions, toute chose qui n'est pas morte est un ennemi.

Sir Edward reconnut bientôt la place où il avait laissé Lorédan; et c'était Lorédan lui-même, qui, au bruit des pas, se releva pour rejoindre son ami.

— Ah! c'est vous, Lorédan, dit sir Edward avec une voix qui diminuait l'étonnement à chaque syllabe.

— Qui donc voulez-vous que ce soit? dit le jeune homme en étendant une main qui en cherchait une autre.

— C'est juste, dit sir Edward, il me semblait que je vous avais laissé plus loin.

— Je n'ai pas changé de place.

— Ah! vous m'avez attendu, là, immobile... Je croyais vous avoir vu tantôt passer devant la maison... je me suis trompé... la nuit est la mère des erreurs.

— Avez-vous appris quelque chose d'intéressant pour nous, dans votre entretien avec l'intendant de Jonathan?

— Nous causerons de cela demain. Il est fort tard.

Le lion, couvert du chapeau d'Elmina, se posa gaiement en sphinx.

Séparons-nous... La sentinelle du fossé nous regarde avec inquiétude..... Dans les ténèbres, rien ne ressemble plus à des ennemis que des amis. N'attirons pas une balle de carabine de ce côté. Respectons le sommeil de ces jeunes femmes qui dorment profondément...

— Edward, depuis deux heures, toute la famille dort, j'en suis sûr. Ce n'est pas bien de transgresser déjà les règlements de la maison... Voilà nos deux sauvages qui nous attendent, le flambeau à la main. Adieu, Edward; à l'aube je serai à vous.

— Oui, je veux que demain le soleil assiste à mon lever.

— Ainsi, hâtons-nous de dormir, Edward.

— Très-bien, Lorédan; j'attendais, pour vous quitter, quelque chose qui ressemblât à une plaisanterie. Rien n'est triste comme un adieu donné et reçu tristement.

— Ah! que vous êtes heureux, Edward, de sourire à tout avec cette insouciante étourderie!..

— Eh! mon Dieu! Lorédan, prenez cette habitude, comme moi. Le propos le plus léger peut couvrir l'action la plus grave. Il y a dans le *Liki* cet axiome : *La parole gaie sort toujours d'un cœur sérieux*.

— C'est bien, Edward, vous vous êtes trahi. Je vous connais maintenant.

— Non, mais vous me connaîtrez. Adieu.

Sir Edward à Lorédan de Gessin.

Midi, sous un bananier d'Agoa.

« Ce matin, à votre réveil, vous m'avez maudit, cher Lorédan. J'ai l'habitude d'être maudit la veille et béni le lendemain. Aussi je m'inquiète fort peu du premier mouvement de colère que je donne à mes amis. Vous avez donc trouvé ma chambre vide ; vous

La baie d'Agoa. — Ce port attend une ville depuis six mille ans.

« êtes descendu dans la grande salle, vous m'avez appelé autour d'Honing-Clip, et je ne vous ai pas répondu. Enfin le capitaine Jonathen vous a annoncé que j'étais parti.

« Pour le coup, le sang de votre cœur s'est arrêté; vous avez regardé autour de vous, et votre isolement était affreux.

« Voilà comment l'amour traite les hommes les plus forts; n'aimez pas, et vous serez un chêne; aimez, et vous serez un roseau. Rassurez-vous, mon frêle ami, je continue à veiller pendant votre sommeil.

« Avant l'aube, j'étais déjà dans la grande salle, courbé sur l'échiquier, dans l'attitude d'un penseur qui s'est fait son univers avec soixante-quatre cases de bois, et qui ne voit rien au delà. Je savais que les travaux de la journée réveilleraient de bonne heure le capitaine Jonathen. Je ne me suis pas trompé; il est descendu et m'a trouvé enseveli dans mes calculs.

« Dieu sait ce qu'il m'en coûte pour tromper ainsi cet excellent homme; mais je serai absous en faveur de mes intentions. Avant que Jonathen ouvrît la bouche, je lui ai dit :

« — Capitaine, vous me voyez tout absorbé par une affaire importante ; je cherche dans mes souvenirs une partie merveilleuse; c'est le chef-d'œuvre de La Bourdonnais. Avec de la patience, je reconstruirai tous les coups.

« Figurez-vous, capitaine Jonathen, que, dans cette incroyable partie, M. de La Bourdonnais, arrivé à certaine position, frappa la table avec son poing et dit à son adversaire :

« — *Vous êtes* MAT *forcé en neuf coups!*

« Et la prédiction du grand homme s'accomplit. Le jour où je montrai ce miracle au bramine Tauly, à Éléphanta, il s'écria : Le Dieu bleu s'est incarné une onzième fois en joueurs d'échecs !

LAGNY. — Imprimerie de VIALAT et Cie.

« Vous voyez d'ici la joie et la stupéfaction de Jonathen, cher Lorédan. Il avait oublié le navire du Chinois et son commerce d'échanges : il suivait les tâtonnements de mes pièces ; il retenait son souffle de peur de me troubler dans mes souvenirs. En ce moment, Nizam est entré pour prendre les derniers ordres du capitaine.

« Mon étonnement a été parfaitement joué lorsque Jonathen m'a annoncé l'arrivée de son échangiste dans la baie d'Agoa. Je me suis levé vivement, et je lui ai dit :

« — Capitaine Jonathen, vous nous avez donné une noble hospitalité ; le moment est venu de vous en témoigner toute notre reconnaissance. La voie de la mer nous est ouverte. Nous partons, et, sur quelque terre que le hasard nous jette, croyez bien que nous conserverons éternellement le souvenir de votre accueil paternel.

« J'ai mis beaucoup de feu dans ces paroles, cher Lorédan, parce qu'au fond elles sortaient du cœur ; elles manquaient seulement d'à-propos dans leur sincérité.

« Jonathen regardait l'échiquier et préparait sa réponse, lorsqu'un incident inattendu est venu m'apporter un secours victorieux.

« Le jeune Willy est entré avec sa vivacité de sauvage, et se posant devant moi, les mains dans les miennes, il a dit d'un ton plein de feu :

« — Non, vous ne partirez pas ! Cette séparation trop prompte affligerait mon père et nous tous. N'êtes-vous pas bien ici ? mademoiselle Rita, la sœur de votre ami, est déjà presque la sœur de la mienne ; nous vivons à la même table et sous le même toit. La solitude resserre les liens de l'amitié en quelques jours et change les amis en parents. Sir Edward, vous ne partirez pas ; nous vous le défendons.

« Vous direz sans doute, comme moi, que ce langage de Willy était de nature à m'étonner. Willy a vécu jusqu'à présent au milieu de nous en vrai sauvage ; il nous évite même avec un soin réfléchi.

« Tout à coup ce Makida sort de sa tanière, me serre les mains et nous emprisonne dans ses bois, comme un cannibale fait de ses prisonniers.

« Si la proposition de Willy et le silence approbateur de Jonathen m'eussent contrarié dans mes vues, je me serais défendu avec feu. Mais tout cela me mettait trop à l'aise, pour obtenir de ma part la moindre objection. J'ai répondu par un long discours, dont je vous épargne l'ennui, et qui se résume ainsi : Nous resterons.

« La figure de Jonathen a rayonné de joie : décidément, je lui suis nécessaire et même indispensable ; je m'étais bien jugé, amour-propre à part.

« Alors, j'ai reçu une illumination d'en haut.

« — Capitaine Jonathen, lui ai-je dit, j'espère que vous m'accorderez une faveur, et je vous jure que j'en userai avec les plus grandes précautions. Permettez-moi de suivre votre convoi et vos domestiques jusqu'à la baie d'Agoa ; j'ai habité trois ou quatre ans Macao et Canton ; je parle la langue de votre capitaine échangiste qui, probablement, n'est qu'un Chinois des îles de la Sonde ; je connaîtrai par lui les différents ports où il s'arrêtera, et j'écrirai à son bord quelques lettres pour donner de nos nouvelles à nos familles. Comptez sur ma prudence, capitaine Jonathen.

« Cette proposition a été accueillie sans difficulté. Jonathen m'a donné même quelques commissions secrètes, et Willy m'a dit que cela le dispensait d'accompagner aujourd'hui le convoi jusqu'à trois milles du rivage, puisque le mandarin sir Edward voulait bien diriger, cette fois, les opérations de la Floride.

« À l'aube, nous sommes partis à cheval, moi et Nizam.

« J'ai revu avec une joie indicible les rives de Limpide-Stream, et cet éternel aqueduc de tamarins, où nous avons traîné nos suaires de naufrage.

« Aux limites des bois, nous avons fait halte. Il est défendu à Nizam d'aller plus loin ; les domestiques noirs, en costume primitif, ont seuls le privilége de se montrer à l'équipage du navire. Ils sont censés faire les échanges pour leur compte. Nizam surveille de loin les opérations, et son nègre de confiance est Neptunio.

« Maintenant, vous allez voir combien je devais attacher d'importance à ma descente à la baie d'Agoa. D'abord, je vais étudier à fond ce mystérieux commerce de la Floride, sur lequel j'ai fait reposer tant d'espérances pour votre avenir.

« Ceci est mon secret.

« Ensuite, j'attends ici les lettres que vous allez écrire en quadruplicata, et que vous confierez demain à Nizam. Ces lettres seront adressées à votre père ; elles calmeront ses inquiétudes et lui promettront, comme chose positive, ce qu'il attend pour vivre avec honneur. En promettant ainsi, nous réussirons indubitablement. Le moyen est encore au ciel ; il tombera.

« Nizam part d'Agoa au milieu de la nuit ; il portera ma lettre et vous la remettra confidentiellement. Fiez-vous à lui. Le brave serviteur m'est dévoué. Je suis retenu ici quelques jours, assez heureux pour être de quelque utilité au capitaine Jonathen.

« Votre vraiment dévoué,   EDWARD. »

« P. S. J'ai rouvert ma lettre avant de vous l'envoyer, et je puis ainsi vous donner quelques détails sur ma journée. J'ai vu le capitaine chinois. J'avais mon costume de tartare de Zhé-Hol ; en me donnant une origine mêlée de russe, de tartare et de chinois, j'ai pu me dispenser d'avoir les yeux taillés de certaine façon, et mon brave homme a été fort hospitalier envers moi.

« Nous avons échangé quelques paroles, fort peu ; les Chinois sont avares de leurs phrases, comme si elles étaient d'argent. Celui-ci renchérit sur ses compatriotes. Il regarde comme perdu le temps qu'on emploie à parler.

« Au fond, les Chinois ont raison d'économiser ainsi les syllabes ; avec une seule, ils disent tout. C'est affreux de penser que les adverbes, les adjectifs, les articles nous font perdre deux ans de notre vie à les prononcer.

« Les Chinois, avec leurs monosyllabes et leur langue décharnée, vivent dix ans de plus que nous. Ce capitaine échangiste a découvert qu'un nom en deux lettres, comme tous les noms propres de son pays, est encore trop long; au lieu donc de s'appeler *Li*, ou *Hi*, ou *Ki*, il ne s'appelle pas du tout. Je ris en songeant que je vous écris d'un pays qui n'existe pas, et que je parle à un homme qui n'a point de nom, par économie : sa signature est un accent aigu.

« Cette créature fantastique ne se rallie à l'humanité que par un amour excessif de l'argent.

« J'ai saigné en sa faveur ma ceinture de piastres espagnoles ; je lui ai payé d'avance, avec une largesse britannique, le port de quatre lettres qu'il doit déposer ou faire déposer pour vous à Ceylan, à Cape-Town, à l'île de France et à l'île Bourbon. Je lui ai promis de doubler ce port de lettres à son retour.

« Il m'a vendu deux paires de bracelets merveilleux : ce sont de petits chaînons de corail, finement tressés, comme les portent les déesses Lachmi et Svahâ aux pagodes de Bangalore. Ces bijoux méritent d'être ornés par les bras des deux divinités de la Floride. Nizam vient de les suspendre au cou d'Elphy ; il a prononcé le nom d'Elmina en désignant le chemin de l'habitation.

« L'intelligent animal a roucoulé un cri de joie qui signifiait : Je comprends ; et il a disparu comme l'éclair.

« J'attends vos lettres. E. »

Lorédan de Gessin à sir Edward.

« Il y a des actions de grâces qui attendent encore une expression dans une langue humaine ; ce sont celles que je vous dois, noble ami.

« Le bon Nizam s'est acquitté de votre commission avec cette finesse exacte qui accorde si bien entre eux le geste, le maintien et le regard.

« Aujourd'hui, après avoir écrit ces quatre lettres à mon père, je rougirais de moi, si je vous entretenais ici de toute autre chose, étrangère au devoir sacré que je viens de remplir. Il y a des heures de saint recueillement que la pensée profane la plus impérieuse ne doit pas troubler.

« Ces quatre lettres contiennent ma vie : vous l'avez si bien compris, que vous n'avez voulu confier qu'à vous-même le soin de les diriger dans leur voie la plus sûre. En les remettant entre vos mains, il me semble déjà que mon père les reçoit.

« Je vous serre les mains. L. DE G. »

VII.

SIR EDWARD A LORÉDAN DE GESSIN.

9 heures M., sous un bananier d'Agoa.

« Ce soir, le navire met à la voile ; je veux le suivre des yeux, et quand il tombera dans la ligne de l'horizon, je reprendrai le chemin de la Floride avec ma bonne escorte de sauvages Makidas ; ainsi, ne craignez rien pour moi des dangers de la nuit.

« J'ai conquis l'amitié de ces jeunes gens, auxquels il ne manque rien du côté de l'intelligence et de la grâce, et qui seraient incomplets s'ils étaient blancs.

« Je leur ai fait à chacun des présents inappréciables, en miroirs de poche, éventails chinois, couteaux de pacotille, chaînons de cuivre doré.

« Avec deux guinées j'ai fait quinze heureux.

« Ils m'ont adoré. Pendant un quart d'heure je me suis donné des airs de Manitou.

« Voilà des hommes que nous trouverons tout prêts lorsque mes vagues projets d'ambition africaine se résumeront dans quelque idée précise en prenant un nom.

« J'envoie au roi de la tribu des Makidas un assortiment de belles armes anglaises, et à la reine une glace de boudoir, un rouleau de dentelles et des boucles d'oreilles de corail.

« Le jeune Willy est très-influent parmi ces sauvages ; il faut donc contrebalancer cette influence, non pas pour nuire aux Jonathen, Dieu nous en garde, mais pour nous défendre dans quelque cas imprévu.

« La vie est un duel que nous soutenons contre le destin jusqu'à la mort.

« Nous pouvons ainsi être persuadés qu'il y a dans le trésor de l'avenir une provision de chances fatales que nous devons conjurer ou amoindrir par nos prudentes combinaisons.

« J'ai étudié le commerce des échanges ; c'est tout simplement le commerce primitif, avant le métal monnayé : les patriarches l'ont inventé sous la tente ; il florissait dans la ville d'Hénokia. C'est un commerce antédiluvien et fossile.

« Jonathen l'a exhumé.

« Hénokia n'avait pas d'encens pour ses parfums, Silon n'avait pas de blé pour sa table ; les deux villes faisaient des échanges. La nature indique ce procédé. Notre capitaine chinois m'a paru pourtant assez disposé à s'écarter de la nature, pour se rapprocher des piastres espagnoles. J'ai deviné son faible et j'en tirerai bon parti.

« Vous concevez très-bien, Lorédan, que certaine circonstance pourrait se présenter qui ne vous permît pas d'attendre six mois, à l'habitation, l'autre navire. Si le ciel, qui a tant d'or inutile dans ses étoiles, en laissait tomber un échantillon pour vous, demain, et que votre réveil fût une fortune, il vous serait certes bien pénible de rester enseveli encore la moitié d'une année entre des éléphants et des lions. Vous voudriez franchir d'un bond le continent et l'Atlantique pour revoir votre père.

« Cette réflexion m'a conduit à proposer au capitaine chinois de venir se promener dans ces parages, à son retour de Ceylan. Je lui ai promis trente quadruples, seulement pour payer sa promenade, au cas qu'il n'y eût pas de marchandises à lui livrer. Il a été convenu qu'après deux mois un de mes domestiques viendra stationner dans la baie d'Agoa pour me donner avis de l'arrivée du navire. Secret de part et d'autre inviolablement tenu, au prix de cinq piastres fortes payées comptant au Chinois.

« Maintenant, cher ami, je lis dans votre cœur, et je vois que votre délicatesse n'approuve pas complétement ma conduite.

« En effet, au premier abord, il semble que rien ne peut m'autoriser à bouleverser ainsi, par une sorte d'abus de confiance, toutes les dispositions commerciales de l'honnête homme qui nous a si noblement accueillis. Eh bien, ce que j'ai fait aujourd'hui, je ne l'eusse pas fait avant-hier.

« Voici du nouveau, Lorédan. Deux longues conversations que j'ai eues avec Nizam, ici, m'ont ouvert les yeux sur les projets du capitaine Jonathan. Vous ne sauriez croire combien je suis avancé dans ses bonnes grâces.

« Vous avez déjà vu qu'il m'avait confié quelques secrets d'échanges en m'envoyant ici à la tête de ses domestiques; il a été fort satisfait de mes opérations, m'a dit Nizam, et il a laissé même échapper un mot très-significatif sur lequel j'ai longtemps médité.

« Lorédan, après Dieu, c'est Jonathan qui nous a sauvé la vie. Il faut donc lui rendre quelque chose pour ce bienfait.

« Miss Elmina, sa nièce, est une ravissante demoiselle qui me réconcilierait avec le mariage, si j'en étais l'ennemi. Je sais maintenant ce que désire le vieillard de la Floride, et j'irai au-devant de ses vœux. Je lui demanderai la main de miss Elmina. Il y a des hommes qui se flattent de connaître les femmes; j'avoue que je n'appartiens pas à cette école de savants; mais il m'a semblé que miss Elmina se mêle volontiers en frais de coquetterie avec moi, et qu'elle vous tient à respectueuse distance, vous, cher Lorédan.

« Une fois, elle m'a fait partager les honneurs de la soirée avec son Duke. A la partie d'échecs, elle m'a tourmenté avec des délicieuses espiègleries d'enfant.

« Ainsi, avant d'aborder l'oncle, j'aborderai la nièce sans crainte; j'userai du bénéfice de notre familiarité, déjà vieille pour un désert, et j'amènerai le mot mariage dans notre entretien.

« Ce sera mon point de départ; et après avoir sondé les dispositions de la nièce, je m'élèverai jusqu'à Jonathan.

« Si vous aviez votre bonne humeur d'autrefois, cher Lorédan, vous mettriez une parenthèse d'épigrammes à chaque mot de cette dernière phrase. Je conviens que je fournis prétexte à la plaisanterie lorsque je parle de mariage; moi seul, je sais ce qu'il y a de sérieux au fond de mon projet.

« Je n'ai pas la prétention d'être amoureux de miss Elmina; heureusement la grâce et le charme qui rayonnent autour d'elle peuvent, en un jour, faire franchir à un homme les quatre degrés de l'autel du mariage, l'estime, l'amitié, l'amour et l'adoration.

« L'idée de ce mariage se lie intimement à une autre idée qui vous paraîtra peut-être plus sérieuse. Je songe à la fortune. Cher Lorédan, la fortune est une maîtresse avec laquelle j'ai joué longtemps et que je n'ai jamais épousée.

« Souvent, dans ma vie, en recueillant un héritage d'or, je me suis dit : Voyons, à quel festin irai-je le dévorer? C'était mon souci.

« Je mesurais dans la Bible la longueur des tables d'Assuérus et de Balthazar; toujours tremblant à l'idée de mourir le soir et d'être ruiné le lendemain dans mon tombeau par des héritiers inconnus et railleurs. Car, à mon avis, il y a deux manières de se ruiner : l'une sage, l'autre folle; la première consiste à dévorer sa fortune soi-même, de son vivant; la seconde à la laisser dévorer sur votre sépulcre par des collatéraux, toujours avides, comme on sait.

« Eh bien! qui me l'eût dit! aujourd'hui je regrette mes fortunes ainsi détruites.

« La vie n'est qu'un long regret de la veille. Oh! si je tenais encore ce que j'ai perdu, nous serions, vous et moi, les rois de l'Afrique inconnue; nous aurions tous les arbres de la Flore d'Adam sur le sol vierge de notre parc, et, devant nos balcons toute la grande ménagerie de Noé.

« Ce regret, une seule fois exprimé entre nous deux, n'en parlons plus. La fortune, après tout, est, de cent choses que l'on fait, la plus facile à faire.

« La fortune est là, devant nous, en friche; il faut donc la cultiver. Il y a partout des mines d'or; les plus rebelles à l'exploitation sont au Pérou.

« J'aimerais mieux semer une guinée pour récolter un million à la baie d'Agoa, qu'éventrer le coffre-fort des Cordillières; ma clé se briserait dans la serrure, et j'irais demander l'aumône à Lima.

« Hélas! me direz-vous, cher Lorédan, c'est le temps qui nous manque! Avec des minutes on a du cuivre, avec des heures de l'argent, avec des années de l'or. Il nous faut de l'or, et nous n'avons pas les années pour l'acquérir.

« Le péril presse, le temps s'est embusqué dans une gorge de l'Afrique; il nous demande la bourse ou la vie; il faut payer ou mourir; les bandits n'attendent pas! Lorédan, voilà ce que vous dites, et vous avez tort devant la Providence et devant moi!

« Une minute d'inspiration bien employée vaut un quart de siècle. L'intelligence a des secrets d'alchimie morale qui mettent les années en élixir. Oh! s'il s'agissait de fonder un comptoir à la baie d'Agoa et d'établir des correspondances avec toutes les plumes industrielles de l'univers, le temps ne pourrait être alors dépouillé de sa valeur d'horloge!

« Mais nous ne songeons pas à harponner des baleines; nous ne demandons qu'un bon coup de filet au bassin d'Agoa.

« Cela m'amène à vous décrire en deux mots ce que j'ai vu hier soir, avant le coucher du soleil. Vraiment, notre globe ne se connaît pas lui-même; il ressemble, en ce point, à l'homme, son habitant.

« Les géographes croient avoir atteint l'apogée de leur art lorsqu'ils ont barbouillé une feuille de papier avec des lignes tortueuses et des ombres, pour nous donner la configuration d'un pays.

« Les dessinateurs au long cours se contentent de reproduire la côte où leur navire aborde; ils mettent des palmiers sur le premier plan, deux sauvages hideux, couchés dans les herbes, et une montagne bleu indigo à l'horizon. On lit : *Vue de...* tout ce que vous voudrez. Voilà un globe bien connu! Dieu a sagement fait de le construire si petit et à la taille de ses explorateurs.

« Vous vous souvenez, Lorédan, du golfe où la main de Dieu poussa notre radeau, après le naufrage. A trois milles de cet endroit, vers le nord, j'ai découvert un monde. Si chacun se donnait la peine de marcher, la liste des Christophe Colomb cerclerait le globe.

Figurez-vous un port naturel, creusé dans un bois, avec des quais de granit poli et des amphithéâtres de gazons et de fleurs agrestes.

« Ce port attend une ville depuis six mille ans, et la ville ne vient pas : ce port fait des agaceries délicieuses à toutes les flottes marchandes qui ont passé devant lui, depuis les lourds vaisseaux de la reine de Saba jusqu'aux paquebots anglais ; ce malheureux port ne peut parvenir à accrocher une amarre, à caresser une quille, à baigner le pied d'un douanier.

« Moi, j'ai bâti une ville idéale sur ses amphithéâtres ; j'ai fait vivre un peuple sur ses môles : je lui ai donné des promenades de lauriers, de sycomores, d'avicennias, de schéas, de boababs, de cocotiers, qui mêlent leurs branches inclinées aux mâts des flottes du Malabar et du Coromandel.

« Puis mon beau mirage s'est évanoui ; le port est resté seul au milieu de ces ombrages tranquilles, tel qu'il a été créé, tel qu'il sera toujours, avec ses bras éternellement ouverts, pour ne jamais embrasser un être humain.

« Selon l'antique usage des voyageurs qui découvrent quelque chose, j'ai donné un nom à ce port, et c'est le vôtre que j'ai choisi, cher Lorédan. Tous les oiseaux du tropique ont assisté à ce baptême et l'ont chanté.

« Croiriez-vous qu'une chose aussi simple m'a semblé d'un bon augure pour votre avenir ? Après tant d'orages, j'ai cru voir le vaisseau de votre fortune entrer dans ce port dont je suis le parrain et qui a reçu votre nom.

« Votre vraiment dévoué,   EDWARD. »

« *P. S.* Nizam va partir et vous remettra cette lettre confidentiellement ; j'écris au capitaine Jonathen par le même facteur. Adieu. »

VIII.

AU LEVER DU SOLEIL.

Le premier rayon du jour éclairait le belvédère de la Floride lorsque sir Edward arriva devant le fossé du midi. Nizam, accouru en entendant le galop du cheval, posa le pont volant et assista au défilé de la petite escorte, examinant tous les visages noirs pour s'assurer qu'ils étaient tous amis.

— Y a-t-il du nouveau ici ? demanda sir Edward à Nizam, à peine descendu de cheval.

— Oui et non, dit le serviteur en congédiant par un geste impérieux les domestiques de l'escorte ; tout le monde est assez triste, excepté le capitaine Jonathen.

— Ah ! le capitaine est en bonne humeur... Cette fois pourtant les échanges ne doivent pas l'avoir satisfait... Vous, Nizam, qui êtes ancien dans la maison, ne trouvez-vous pas que le commerce va mal ?

— Il faudrait être aveugle pour ne pas le voir, sir Edward. Le Chinois m'a ôté, cette fois, ma gratification d'opium et de tabac. Ah ! ce n'est pas étonnant ; ce qui nous est le plus demandé nous manque, ou à peu près.

— L'ivoire, n'est-ce pas ?

— Oui, sir Edward, l'ivoire... Le reste est toujours en abondance ; mais j'aimerais mieux pour le Chinois deux défenses d'éléphant de plus, qu'un convoi de toute autre chose. Ce n'est pas notre faute. Depuis cinq ans, les éléphants se sont raffinés. Ils sont plus rusés que nous, ces animaux. La mort de Daï-Sée et de Jémidar nous a fait beaucoup de tort dans le voisinage.

Daï-Sée était la femelle ; elle mourut du *spleen* dans l'enclos de la métairie. Jémidar, le mâle, était un éléphant superbe, portant des défenses de cent cinquante livres ; doux comme une colombe ; il nageait tous les jours, après midi, dans le petit lac d'Honing-Clip, avec miss Elmina ; il la soulevait délicatement, avec sa trompe, par la ceinture de sa robe de natation, et la plaçait sur son dos. De là miss Elmina se précipitait encore dans le bain, comme du haut d'un rocher ; nous entendions les éclats de rire de notre belle demoiselle à deux cents pas du lac, parce que tous les hommes faisaient bonne garde, la carabine en main, aux issues des bois.

Après le bain, Jémidar rentrait dans l'enceinte de l'habitation, portant miss Elmina gracieusement assise sur son col, et précédé de Duke et d'Elphy, qui jouaient avec sa trompe.

C'était charmant à voir ; cela vous eût rappelé le bas-relief du temple de Visouakarma où la déesse Iudrani est assise sur Iravalte, son éléphant favori. Après la mort de Daï-Sée, Jémidar fut inconsolable ; la voix même de miss Elmina, cette voix qui charme les lions et les sauvages, ne pouvait le distraire de sa mélancolie.

Un jour, au sortir du bain, il écarta doucement avec sa trompe miss Elmina, et il se perdit dans le bois avec l'agilité d'un cheval.

Nous ne le revîmes plus que de loin, là-bas, vers le nord, au pied de la montagne Rouge, marchant d'un pas lourd, comme l'éléphant moribond qui cherche le cimetière de ses semblables pour s'y coucher sur leurs ossements. Du haut de son belvédère, miss Elmina l'appelait en secouant les étoffes brillantes qu'il reconnaissait si bien de loin, autrefois ; mais Jémidar resta sourd ; il est allé mourir où sont morts les siens.

Ne parlez jamais de Jémidar devant miss Elmina, sir Edward ; vous la verriez pleurer comme un enfant.

— Soyez tranquille, Nizam. Votre histoire est assez amusante, j'en conviens, mais quel rapport a-t-elle avec le commerce d'échanges dont nous parlions tantôt ?

— Ah ! un grand rapport, sir Edward ; il y a chez les animaux des mystères que nous n'expliquerons jamais. Le frère du capitaine Jonathen, ce grand naturaliste, remarquait, il y a longtemps, que la fondation de la Floride avait changé les mœurs et les habitudes des éléphants du bois de Sitsikamma.

Eh bien ! l'évasion et la mort probable de notre Jémidar ont éloigné du lac de leur nom les troupeaux qui venaient y boire depuis la création du monde.

L'an dernier encore, nous avons fait quelques bonnes chasses, de ce côté, avec Willy et cinq ou six jeunes Makidas. J'ai rapporté jusqu'à trois paires de défenses à ma part.

Maintenant, avec nos pièges et nos carabines, nous ne prenons presque rien. Il faut que le hasard pousse et égare dans notre voisinage quatre ou cinq éléphants étourdis; car chez les animaux comme chez les hommes il y a des imbéciles, et c'est sur ceux-là que nous comptons. Au reste, sir Edward, vous en jugerez vous-même; nous allons entrer en chasse, un de ces jours, et vous êtes trop gentilhomme pour rester ici, quand nous chasserons là-bas.

— Comment donc! je me lèverai ce jour-là la veille, pour ne pas manquer au rendez-vous... Miss Elmina sera-t-elle des nôtres?

— Oh! sir Edward, y pensez-vous?.. On voit bien que vous n'avez jamais chassé l'éléphant. Oui, je sais bien qu'à Chandernagor ou à Calcutta, les femmes créoles se mêlent aux grandes chasses; mais ce sont des jeux d'enfants, vos chasses des colonies anglaises, ce sont des promenades à travers champs, où les tigres et les panthères meurent de peur devant l'ombre d'une carabine, et demandent grâce au chasseur. Vous verrez autre chose ici. Nous avons des batailles à livrer avec des monstres qui défendent leurs domaines vierges, et qui se révoltent contre notre invasion. Oh! sir Edward! miss Elmina, ce trésor de grâce et d'amour, dans une chasse à l'éléphant!

— Calmez-vous, Nizam; je suis complétement de cet avis. Je vois que vous êtes très-dévoué à miss Elmina, et cela me fait le plus grand plaisir.

— J'entends les volières qui chantent, sir Edward; miss Elmina est levée; elle va traverser la terrasse; tout le monde dort encore dans la maison. Je ne veux pas que ma jeune maîtresse me surprenne ici comme un paresseux; je vais à la métairie et aux abeilles.

En ce moment, miss Elmina se leva sur le perron de la Floride, comme un second soleil.

Elle portait la plus simple des robes indiennes, mais la modestie de son tissu était relevée par une ceinture de ruban iris et une agrafe de perles en rosace. Son chapeau de paille de riz, aux ailes larges et flexibles, laissait encore déborder les boucles de cheveux; et leur empruntait un éclat qui manque souvent à une couronne d'or.

— Nizam! Nizam! dit-elle en forçant sa douce voix pour essayer de faire un cri, écoutez... venez ici!

Le serviteur, qui avait couru vers la métairie en laissant sir Edward, se retourna vivement, et découvrant sa tête, il s'approcha du perron, pour entendre ce que la jeune fille voulait lui ordonner.

— Nizam, dit-elle, je ne suis pas content de Neptunio; hier au soir, il n'a pas donné à boire à Duke; toute la nuit Duke s'est plaint; je l'ai entendu.

— J'aurai l'honneur de prier miss Elmina de se souvenir que Neptunio n'avait point reçu d'ordre, — dit Nizam à demi incliné. — Neptunio ne sait rien prendre sur lui, et lorsqu'on ne lui ordonne rien, il ne fait rien.

Miss Elmina fit courir sa petite main blanche sur son front, comme pour en extraire un vieux souvenir, et dit avec un sourire d'une naïveté ravissante :

— Il a raison, Neptunio, il a raison... J'ai oublié de lui donner cet ordre... J'étais distraite... hier soir... je ne sais pourquoi... Nizam, amenez-moi mon Duke.

Sir Edward s'avançait du côté opposé pour présenter ses hommages à la fille de Jonathen; au bruit de ses pas, miss Elmina souleva l'aile droite de son chapeau, et voyant sir Edward, elle se composa une physionomie plus grave, et lui rendit ses salutations.

— Sir Edward, dit-elle, voyez comme je fais honneur à vos jolis bracelets! Je veux les porter quinze jours de suite pour mieux vous remercier.

— C'est une bagatelle...

— Oh! mieux que cela, j'espère, sir Edward; c'est un souvenir.

— Le beau mérite, miss, de ne pas vous oublier après une absence d'un jour!

— Ah! parlons un peu de la reine des Makidas, sir Edward; on m'a dit que vous aviez été fort galant avec elle. Cette pauvre reine ne savait peut-être pas qu'elle était noire, et vous lui avez donné une belle glace de Londres. Voilà une attention délicate!

— Ah! miss Elmina, vous m'accablez! vous abusez de ma position et de la vôtre : je viens de passer une nuit à cheval, et je vois à l'éclat tranquille de votre teint que vous n'avez pas fait la même promenade. Ce n'est pas généreux, miss Elmina.

— Eh bien! j'attends que vous soyez rétabli de vos fatigues pour vous parler de la reine des Makidas... Voilà mon Duke qui vient me souhaiter le bonjour.

Miss Elmina descendit au vol l'escalier du perron, et s'assit sur un petit siége rustique à baguettes de nancléas, protégé contre les ardeurs du soleil levant par d'immenses coupoles d'acacias fleuris.

Duke, par un léger mouvement de col, se débarrassa de Nizam et de sa chaîne, et courut vers sa jeune maîtresse avec des bonds obliques et de vives ondulations de tête qui faisaient rayonner sa crinière fauve. A deux pas d'Elmina, il s'arrêta brusquement, comme un chien en arrêt, allongeant les pattes et les retirant l'une après l'autre du fond des hautes herbes, les yeux fermés, le mufle tendu, la queue roidie, avec les mouvements convulsifs et saccadés du boa. Au son de l'ivoire des doigts de la jeune fille, il se rapprocha d'elle, caressant sa robe de toute la longueur de sa crinière et de son flanc souple et velu.

— Mon pauvre Duke, lui dit Elmina dans un monologue interrogatif, plein de réponses muettes, mon beau Duke, on vous a oublié hier soir; votre maîtresse n'a pas songé à vous; faisons la paix; donnez-moi la patte; bien! vous êtes sage. Donnez la patte à ce gentleman; très-bien. Avez-vous été au lac, ce matin, avec Elphy? Elphy a-t-il été bon avec vous? On ne s'est pas querellé au bain? Je le demanderai à Neptunio... Voyons, si vous serez beau avec mon chapeau de paille... approchez-vous, Duke... plus près... encore plus près... laissez-moi vous lier le ruban sous le menton... cela vous va très-bien.. vous ressemblez à une vieille dame dont j'ai le portrait dans ma chambre... Dites, sir Edward, avez-vous vu un chien plus obéissant que ce grand lion?

— Eh! qui ne vous obéirait pas, miss Elmina? même quand on serait au-dessus de Duke, ce qui est impossible, je crois.

— Quel âge donneriez-vous à mon Duke, sir Edward?

Le lion, le front couvert du chapeau d'Elmina, se posa gravement en sphinx, dans les herbes. La jeune fille continuait à parler avec une étourderie charmante, tantôt à sir Edward, tantôt à Duke, qu'elle agaçait avec ses petites mains.

— Miss Elmina, dit Edward, votre lion ressemble au colonel des dragons de *Cold-Stream*, vieillard de soixante-six ans.

— Taisez-vous, sir Edward, mon Duke est un jeune homme de cinq ans. C'est Willy qui l'a rapporté tout petit de la montagne Rouge... Et vous, sir Edward, quel âge avez-vous?

— J'ai l'âge de la femme de vingt ans.

— Duke! ne vous ôtez pas mon chapeau avec votre grande patte... Sir Edward, vous n'avez jamais été marié?

— Je n'ai pas rencontré de miss Elmina dans l'univers : il a bien fallu rester garçon.

A ce compliment, le premier que l'innocente et belle créole entendait, et qui lui était décoché à brûle-pourpoint avec un dandisme superbe, Elmina tressaillit et ouvrit ses plus grands yeux bleus sur la figure de sir Edward.

Dans cette lutte de la jeune fille primitive et de l'homme civilisé par excellence, celle-ci n'avait d'autre ressource que son merveilleux instinct, commun à tout son sexe, sans distinction de couleur et de pays, et avec cette arme naturelle, la première émotion passée, elle ne craignait plus rien.

Sir Edward, malgré son expérience et son habileté, interpréta mal l'émotion de miss Elmina; en voyant la vive teinte d'incarnat qui couvrit subitement le col blanc et pur de la jeune créole, il fit une erreur d'amour-propre, chose ordinaire chez les hommes en pareille occasion; il se crut, sinon aimé, du moins à la veille de l'être.

Dans un instant il résuma tous les souvenirs qui se rattachaient à miss Elmina, depuis le jour d'hospitalité mémorable où la fille de Jonathen l'accueillit avec tant de grâce et de gaieté naïve, jusqu'au tête-à-tête de ce matin, dans la virginale sérénité du soleil levant. Alors s'opéra un phénomène que bien peu d'organisations connaissent dans la vie.

Sir Edward, arrivé devant une jeune femme avec l'intention froidement calculée de ne rien prendre au sérieux, même une proposition de mariage, si l'occasion se présentait de la hasarder, se sentit bouleversé jusqu'au fond de l'âme, à l'idée que cette créature primitive d'un monde nouveau avait placé en lui ses chastes rêves d'avenir.

Dès ce moment, tout ce qu'il avait amassé de railleries amères contre le mariage s'évanouit et fit place à un sentiment plein de charme et de gravité.

Il comprit que ce dévouement de reconnaissance et d'amitié, qui allait mettre sa main dans la main de miss Elmina, était un sacrifice bien doux, et qu'après une vie vagabonde et semée d'ennuis, il y avait peut-être un coin de soleil, entre des fleurs et des fontaines, où le bonheur l'attendait.

Si l'entretien se fût prolongé, la forme et le fond des discours de sir Edward se seraient naturellement ressentis de cette révolution subite; mais l'arrivée du capitaine Jonathen ne permit pas au tête-à-tête d'aller plus loin.

La loi du hasard est ainsi faite : quand deux personnes parlent ensemble, un tiers survient toujours au moment où il est importun.

Sir Edward s'avança vers Jonathen pour lui serrer les mains et lui donner les derniers renseignements sur ses journées de la baie d'Agoa.

Miss Elmina reprit vivement son chapeau, gardé par Duke, et présenta son front aux tendres caresses du vieillard.

Rita parut au balcon du kiosque, et fut saluée comme une reine à son lever. Willy suivit de près son oncle sur la terrasse.

Lorédan seul ne parut pas.

On servait le repas frugal du matin, sous les arbres, et l'absence de Lorédan fut mieux remarquée, quand toute la famille s'assit autour de la table.

— Rita, dit Jonathen en présentant à la jeune créole une fleur de boabab, — je ne vois pas votre frère; serait-il indisposé ce matin?

— Je ne crois pas, capitaine Jonathen, — dit Rita sur le ton d'une réponse de complaisance.

— Il était bien triste, hier, votre frère, dit Jonathen; au reste, mes enfants, vous êtes tous tristes depuis le départ de sir Edward; et moi aussi, j'avoue que j'attendais avec impatience mon joueur d'échecs... Eh bien! sir Edward, avez-vous trouvé la fameuse partie de M. de La Bourdonnais?

— Oui, capitaine Jonathen, je l'ai jouée avec votre échangiste chinois, sur le pont de son navire... L'absence de Lorédan commence à m'inquiéter... Neptunio vient de me dire qu'il n'était pas dans sa chambre...

Sir Edward sentit passer sur sa main la main d'Elmina; il regarda la jeune fille : elle était pâle. Il attribua cette émotion à l'intérêt qu'elle lui portait, dans ce moment d'angoisses, et il la remercia par un regard de tendresse, qu'Elmina ne comprit pas.

On quittait la table, lorsque Lorédan parut de l'autre côté du fossé du nord. Nizam posa le pont, et Lorédan s'élança sur la terrasse en saluant le peuple de la Floride.

— Monsieur de Gessin, lui dit Jonathen, en ma qualité de commandant de cette forteresse, je vous mets aux arrêts. Vous avez pris la clé des champs, et sans ma permission.

Lorédan remit sa carabine à un domestique, et serra les mains de Jonathen, d'Edward et de Rita.

— C'est fort juste, dit-il, capitaine Jonathen; je suis dans mon tort; j'ai violé la loi de la maison; j'ai passé la nuit en pays ennemi.

— Quelle imprudence! dit Jonathen; voyez, jeune homme, regardez ces demoiselles, votre sœur et ma nièce, elles ont perdu leurs fraîches couleurs, elles ont pâli en songeant aux dangers que vous avez courus. Vous aventurer ainsi, dans les solitudes, vers le nord! Il faut être Français doublé d'Américain! Si vous récidivez, monsieur de Gessin, je vous traduis devant un conseil de guerre.

— Capitaine Jonathen, dit Lorédan, me permettez-vous de m'excuser?

— Excusez-vous, je ne demande pas mieux. Voyons.

— Nous allons en chasse, demain, vers le nord. C'est une campagne assez rude, m'a-t-on dit. Vos chasseurs sont tous à l'épreuve; sir Edward lui-même est aguerri contre les bêtes fauves ; il a de beaux états de service dans l'Inde. Il n'y a qu'un pauvre conscrit ; c'est moi. J'ai donc voulu faire mon noviciat, à mes risques et périls, sans compromettre personne. Je me suis essayé.

Le courage de la nuit est rare ; les nerfs contrarient souvent le cœur. Ajax avait peur dans les ténèbres, et il se battait avec des hommes ! jeux d'enfants ! Or, me suis-je dit, si je tiens bon aux étoiles, je réponds de moi, au grand soleil. C'est une expérience sur mon système nerveux, voilà tout, capitaine Jonathen.

Si je m'étais hasardé, à l'étourdie, avec notre petite troupe, et que, dans un moment critique, j'eusse compromis le salut de tous, par quelque faux pas involontaire, qu'auriez-vous pensé de moi ? Le lendemain, j'étais obligé de me condamner à mort et de m'exécuter.

— C'est bien, monsieur de Gessin, dit Jonathen ; il y a du bon dans ce que vous dites. Maintenant, pouvons-nous savoir quel a été le résultat de votre expérience ?

— Capitaine Jonathen, je suis assez content de moi. Entre le héros et le poltron il y a beaucoup de degrés honorables, et celui que j'occupe ne me fera pas rougir.

— Avez-vous marché bien avant sur les terres de l'ennemi ?

— Je dois avoir fait environ douze milles, mais par route de montagnes, ainsi que Nizam me l'avait recommandé.

— Si vous aviez suivi les bas-fonds, vous n'en reveniez pas... Avez-vous vu quelque chose de près ou de loin ?

— Mon oreille et mon œil ne sont pas exercés aux bruits et aux aspects de la nuit. J'ai vu de monstrueuses formes se mouvoir dans les ténèbres, bien au-dessous des sentiers de chèvres que je suivais ; j'ai entendu des rugissements sourds du côté de la cataracte ; mais je ne saurais vous préciser, en rapport officiel, à quelle espèce créée appartiennent ces formes et ces voix : c'était horrible à voir et à entendre ; voilà ce que je puis affirmer.

Jonathen, qui parlait à Lorédan à quelque distance des autres, l'entraîna plus à l'écart encore et lui dit :

— Monsieur de Gessin, j'ai remarqué avec peine que Rita, votre sœur, vous a accueilli très-froidement, là, tantôt, lorsque vous êtes arrivé du nord. A voir la joie amicale d'Elmina, et la tranquillité indifférente de Rita, on aurait pu croire que ma nièce était votre sœur, et que votre sœur était ma nièce...

— C'est que.. voyez-vous, capitaine Jonathen, répondit Lorédan avec un embarras si marqué, même dans son attitude, que sir Edward, avec un coup d'œil infaillible, soupçonnant une difficulté de position, marcha vers les deux interlocuteurs pour dégager son ami, — c'est que ma sœur Rita n'est plus reconnaissable depuis assez longtemps. Elle était autrefois d'une humeur vive, folle ; un caractère d'enfant ; ce naufrage l'a cruellement affectée... Un événement aussi terrible peut changer le naturel d'une jeune fille... et souvent...

Sir Edward se plaça devant Jonathen et lui dit :

— Capitaine Jonathen, je vais en guerre demain, et je serais fâché de ne pas vous montrer la fameuse partie de M. de La Bourdonnais avant mon départ. On ne sait ce qui peut arriver dans une guerre... Je suis à vos ordres, capitaine Jonathen.

— Je n'osais vous le proposer, sir Edward... La chaleur devient très-forte, même sous les arbres. Rentrons ; je vous précède, et je vais préparer l'échiquier...

Sir Edward fait quelques pas en suivant Jonathen, et se retourne vers Lorédan pour échanger rapidement quelques paroles.

— Il vous avait mis dans un grand embarras, n'est-ce pas, Lorédan ?

— Ah ! nous avons commis une grande faute en faisant passer Rita pour ma sœur ! Vous avez eu une mauvaise idée, pour la première fois, Edward !

— Alors elle était bonne... Vouliez-vous vous exposer, après un naufrage, à vous voir fermer la porte d'une habitation par quelque méthodiste ou quelque puritain, comme on en trouve dans ces colonies, et qui nous aurait accusés d'enlèvement de mineure, de mariage clandestin, ou d'autres crimes de ce genre ? En présentant Rita comme votre sœur, nous ne courions pas cette chance. C'est le patriarche Abraham qui m'a donné cette idée ; en voyage, il présentait Sara comme sa sœur. Au reste, si nous avons commis une faute, elle est irréparable : nous ne pouvons pas nous démentir. Rita sera votre sœur tant que nous habiterons le domaine de Jonathen.

— Sans doute. Ce n'est pas d'ailleurs ce qui m'inquiète ; mon souci permanent est dans la conduite incompréhensible de Rita, qui m'accable de sa respectueuse et désolante reconnaissance. Je suis à bout de mes conjectures ; j'avais supposé même qu'elle regrettait son mariage avec son inconnu de Cape-Town ; mais quand le navire du Chinois était à l'ancre dans la baie d'Agoa, je lui ai proposé, par luxe de délicatesse, de lui ménager un passage vers cette destination. Il paraît qu'elle tenait fort peu à l'établissement projeté, puisqu'elle m'a répondu :

— Dieu m'a conduit ici ; je reste où la Providence m'a sauvée... où je me trouve bien...

Sir Edward ne put dissimuler sur son visage une rapide contraction de pitié. Il interrompit brusquement son ami en lui disant :

— Jonathen n'attend ; nous reparlerons de cela demain en chasse.

En traversant la terrasse pour monter au perron, sir Edward continua sa phrase à l'oreille de Lorédan :

— Mon affaire d'amour est en bon train. Je connais trop les hommes pour connaître les femmes, mais il me semble que miss Elmina va me créer son époux. Ce soir, je perdrai trois parties d'échecs avec Jonathen, et je risque ensuite ma demande en mariage. Lorédan, plaignez-moi, je suis amoureux.

Miss Elmina, que le jeu ou tout autre intérêt plus sérieux attirait à la grande salle, congédia Duke et se sépara du groupe de Willy et de Rita, qui restèrent seuls sur la terrasse, à deux cents pas de l'habitation.

La jeune fille était assise, avec sa gracieuse nonchalance de créole ; sa tête, penchée en arrière, avait choisi pour appui un massif de feuilles de palmistes, et jamais plus bel arbre n'avait porté un plus beau

Arrière, chasseurs, ne tirez pas.

fruit. Le jeune Willy, debout à deux pas d'elle, la regardait avec des yeux qui dispensaient les lèvres de parler.

La terrasse était déserte. Rita la parcourut d'un coup d'œil, et quand elle se fut assurée que Willy seul pouvait l'entendre, elle lui dit, avec ce calme hypocrite dont les femmes savent voiler leur agitation :

— Vous allez faire une terrible chasse, monsieur Willy ; mais j'espère bien que vous serez prudent, parce que je sais que vous êtes courageux.

— Mademoiselle Rita, cette chasse est un amusement ; je l'ai faite vingt fois, et toujours avec passion. Les préparatifs m'occupent ordinairement huit jours, car il y a beaucoup de travail avant d'entrer en chasse. Aujourd'hui, tout a été négligé. Mon père m'a regardé ce matin avec sévérité. Ce n'est pas ma faute. Je fais tous mes efforts pour ne pas mécontenter mon père ; il y a une volonté plus forte que la mienne qui me lie les bras.

Excusez-moi, mademoiselle ; ce que je vous dis vous déplaît peut-être. Je suis un enfant de ces déserts ; je ne sais que ce que la nature apprend. Si je vous offense, mettez votre main sur ma bouche, et je me tairai ; faites-moi un signe, et je partirai. Oui, je serai heureux de vous obéir, même dans une chose qui me tuerait de douleur.

J'aime le torrent et le lac de mon enfance ; j'aime ces beaux arbres qui ombragent les cheveux blancs de mon père ; j'aime la colline où mes abeilles volent sur les fleurs ; j'aime le désert où Dieu parle avec le lion ; j'aime ma sœur Elmina, le seul trésor que m'ait laissé ma mère. Eh bien, tout ce que j'aime ne me suffit plus ; j'ai honte de moi quand je m'interroge, parce que je sens qu'il y a un nom, un visage, une voix, un souffle que j'élève maintenant au-dessus de tout, et auxquels je donnerais tout, si tout m'était demandé.

Demain, c'est l'ordre de mon père, demain je quitte cette maison toute pleine de ma vie; demain je sépare mon corps de mon âme. En mon absence, personne ne vous parlera de moi ici; demain soir, à votre veillée du kiosque, mon bouquet de fleurs, lancé par ma main, ne parfumera pas votre robe. Je serai sur la montagne, bien loin, à l'autre horizon, suivant des yeux le lever de toutes les étoiles pour rencontrer celle que vous regarderez un instant.

Rita écoutait Willy avec une chaste joie intérieure, fort difficile à deviner sur son visage voilé de tristesse.

En pareil cas, souvent le silence est une réponse significative; la jeune fille, en le prolongeant, s'exposait à lui faire donner par Willy une interprétation trop favorable. Elle se décida donc à parler dans le sens que lui dictaient non pas son cœur, mais sa délicatesse et son devoir.

— Monsieur Willy, dit-elle en se levant et faisant un pas dans la direction de la Floride, vous êtes si respectueux et si bon envers moi, que je n'ose vous interrompre, quand vous m'adressez quelques paroles sans témoins; mais je croirais trahir le sentiment d'affection dont vous m'honorez, si je tardais plus longtemps de vous éclairer, autant qu'il est en mon pouvoir, sur ma position et sur la vôtre. Monsieur Willy, oubliez-moi,..oubliez-moi... je ne m'appartiens pas... je suis résignée à subir la loi d'un autre... plaignez une jeune fille, orpheline et sans appui, qui doit se sacrifier par devoir.

Willy, au comble de l'émotion, fit un pas vers la jeune fille; mais elle étendit la main sur la bouche de Willy, comme pour lui donner de ne plus parler; puis, avec son agilité de créole, elle courut rejoindre la société de la Floride, dans la grande salle de l'habitation.

— Elle ne s'appartient pas! elle doit subir la loi d'un autre! répéta vingt fois à lui-même le jeune sauvage civilisé, en tordant ses doigts dans ses doigts... Oh! il y a un homme entre elle et mon amour..... Un homme!

Et Willy détacha une des feuilles qui s'étaient entrelacées un instant avec les cheveux de Rita, et la déchira convulsivement. L'agneau se changeait en lion.

Willy tremblait de tout son corps, comme si le froid polaire l'eût subitement saisi sous le tropique.

— Oui, ajouta-t-il dans un monologue mental, on lui a offert de partir quand le navire est arrivé, ces jours derniers; et elle a dit à mon père : *Je dois rester ici!* C'est donc ici que *l'autre* demeure... Ici, je ne vois que son frère et sir Edward... C'est bien!

Les yeux bleus de Willy lancèrent des éclairs sous ses boucles de cheveux noirs, et son teint pâle et nerveux se couvrit de reflets ardents. Un cri d'origine fauve résonna dans sa poitrine, comme l'écho d'un antre lointain; les muscles de son col nu se gonflèrent et le sang se retirant de ses lèvres, leur laissa la livide nuance de l'agonie et de la mort.

Un bruit de pas fermes et décidés le fit tressaillir. Nizam venait le joindre.

— Maître, dit-il, vos serviteurs attendent vos derniers ordres. Nos éclaireurs, qui doivent partir ce soir, ne savent pas où ils camperont cette nuit.

— J'y vais, dit Willy sans regarder Nizam.

Le jeune homme venait de prendre une détermination; l'orage terrible qui avait éclaté dans son corps et dans son âme sembla s'apaiser sous le pouvoir d'une idée énergique. Il traversa la terrasse d'un pas tranquille en se composant un visage serein, pour donner le change à sa famille et à ses serviteurs.

Parmi les maîtres et les serviteurs, le reste de la journée fut absorbé par les préparatifs de la grande chasse du lendemain.

IX.

LE DÉPART DES CHASSEURS.

A l'horizon du levant, les étoiles prenaient cette teinte pâle qui est le crépuscule des tropiques. La cime des arbres et des montagnes se détachait avec des contours déterminés, dans la transparence des heures matinales.

L'air déposait insensiblement la mystérieuse terreur qui accompagne les ténèbres; les bruits lointains s'affaiblissaient, en traversant des solitudes déjà pleines des murmures aériens que le soleil va faire éclater en concert universel.

On entendait aussi, dans les herbes et sous les feuillages, un léger frémissement de fleurs, de fruits, d'ailes de petits oiseaux.

Morte ou animée, toute chose se réveillait pour boire le premier rayon de l'aurore.

Quinze chasseurs s'élancèrent du fossé de l'habitation vers les solitudes du nord, au moment où Jonathen, pour saluer l'aurore de ce jour de fête, arborait le drapeau américain sur le belvédère de la Floride.

Nizam ouvrait la marche, à côté de Willy; sir Edward et Lorédan les suivaient de près. Le reste de la troupe était composé de jeunes Makidas, les plus agiles, les plus hardis, les plus intelligents de la tribu.

Willy, Lorédan et sir Edward portaient le costume blanc et léger des officiers de cipayes des garnisons indiennes. Nizam et les sauvages différaient fort peu, par leur vêtement, de l'homme primitif. Tous étaient armés d'une carabine et d'une paire de pistolets; et leurs visages bronzés, noirs et blancs, respiraient au même degré l'énergie de l'âme et du corps, et toutes les nobles vertus viriles qui parlent la même langue avec l'organe des yeux sur les visages de tous les pays.

A peu de distance du fossé du nord de la Floride on aborde le domaine de l'inconnu. Des quinconces naturels d'arbres étranges et de hautes plantes salines annoncent un monde nouveau.

Les gigantesques dragonniers les boababs, aux troncs énormes, entrelacent leurs monstrueuses articulations; et se hérissant aux sommets en voûtes sombres, ils sont comme le péristyle végétal du mystérieux temple africain.

Ce n'est plus l'humidité féconde et marécageuse de l'Amérique, ni la nature molle et caressante de l'Asie; c'est la rude vigueur d'un sol vierge qui marie sa verdure et son aridité, puissantes toutes deux. On sent que la grande artère du globe est là; on comprend que, dans les entrailles de ces montagnes, le soleil n'a pas déposé l'or et le diamant, mais qu'il en a fait sortir des êtres surhumains, avec des formes effrayantes, comme les arbres qui les ombragent, les cataractes qui les désaltèrent, les antres noirs qui les ont enfantés.

La petite caravane ne marcha pas longtemps dans les ténèbres : la nuit s'évanouit bientôt devant eux, d'arbre en arbre, comme un voile immense replié vers l'horizon par une invisible main.

L'ombre se dessina sous les dômes de feuillages, et les jeunes sauvages s'élancèrent aux rameaux des boababs, pour manger leurs fruits qui s'épanouissent dans leurs fleurs aux premiers rayons du jour, comme si la nature appelait ses enfants à ce repas du matin.

La végétation expira brusquement, et les chasseurs escaladèrent la montagne Rouge par des sentiers tortueux, nus et désolés. Arrivés au sommet, tous saluèrent, dans un lointain lumineux, le belvédère de la Floride; il dominait la cime des arbres, et son pavillon américain, dont les étoiles remplaçaient les étoiles du ciel, ressemblait au mât d'un navire échoué sur un océan de verdure et de fleurs.

Sir Edward et Lorédan attachèrent vers ce point de vue des regards que n'accompagnait aucune parole : la voix impérieuse de Willy suspendit leurs méditations, car elle ordonnait de poursuivre la marche, un moment interrompue.

On descendit au vol la montagne, et la solitude ténébreuse recouvrit encore nos intrépides aventuriers.

Sur cette zone nouvelle, on voyait, de tous côtés, aux troncs des arbres, aux articulations des racines, les vestiges d'un peuple disparu à l'approche de l'homme : c'étaient de profondes entailles, attestant que des griffes d'acier et des dents d'ivoire furent autrefois aiguisées sur les écorces, avant l'invasion du planteur américain.

Par intervalles, l'œil se perdait sous de ténébreux corridors de verdure, creusés, dans l'épaisseur des massifs, à hauteur d'éléphant, et avec une symétrie qui était effrayante dans ces solitudes; on aurait cru suivre le travail d'un mineur à travers un souterrain de granit noir.

Ces issues avaient été creusées, dans un élan furieux, par le colosse de chair informe, qui, la trompe levée, flairant des émanations ennemies, s'était enfui, comme un gibier vulgaire, à l'approche d'une meute de lions.

Souvent la grâce qui accompagne les plus sauvages créations de la nature, faisait flotter un charme divin sur ces tableaux de terreur : de ce sol, tout labouré par la griffe des bêtes fauves; du pied de ces vieux troncs, creusés comme des antres, les regards du chasseur remontaient vers des tentes de verdure, vers des guirlandes de fruits et de pampres, treilles naturelles, suspendues d'arbre en arbre et animées par un peuple d'oiseaux et un monde de fleurs.

Les solitudes majestueuses de l'Océan ou de la terre conseillent le silence et la méditation; sir Edward lui-même, dominé par le spectacle solennel de l'Afrique intérieure, n'adressa la parole à son ami que vers le milieu du jour, et après une halte de quelques heures, commandée par les exigences de la fatigue et de la faim.

L'entretien se faisait à voix basse, comme entre deux sentinelles en pays ennemi.

— Nous sommes dans le plus étrange pays du monde, dit sir Edward à Lorédan. Voilà des arbres vingt fois séculaires; voilà des traces de lions, des nids d'éléphants, une nature charmante et formidable, un tableau qui saisit l'âme et ne lui permet aucune excursion dans des pensées étrangères au moment; eh bien! je suis sûr, mon ami, qu'il y a dans votre esprit une chose qui domine ce spectacle; un atome qui absorbe les lions et les éléphants. Lorédan, dites-moi le nom de cet atome.

— L'amour.

— Bien, Lorédan. Je suis charmé de vous avoir deviné. Il manque toujours un chapitre au livre de l'expérience : c'est l'antéchrist qui écrira le dernier. Mon ami, je suis absolument dans votre cas. J'ai beau regarder çà et là l'incroyable travail de cette terre si puissante et si égoïste, le nom d'une femme me semble écrit partout et supprime cette création.

— Edward, depuis le coucher du soleil, je marche au hasard et je ne vois rien sous le soleil. Si le gibier que nous cherchons se présente, avertissez-moi, j'ouvrirai les yeux. Si vous ne m'eussiez pas adressé la parole, je me serais entretenu avec moi-même jusqu'au premier coup de fusil.

— Avez-vous remarqué, Lorédan, la physionomie de Willy, vous qui êtes observateur, quand vous n'êtes pas amoureux?

— Il me semble que le fils de Jonathen a sa physionomie de tous les jours; je ne l'ai jamais vu fort causeur et fort gai. C'est un très-beau jeune homme, comme son pays est un très-beau pays; mais ils sont tristes tous les deux.

— Tantôt, sur la montagne Rouge, avez vous remarqué avec quel accent de colère il a crié son *Forward!*

— Non, Edward.

— C'est bon; vous ne remarquez rien... ce n'est pas l'amour qui porte un bandeau, c'est l'amoureux.

— Croyez-vous, Edward, que Willy ne partage pas l'affection que son père a pour vous?.. Cela serait possible...

— Tout est possible, Lorédan, surtout ce qui ne l'est pas.

— Mais, mon cher Edward, si vous voyez plus clair que moi, ne m'abandonnez pas à mes conjectures; si vous voyez un bandeau sur mes yeux, ôtez-moi le bandeau.

Sir Edward réfléchit quelques instants, et dit avec une voix légèrement notée par une émotion amicale :

— Lorédan, si vous consentez à cesser un instant d'être amoureux, si vous me donnez la promesse d'écouter avec l'oreille d'un homme ce que je vais vous dire, je vais faire tomber votre bandeau.

Lorédan fit une pantomime qui exprimait ces mots :

— Parlez, je suis prêt à tout entendre.

— Lorédan, ce moment est propice; je l'attendais.

Nous sommes dans le domaine des rêves; nous marchons sur le sol d'une autre planète; tout ce qui s'élève et rampe autour de nous est merveilleux; ici rien ne doit étonner; tout doit nous paraître naturel dans cette atmosphère où l'invraisemblance nous environne; tout doit être écouté avec calme et sans désespoir, sur ce sol ardent, où la vie d'un homme est la vie de tous, comme vous l'avez si bien remarqué hier, au retour de votre expédition nocturne, en justifiant votre imprudence devant Jonathan. Vous en souvenez-vous?

— L'amour ne m'a pas ôté la mémoire de la veille. Je me rappelle mes paroles. Est-ce la mort de mon père que vous venez m'apprendre ici?.. parlez. J'ajournerai mon désespoir à demain; je ferai mon devoir aujourd'hui.

Sir Edward mit sa carabine en bandoulière et prit le bras de Lorédan, pour lui parler de plus près, en confidence intime et solennelle.

A vingt pas devant eux, Nizam et Willy, qui marchaient depuis l'aurore, avec la rapidité de la course, s'arrêtèrent brusquement, et leurs pantomimes agitées exprimèrent une suprême inquiétude.

La petite caravane resta comme clouée par les pieds derrière ses deux intrépides conducteurs.

Sir Edward ressaisit sa carabine à deux mains.

La main gauche de tous les chasseurs s'allongea sous le canon des armes; les détentes tremblaient sous les doigts.

On n'entendait d'autre bruit que le cliquetis des feuilles et le roucoulement des tourterelles grises, abattues par milliers sur des arbres de bruyères au bord d'un lac.

On était alors arrivé sur la lisière d'un bois de lauriers-géants.

Un horizon assez vaste se déroulait du midi au nord. Le terrain n'avait plus son tapis de hautes herbes; elles étaient remplacées par des nappes de sable éclatantes comme de l'albâtre pulvérisé.

Le premier plan de cet immense paysage laissait voir un petit lac de forme ovale, bordé, sur la rive gauche, d'une frange de framboisiers, et sur l'autre, de palmiers-maldives.

Le soleil donnait à ce bassin le rayonnement d'une mine d'or en fusion; et le silence de ses eaux endormies n'était troublé que par les coups d'aile de l'épervier de mer.

Nizam déposa sa carabine au pied d'un arbre gigantesque, et de rameaux en rameaux, avec l'agilité du mandrille et la vigueur d'un jeune homme, il s'élança jusqu'à la cime.

Du haut de cet observatoire, il embrassa d'un coup d'œil circulaire toute l'étendue de l'horizon, et il laissa tomber sur Willy ce monosyllabe désespérant : Rien !

Cette scène n'était mystérieuse que pour Lorédan et sir Edward; mais ils eurent le bon esprit d'y assister sans aucune manifestation de surprise, ni dans la parole, ni dans le regard.

Nizam, descendu de l'arbre, fut entouré par les chasseurs, et on tint une espèce de conseil de guerre avant de s'exposer plus loin.

— Comment expliquez-vous cela? disait Willy à Nizam.

— Voici, maître. Neptunio s'arrête ici ordinairement avec les éclaireurs. Mais, cette fois, je dois vous rappeler que, n'ayant pas reçu d'ordre de votre bouche, comme il en reçoit à toutes nos chasses, il a continué, sans doute, sa route jusqu'au lac des Éléphants...

— Nizam, vous m'avez vu hier très-préoccupé, quand j'étais seul sur la terrasse... En effet... oui... j'avais d'abord oublié de donner mes ordres au chef des éclaireurs... mais plus tard... au moment du départ... il me semble que ma mémoire ne me trompe pas... j'ai dit à Neptunio : Vous nous attendrez au lac des Éperviers.

— Maître, permettez-moi de vous dire que Neptunio a l'oreille féline, et qu'il entend exactement les mots qu'on lui dit, ni plus, ni moins.

— Nizam, vous qui savez si bien entrer dans les idées de Neptunio, de quel côté faut-il nous tourner pour le découvrir?

— Il n'y a pas une trace de pieds humains sur ces nappes de sable; cependant, à coup sûr, nos éclaireurs ont passé par là, car je vois que les framboisiers ont perdu leurs fruits, sur la longueur d'un déjeuner de sauvages; mais le vent qui se lève au milieu du jour a effacé tous les vestiges sur le sable.

Il serait très-possible qu'après avoir suivi quelque temps la rive gauche du lac, ils se soient repliés vers la rive droite pour marcher à couvert sur un terrain boisé.

Je pense donc, maître, que nous devons partager notre troupe et nous avancer vers le nord, en tenant les deux rives. Nous nous rejoindrons à l'extrémité du lac, sous le bois de mimosas.

Willy approuva d'un signe de tête et lui dit :

— Mon brave Nizam, dès ce moment, quoi qu'il arrive, je vous nomme roi de la chasse; c'est vous qui dirigerez toutes les opérations; c'est à vous que les chasseurs obéiront. Voilà le dernier ordre que j'avais à vous donner. Commandez, maintenant.

Nizam attacha sur Willy des yeux d'un noir étincelant, qui semblaient vouloir arracher une pensée ensevelie dans les profondeurs du cerveau.

Le jeune sauvage américain supporta bravement cette gerbe de rayons interrogateurs et ne laissa rien à deviner. Il choisit ensuite six chasseurs, et invitant, avec un signe d'une politesse équivoque, sir Edward à le suivre, il se dirigea vers la rive ombragée du lac.

Nizam, Lorédan et les autres chasseurs longèrent l'autre rive.

Willy et sir Edward marchaient en tête, à vingt pas en avant de leur escouade.

Le jeune Américain était plongé dans cette méditation silencieuse qui cherche une formule de début pour se traduire en paroles.

Sir Edward, à qui rien n'échappait dans les choses qui ne dépassent point les bornes de la sagacité humaine, observait d'un œil oblique et hypocritement distrait le visage bouleversé de Willy, et il s'attendait à quelque scène imprévue, comme il en éclate souvent au milieu des chasses indiennes, où des passions inexorables s'assignent un rendez-vous meurtrier.

couvert du prétexte d'un amusement; mais toutes les conjectures de sir Edward n'auraient jamais deviné l'affreuse réalité qui tomba devant lui, comme la foudre d'un nuage africain.

Un prélude strident, pareil au sifflement d'une couleuvre, annonça qu'une parole menaçante allait sortir des lèvres convulsives du jeune sauvage Jonathen.

— Sir Edward, lui dit-il, mon père est citoyen d'une république; vous êtes gentilhomme anglais; nous sommes nobles tous deux, et vous n'avez rien à me refuser, n'est-ce pas?

— Je ne sais pas ce que vous allez me demander, monsieur Willy, dit sir Edward avec un admirable sang-froid, en rejetant sa carabine sur ses épaules et croisant ses bras au-dessus de sa ceinture de pistolet; mais je vous donne ma parole de gentilhomme que vous serez content de moi.

— Sir Edward, sous le soleil et devant les arbres de Dieu, je vous demande un serment. Vous allez jurer que tout ce qui se dira et se fera entre nous deux, à cette chasse, restera enseveli dans le plus grand secret.

— Je n'ai rien à refuser au fils de Jonathen, dit sir Edward avec une dignité simple; je vous fais ce serment sous le soleil et devant les arbres de Dieu!

— Vous vous souvenez, sir Edward, de cette soirée où Nizam chanta sur la terrasse de l'habitation?

— Oui, monsieur Willy.

— Vous vous rappelez aussi les paroles flatteuses que vous adressâtes à mademoiselle Rita?

— Oui.

— Ces paroles, sir Edward, faisaient allusion à l'esclavage des brahmanesses dans l'Inde.

— C'est possible, monsieur Willy.

— Mademoiselle Rita ne répondit que par un silence triste; elle se leva, les larmes aux yeux, et ma sœur Elmina la suivit à l'écart pour lui donner ses consolations, car personne ne s'approcha d'elle, pas même son frère, M. Lorédan de Gessin.

— Oui, monsieur Willy, cette scène fut assez mystérieuse, et je me la rappelle parfaitement.

— Cette scène me frappa aussi, moi, sir Edward; elle m'ouvrit les yeux, et je ne les ai pas fermés depuis. Sir Edward, je ne suis qu'un sauvage africain; j'ignore si ce que je vais dire ou faire est juste aux yeux de l'homme civilisé; mais je sais que la voix de ma nature doit bien me conseiller, et j'obéis à cette voix,... sir Edward; il y a dans notre désert une jeune fille qui souffre. Vous avez promis une fortune... je l'ai entendu, sir Edward, je l'ai entendu!.. vous avez promis une fortune à M. de Gessin, le frère de cette jeune fille! vous avez mis dans vos intérêts le marchand échappatoire, parti l'autre jour d'Agoa; mes fidèles Makidas me l'ont dit! Et c'est avec ces promesses et ces machinations que vous maîtrisez le frère, et que vous tenez la sœur sous vos pieds, comme une esclave.

Sir Edward, il m'est défendu d'en douter, vous êtes le tyran de l'infortunée Rita; je suis son protecteur, moi!.. Donc, ou vous, ou moi, nous devons être engloutis dans ce désert! Il y a un homme de trop à cette chasse!

J'aime ce que vous aimez. La mort fera le partage.

Mon père m'a légué les dernières gouttes du sang qu'il a versé à la bataille de Brandywine en se battant contre votre père, et le jeune *Yankee* déclare la guerre à John Bull!

Sir Edward coupa une feuille de palmier et la plaça dans son chapeau de paille, comme s'il eût songé, avant toute chose, à prendre une précaution contre le soleil qui l'attendait bientôt à la sortie du bois. Ces petits détails d'un dandisme inconnu chez les sauvages portèrent au comble l'irritation de Willy Jonathen.

— Monsieur Willy, dit sir Edward avec cette douceur de regard et de parole que l'inexpérience étourdie prend pour de la peur, — mon cher monsieur Willy, dans mes secrets, il y a ceux des autres : ainsi, pour le moment, je ne puis vous expliquer...

— Point d'explication, sir Edward! je suis aussi instruit que vous, et je regarde toute explication comme une lâcheté.

Sir Edward s'inclina en étendant ses bras en croix dans toute leur longueur; pantomime qui signifiait : tant pis pour vous! j'ai fait mon devoir! advienne que pourra! Et reprenant son inflexion de voix habituelle, il dit :

— Voyons, monsieur Willy, comment voulez-vous arranger cela? Moi, tout tyran que je suis, je permets les explications.

— Vous avez vu sans doute, sir Edward, des affaires de ce genre dans les chasses des deux Indes? Nous n'avons pas besoin de témoins et de confidents : c'est un secret à nous deux; le nom d'une femme ne doit jamais être prononcé en pareille circonstance.

Au sortir des bois, nous allons tous nous disséminer dans la plaine.

Vous et moi, nous serons en course, bien en avant des autres et séparés tous deux par un quart de portée de carabine. A la première décharge de toutes les armes, il est convenu que je fais feu sur vous et que vous faites feu sur moi. Celui de nous qui sera tué sera plaint comme victime d'une maladresse de chasseur. Est-ce clair cela?

— Plût au ciel que tout le reste fût aussi clair que cela!.. Je me réserve seulement, monsieur Willy, le droit de subir votre premier coup de feu et même votre second. Il faut que j'entende siffler une de vos balles à mes oreilles, pour me faire prendre au sérieux une aussi étrange provocation.

— Pas un mot de plus, sir Edward, vous êtes maintenant lié par votre serment de gentilhomme.

Les deux petites troupes de chasseurs se rejoignirent à l'extrémité du lac, dans un bois charmant, plein d'ombre et d'eaux vives. Nizam commanda une halte, et le gazon servit de lit de repos et de table de festin.

Willy et Nizam se retirèrent un peu à l'écart pour se communiquer leurs craintes ou leurs espérances sur le sort de Neptunio et de ses éclaireurs. Sir Edward aborda joyeusement son ami par un vif serrement de main, et engagea l'entretien avec cette frivolité hypocrite qui ne l'abandonnait jamais.

— Ces gens-là doivent être bien heureux dans ce pays, j'en faisais la remarque tantôt.

— Quelles gens? dit Lorédan en s'asseyant sur l'herbe avec la volupté du voyageur fatigué.

— Eh ! mon Dieu, les éléphants, les lions, les singes noirs, enfin tous les habitants de ces rues d'arbres et de collines. Nous venons de traverser un paysage ravissant : c'est le Hyde-Park du paradis.

— Edward, parfois, d'une rive du lac à l'autre, quand je vous entrevoyais, vous et Willy, j'ai remarqué dans vos gestes beaucoup d'agitation... Que se passait-il entre vous deux?

— Entre nous deux, Lorédan?.. mais rien... absolument rien... Nous causions éléphants... L'Afrique était sur le tapis... vaste sujet !.. Willy est un excellent jeune homme... peu communicatif, vous le savez... sombre comme une grotte... bon naturel au fond... avec des écarts de sauvagerie, fort excusables d'ailleurs... C'est un nègre que le hasard a fait blanc... A propos, n'oubliez pas de régler mon chronomètre ; je ne veux pas induire le soleil en erreur.

— Vraiment, Edward, vous ressembliez assez, de loin, à deux hommes qui se disputent. Cela même m'inquiétait...

— Nous déclamions des vers sur l'Afrique... des vers du poète Kirk White... Vous ne connaissez peut-être pas ces vers, Lorédan ?.. ils sont très-bien dans l'original. Écoutez. Vous les trouverez de circonstance. C'est le portrait du lion. Je vous le traduis en français :

> Le lion règne en roi dans ce vaste domaine ;
> Libre de nos soucis, sa grandeur s'y promène :
> C'est pour lui que l'Afrique a ses arbres épais
> Qui versent la fraîcheur, les parfums et la paix ;
> Il trouve au pied des monts la grotte familière
> Que le ciel tapissa de velours et de lierre ;
> Il trouve le beau lac, couronné de roseaux,
> Où s'étanche la soif dans de limpides eaux :
> Quand la faim à ses flancs vient attacher des ailes,
> Il choisit son festin dans un vol de gazelles ;
> Il mange la chair vive, il boit le sang vermeil,
> Et, sa griffe léchée, il dort d'un doux sommeil.
> Sur lui la volupté ne laisse point de traces :
> Comme un roi chevelu des primitives races,
> Il voit autour de lui bondir de nouveaux nés
> Qui se portent fort bien, sans être vaccinés ;
> Et ce vieillard robuste, à son heure dernière,
> N'a pas un cheveu blanc sur sa blonde crinière !

Mon cher Lorédan, ajouta sir Edward après ces vers, vous me permettrez d'écrire ce portrait au crayon, pour l'envoyer à miss Elmina par la petite poste de ce pays, le premier sauvage qui partira.

Sir Edward prit son *desk* de voyage et écrivit assez longtemps sur ses genoux, avec un soin et un sang-froid si bien joués, que Lorédan, placé à cinq pas, n'osa l'interrompre, et soupçonna rien du drame terrible engagé, de l'autre côté du lac, entre Willy et sir Edward.

Lorsqu'il eut cessé d'écrire, sir Edward prit une belle position horizontale dans l'édredon végétal, croisa ses bras sur sa poitrine, et s'endormit. Lorédan s'avançait pour faire une autre question sur la mystérieuse confidence interrompue le matin, mais il respecta ce repos du chasseur.

X.

LA CHASSE AUX ÉLÉPHANTS.

Sir Edward dormait depuis une heure, et Lorédan attendait son réveil avec une impatience extrême, à quelques pas du lit du chasseur.

Nizam et Willy s'entretenaient toujours à une assez grande distance, et paraissaient avoir pris une détermination, car ils donnèrent un ordre à un jeune sauvage, léger comme le vent, qui se disposait à partir pour la Floride.

Lorédan ne crut pas devoir réveiller sir Edward pour lui demander le poétique souvenir destiné à miss Elmina. La feuille de papier sur laquelle sir Edward avait écrit, disait-il, le portrait du lion, débordait par une grande marge, sur la ceinture du chasseur endormi.

Ce n'était pas une indiscrétion de la prendre, c'était plutôt une délicatesse d'amitié qui ne voulait pas troubler un sommeil, si précieux dans ces courses brûlantes.

Lorédan enleva donc fort légèrement la feuille écrite, comme on cueille une fleur, et pendant que l'agile et sauvage messager recevait les commissions de ses amis noirs, Lorédan voulut parcourir les vers, avant de les plier en forme de lettre, selon l'intention probable de sir Edward, et de les confier au porteur.

La surprise n'eut pas d'accents de situation à donner aux lèvres de Lorédan ; il resta muet et immobile comme une statue de *Campo-Santo* couchée à demi sur une tombe pleine de hautes herbes.

Ce prétendu portrait du lion était ainsi conçu :

A Lorédan de Gessin.

Dieu sait l'endroit, 15 janvier 1830.

« Cher ami, puisque vous lisez cette lettre, je suis mort ; ainsi raisonnons un peu, et ne nous livrons pas à un stupide désespoir.

« Il est inutile de vous dire comment j'ai été tué. Il vous suffit de savoir que je n'existe plus.

« Je vous avais commencé une confidence ou, pour mieux dire, une révélation. On nous a interrompus au bon moment, selon l'usage.

« Cette fois, on ne peut m'interrompre, du moins, je le crois ainsi. J'irai donc jusqu'au bout.

« Lorédan, si la vérité, dans le monde où vous êtes, sortait de quelque part, ce serait de la couche d'un cadavre. Croyez-moi donc, mon ami.

« Lorsqu'un homme a son bonheur dans la main, il le place sur la tête d'une femme. La réussite, c'est le paradis : le contraire, c'est l'enfer. L'amour est une couronne de fleurs ou un carcan de lave ; l'une et l'autre quelquefois.

« Dans le doute, ne regrettez rien. Songez à votre père, Lorédan.

« Tout cela veut dire que Rita ne vous aime pas,

et ne vous aimera jamais. Je vous jure que cela est la vérité, claire comme la lumière de votre soleil.

« Armez-vous de votre force et de votre liberté, mon jeune ami. Vous avez une noble mission filiale à remplir. Oubliez une passion, souvenez-vous d'un devoir!

« Surtout, ne laissez rien dire à votre visage; il raconterait votre tristesse intérieure aux indifférents, qui raillent et ne consolent pas.

« Votre vieux père vous attend, mon ami!

« Vous trouverez ci-joint, en forme de testament, mes dernières volontés; elles vous constituent mon légataire; lisez-les, et apposez-leur le sceau de mes armes.

« Vous avez à réclamer l'héritage de ma parente, mistress Kellet, morte l'été dernier à Heksham, dans le Northumberland. C'est peu de chose, mais le *moins* qu'on donne vaut mieux que le *plus* qu'on garde.

« La vie est semée d'adieux; puis arrive le dernier; celui-là est à vous. EDWARD K. »

Le messager noir était parti avant la fin de cette lecture. Lorédan replia la feuille et la replaça fort adroitement à la ceinture de sir Edward, sans le réveiller. Le sommeil du chasseur européen est un évanouissement lourd; le sommeil du chasseur africain est un simulacre de mort.

La fièvre de l'âme égara un instant la raison de Lorédan. Trop de pensées désolantes l'assiégeaient à la fois; sa tête lui échappait dans le tourbillon du délire; il était décapité moralement, et les lettres tracées par sir Edward luisaient et roulaient devant ses yeux comme des flots d'étincelles qui, au moment fatal, éclatent au visage du supplicié.

La raison de l'homme énergique triomphe pourtant de ces angoisses: pour lui, il y a une résurrection après cette mort.

Tout avait disparu devant Lorédan; la crise passée, il revit tout ce qui l'environnait, mais sous une teinte funèbre.

Ses compagnons, trop préoccupés de leur émotion et de leurs périls, ne remarquèrent pas l'agonie spontanée du jeune chasseur blanc.

Quant à sir Edward, il conservait son immobilité horizontale, et sa figure exprimait cette béatitude sereine que donnent les heures matinales à l'homme sain d'esprit et de corps, endormi dans sa riche alcôve, entre quatre rideaux de popelines de Dublin.

Le *forward* de Willy retentit sous la voûte des mimosas et remit sur pied tous les chasseurs. On devait faire encore une marche de six milles pour traverser les bois et arriver en plaine au coucher du soleil.

Sir Edward rajusta sa toilette, examina les amorces de ses armes, et reprit son rang de marche à côté de Lorédan.

— Je suis charmé, dit-il à son ami, que la voix léonine de Willy m'ait réveillé. J'étais occupé à faire un rêve assez triste. Figurez-vous que j'habitais Manchester, et que je descendais la rue escarpée d'Hay-Market pour aller à cette mesquine rotonde qu'on appelle la Bourse.

J'accompagnais mon oncle, sir Edmund, lequel, par parenthèse, est mort et dévoré depuis cinq ans. Nous allions fonder une manufacture de *silk-embroidery*, que je devais diriger, moi. Vous comprenez le degré de fièvre que donne un pareil cauchemar.

Il pleuvait comme toujours. A Manchester, le soleil ne brille que par son absence. Je marchais à travers un brouillard humide et massif, ou pour mieux dire je nageais en marchant.

A chaque pas je soulevais avec mes mains le ciel anglais qui s'aplatissait sur mon front.

Devant moi courait miss Elmina, sur un nuage de cachemire, brodé de rayons de soleil.

Je me suis élancé pour la saisir, mais j'ai glissé sur le seuil gluant d'une vaste usine bâtie en forme d'éléphant, et dont la cheminée était une trompe mobile de cent pieds de hauteur.

La bouche de l'usine s'est ouverte comme un gouffre et a crié *forward*! Je me suis réveillé en sursaut.

Willy a une voix de tam-tam qui perce le sommeil jusqu'au rêve le plus profond... Et vous, Lorédan, avez-vous pris un peu de repos?

— Oui, Edward. Je ne suis pas même complètement réveillé.

— En effet vos yeux ont du brouillard... Vous a-t-on dit où nous allions de ce pas?

— Au lac des Éléphants.

— Le diable me caresse, il n'y a pas un seul de ces noms sur la carte d'Afrique! Ce sont les Jonathen qui ont baptisé tous ces lacs. Quel dommage qu'un si beau pays soit inhabité! Vraiment les hommes m'étonnent tous les jours davantage. Il y a six mille ans qu'ils habitent ce globe, et il ne leur est jamais venu dans l'idée de faire une pointe de ce côté.

On se marie en Finlande, en Islande, en Écosse, en Norwège, en Suède, en Russie, en Laponie, avec des coiffures de neige et des chaussures de glaçons, et personne ne se marie dans ces délicieuses rues africaines, pleines d'arbres et de fleurs, bordées de lacs et de rivières; dans ces villes célestes auxquelles il ne manque rien, que des maisons!

Concevez-vous que le monde ait vu naître des Xerxès, des Cambyse, des Attila, des Genseric, des ravageurs stupides, faisant du mal pour se désennuyer, et que jamais les rois et les empereurs ne se soient cotisés pour se donner l'immense distraction d'une croisade contre les mystères de cette Afrique?

Il y aurait eu là de quoi amuser l'éternelle enfance de ce pauvre monde! L'artillerie découverte, il fallait partir, en Attila baptisé, avec cent mille hommes, et des pièces de canon, et des provisions énormes contre la soif et la famine.

Il fallait attaquer l'Afrique inabordable, et faire une brèche dans cet horrible chaos de broussailles, de forêts d'airain, de roches de granit, de tissus de fer végétal, où mugissent, beuglent, sifflent tous les monstres de l'héritage de Noé!

Il fallait livrer une bataille prodigieuse à ces armées de lions, d'éléphants, de panthères, qui, dans le partage de Sem, Cham et Japhet, se sont donné la meilleure part du butin terrestre, sous prétexte qu'ils avaient d'énormes griffes et de longues dents!

Belle raison, ma foi! raison de bêtes fauves et qui pourtant a prévalu!

Lorédan enleva fort légèrement la feuille écrite.

Les hommes se sont résignés à la neige, à la pluie, à l'humidité, à l'inhabitable enfin, et ils ont abandonné avec une générosité absurde le plus beau coin du globe à ces gens-là que nous appelons des animaux !

Au lieu d'accomplir ce magnifique travail, les hommes se sont divisés en Français, en Anglais, en Allemands, pour avoir le plaisir de se tirer des coups de canon à eux-mêmes et de se voler quelques arpents de plus de fange noire vers le Nord !

Ensuite, il y a des historiens qui nous racontent la série de ces batailles insipides, se ressemblant toutes, comme leurs feuilles de papier !

Voilà de dignes amusements !

Tuer des hommes par le fer, des vieillards par le désespoir, des enfants par la misère, des femmes par le deuil ! le tout au profit du néant !

Au contraire, quels beaux bulletins de victoire nous aurions reçus d'une croisade en Afrique intérieure !

Comme il serait dévoré, le livre qui nous peindrait une armée d'Européens, cent mille gladiateurs se ruant dans ce cirque tropical, courbant les forêts comme des herbes sous la tempête de leur artillerie, assistant à l'agonie de tout un monde, hérissé de griffes, de dents, de trompes, de crinières, et plein de bruits rauques et formidables, comme les entrailles d'un volcan !

Oui, je serais joyeux de mourir demain, si je savais que cette merveilleuse campagne dût un jour s'accomplir.

Edward jeta un regard oblique sur Lorédan, et il remarqua une expression inconnue dans toutes les lignes de son visage ; alors il ajouta sur un autre ton :

— Mon cher ami, vous voulez donc me condamner à un monologue perpétuel ? vous me payez mes discours en monosyllabes ; ce n'est pas généreux.

— Vous avez raison, Edward, dit Lorédan avec un sourire menteur ; mais que voulez-vous ? je suis ainsi

Tout va bien, dit-il.

fait... Ce bois me rend triste... J'aimerais mieux le boulevard des Italiens.

— A la bonne heure! voilà un accès de bonne humeur!

— Edward, je vous avoue que tantôt vous m'avez attristé.

— Moi, Lorédan, moi, je vous ai attristé! moi la gaieté faite homme! la joie incarnée! il me semble que ces arbres me saluent en riant, lorsque je passe; il me semble que le soleil me cherche à travers cette verdure pour rayonner dans l'azur! Ah! Lorédan, vous êtes injuste ou aveugle.

— Oui, Edward; tantôt, en finissant ce que vous appelez votre monologue, votre figure prenait, à votre insu, une teinte de mélancolie à ces mots sortis de votre bouche :

« *Je serais joyeux de mourir demain!..* »

J'ai cru voir briller dans vos yeux la lueur sinistre d'un pressentiment.

Sir Edward s'arrêta en regardant fixement son ami avec des yeux qui traversèrent le cœur qu'ils interrogeaient.

— Taisez-vous, Lorédan! dit-il à voix basse; vous n'êtes pas assez vieux pour être rusé; vous n'avez rien vu luire dans mes yeux; je suis sûr de ma figure, elle ne me trahit jamais; je l'ai habituée à un repos éternel. Vous avez recueilli quelque chose dans l'air; il y a des échos d'airain dans ce pays de mystères; vous avez un secret au bord des lèvres, un secret d'honneur que vous ne pouvez et ne devez même pas raconter à moi, qui le sais comme vous.

— Un secret d'honneur! — dit Lorédan, l'œil fixe et brumeux de surprise. Un secret d'honneur! . Non, Edward... non, je vous le jure... je n'ai point de secret qui puisse compromettre votre loyauté.

— Et pourquoi donc vous êtes-vous arrêté à une phrase d'une vulgarité proverbiale comme celle-ci :

Je serais joyeux de mourir demain? C'est une façon de parler en usage partout, et qui devait vous étonner ici moins qu'ailleurs.

Ne sommes-nous pas en face de la mort?

Ne sommes-nous pas engagés dans une chasse terrible, dont le résultat nous est inconnu? Et puis, ne vous ai-je pas dit cent fois que je regarde toujours la journée présente comme ma dernière, que je crois mourir quand je m'endors à la nuit; que je crois ressusciter à mon réveil?..

Lorédan, votre silence parle quand vous vous taisez; votre noble visage ne sait pas mentir. J'assiste aux efforts que vous faites pour me dérober votre agitation intérieure, qui couvre votre front de pâleur et vitrifie vos yeux...

Vous savez quelque chose de sinistre et qui tremble sur vos lèvres...

Eh bien! Lorédan, mon ami, gardez votre secret; cherchez le coin le plus profond de votre âme pour l'ensevelir.

Ma vie et mon honneur sont dans ce secret.

Le vent du lac vous a transmis un mot; je l'ai compris, moi... mais le sauvage interpréterait autrement la chose: il me croirait infidèle à un serment solennel.

Dieu m'est témoin que j'ai fait, au contraire, tous mes efforts pour vous tromper sur l'état de mon âme; que je vous ai développé un long plan d'invasion dans l'Afrique inhabitable, pour vous donner le change sur ma situation.

Votre honneur est lié au mien.

Non-seulement vous devez tout ignorer, mais vous devez faire plus. Il faut montrer à Willy un visage calme et empreint d'une bienveillance amicale; il faut lui parler avec cette tranquillité d'organe qui ne fait soupçonner aucune préoccupation; enfin, il faut être aujourd'hui et demain ce que vous étiez hier...

A ces conditions, Lorédan, je consens à ne pas appuyer la bouche de ce pistolet sur mon front, en pressant la détente avec ce doigt.

Sir Edward posa sa main sur le pommeau d'un pistolet.

Lorédan, bouleversé par trop de mystères impénétrables, ne sortit de sa stupeur qu'en entendant la menace que sir Edward proférait contre lui-même.

Cette dernière phrase lui fit oublier tout, et lui commanda de ne rien approfondir; il saisit avec vivacité la main gauche de son ami en lui disant:

— Edward, je serai ce que j'étais hier; je vous le jure sur l'honneur.

Au même instant, sir Edward reprit son humeur habituelle.

— Merci, Lorédan, dit-il; nous nous sommes un peu décomposés au physique et au moral, dans cette scène... Voici Nizam et Willy qui se replient vers nous... Attention... Ah! j'allais oublier de raffermir dans ma ceinture mes vers sur le portrait du lion... N'égarons pas cette feuille de papier... elle est précieuse, puisque je la destine à miss Elmina...

Le mouvement de ma main tantôt l'avait dérangée... Lorédan, permettez-moi de vous éprouver, bien que je ne doute pas de votre fermeté... Il faut que vous répondiez avec votre plus gracieux sourire à ma demande. Cela me donnera la mesure de votre conduite devant Willy...

Écoutez... J'ai mis cette feuille de papier, là, en évidence, afin qu'elle frappe les yeux.

Si je meurs demain, vous prendrez ce petit manuscrit, destiné, comme vous savez, à miss Elmina; seulement vous le lirez, une seule fois, avec attention, pour voir s'il n'y a pas d'erreur en histoire naturelle. Miss Elmina ne plaisante pas sur le chapitre des lions... répondez-moi, Lorédan.

— Toutes vos intentions seront remplies, Edward, mais il faut espérer...

— N'espérez rien. Attention à votre visage! voilà notre Willy.

— Edward, on peut sourire au tombeau; regardez-moi.

— C'est bien; continuez.

La situation était si étrange que Lorédan était obligé de se transformer.

Dans ce conflit de mystères accablants, il n'y avait qu'une chose clairement exprimée, et celle-là disparaissait dans le tourbillon du moment:

Rita ne vous aime pas, et ne vous aimera jamais!

D'abord, ces mots avaient brillé aux yeux de Lorédan comme autant de coups de foudre, mais une lueur de réflexion avait modifié le caractère alarmant de cette phrase écrite.

Comment sir Edward pouvait-il affirmer cela? sur quoi se fondait-il en hasardant cette prédilection pour le compte d'une jeune fille? Et puis, s'il fallait, à toute extrémité, admettre l'indifférence ou la froideur de la divine créole, il épouserait, comme ont fait d'autres, une femme résignée par devoir, et qui donnerait ensuite à son mari, après le mariage, tout l'amour qu'elle lui avait refusé avant.

Phénomène assez vulgaire en Europe. Dans le délire de la passion du cœur et du sens, on éprouve une douleur si cuisante, si intolérable, à l'idée que la femme aimée vous échappe, que le moindre argument lénitif donne des intermèdes de consolation.

Nizam et Willy, devançant les autres chasseurs, avaient atteint les limites du bois, et ils revenaient sur leurs pas pour donner quelques instructions nouvelles déterminées par un incident inexplicable.

— Voici bientôt la nuit, dit aux chasseurs Nizam, qui parlait en chef, conformément aux intentions de Willy; nous attendrons ici le coucher des premières étoiles. Personne ne peut franchir les derniers arbres qui nous séparent de la plaine et se montrer à découvert.

Pendant toute la durée de la nuit prochaine, le silence le plus absolu est recommandé...

Maintenant, sir Edward et monsieur de Gessin, si vous voulez vous essayer de loin aux émotions de la chasse, suivez-moi et ne me devancez jamais d'un pouce. Lavez vos mains, vos visages, vos cheveux dans ces eaux vives, et parfumez-vous avec les aromates qui abondent ici.

L'éléphant jouit d'un odorat merveilleux, ce qui n'est pas étonnant, puisque son nez est une trompe; il flaire à mille pas la sueur de l'homme; il faut donc le dépister, pour lui arracher ses dents.

Cette toilette de chasse à l'éléphant étant terminée entre des ruisseaux et des massifs d'aromates, les chasseurs s'avancèrent jusqu'aux derniers rangs d'arbres.

A travers les éclaircies, çà et là ménagées par la nature, on distinguait très-bien la vaste plaine qui se déroulait vers le nord.

La végétation de haute futaie avait disparu subitement, comme par un de ces caprices de la nature africaine.

Le sol était jonché, avec un luxe incroyable, de tous les arbustes aimés du soleil.

Les genêts, les cactus, les cityses, les euphorbes, les tiges d'aloès confondaient leurs nuances, et ressemblaient de loin à un immense tapis de Perse, jeté, entre les montagnes et les bois, sous les pieds du monarque géant de ce désert.

Nizam frappa sur l'épaule de sir Edward, et allongeant son bras dans une éclaircie de verdure, arrondie comme un verre d'optique, il fit la pantomime qui signifie : Regardez !

Tous les chasseurs cherchèrent un point de vue favorable et suivirent le signe indicateur de Nizam.

A l'extrémité de la plaine, au pied d'une montagne nue et bouleversée comme si une commotion terrestre l'eût brisée en un million de fragments, on voyait passer, au-dessus des arbustes, une ombre lourde, assez semblable à un nuage gris descendu de la montagne, et roulant sur les buissons.

Willy se rapprocha de sir Edward, et lui adressant la parole avec une attention bien connue de tous deux :

— Sir Edward, lui dit-il, connaissez-vous ce gibier-là ?

— J'en ai mangé à Tranquebar, monsieur Willy, dit sir Edward en riant avec un naturel exquis.

— Ah ! c'est un éléphant superbe, dit Nizam ; j'estime ses défenses cent cinquante livres.

— Le voyez-vous bien, monsieur de Gessin ? dit Willy.

— Comment ! si je le vois ! dit Lorédan ; je vois même le bengali qui vole sur son oreille.

— Très-bien, Lorédan ! dit Edward à l'oreille de son ami.

— Mais, expliquez-moi cela, Nizam, dit Lorédan : qu'avez-vous donc trouvé de si extraordinaire dans l'apparition de cet éléphant ? Ne sommes-nous pas sur les terres de ces animaux ?

— Monsieur de Gessin, dit Nizam, avez-vous étudié les mœurs de ces hommes à trompe ?

— Jamais, Nizam ; les autres ont absorbé tous mes loisirs d'observation ; je n'ai pas eu le temps de remonter plus haut.

— Très-bien, dit Edward.

— Ah ! monsieur de Gessin, dit Nizam, si vous aviez étudié les éléphants, vous seriez aussi embarrassé que moi à cette heure.

— Voyons, expliquez-vous, Nizam, cela nous amusera.

— Eh bien, écoutez. Cet éléphant est incompréhensible ; je ne le devine pas. Il fait ce qu'un éléphant n'a jamais fait.

D'abord, il tient la plaine un peu avant le coucher du soleil.

Nous savons que les éléphants aiment voir le soleil à son lever ; on dit même qu'ils adorent cet astre comme des païens.

Mais le coucher du soleil les rend tristes ; ils ont peur de la nuit, à cause des lions et des précipices. Aussi, rentrent-ils de bonne heure dans leur ménage avec leurs femmes et leurs enfants.

Ils ont des vallées étroites, des gorges de montagnes, des plateaux de rocher où ils dorment debout aux heures de rapine et de carnage.

Ce sont d'honnêtes pères de famille qui ne se laissent jamais surprendre par la nuit hors de la maison. Voici donc un éléphant qui se promène en rase campagne avec la gravité d'un bonze.

On dirait qu'il compte ses pas ; lorsqu'il en a fait mille d'orient en occident, il les refait d'occident en orient.

On croirait qu'il garde la montagne.

Si un homme affectait une habitude inusitée chez les humains, on n'y prendrait pas garde. Chez les animaux c'est bien différent ; comme ils sont nés pour ne rien inventer, dès que les plus intelligents inventent quelque chose, il y a de l'extraordinaire, à coup sûr, dans les environs.

Souvent j'ai deviné ces énigmes ; aujourd'hui mon esprit est en défaut. Sir Edward, vous qui avez vu tant de chasses aux Indes, aidez-moi un peu pour découvrir le secret de cet éléphant.

— Nizam, dit sir Edward avec un dandisme charmant, il faut aller le demander à lui-même son secret, et nous laisserons parler nos carabines ; n'est-ce pas, monsieur Willy ?

— Cela viendra, sir Edward, dit Willy.

— Oui, dit Nizam, cela viendra ; mais comme chef de la chasse je ne donnerai l'ordre de départ qu'après avoir deviné mon éléphant. Ici tout est sérieux. Il faut garder sa vie et prendre de l'ivoire. Nous avancerons quand j'y verrai plus clair ; la nuit est longue, et j'ai beaucoup de temps pour réfléchir.

A ces mots, Nizam fit un salut de la main au soleil couchant, et s'étendit dans une alcôve de mimosas.

Les chasseurs, invités au silence par la nuit subitement tombée, imitèrent leur chef, le serviteur Nizam. Il n'y eut plus que ces mots prononcés à voix basse :

— A demain, sir Edward.

— A demain.

En certaines circonstances, les mots les plus vulgaires et les plus simples ont une terrible signification.

Aux premières teintes pâles qui se dessinèrent dans les constellations de l'Orient, les chasseurs sortirent du bois.

Willy avait indiqué les dispositions de l'attaque à Nizam, lequel ne demandait pas mieux que de lui obéir quelquefois, dans le cas de stratégie sans importance à ses yeux.

Les chasseurs s'avançaient en deux bandes disposées en forme de V, échelonnées chacune, d'homme à homme, à la distance de soixante pas.

Nizam marchait le dernier pour diriger les deux ailes dont il était le pivot. Willy s'était placé à la gauche du V, et il avait invité sir Edward à lui servir de pendant parallèle sur la pointe droite, avec une lacune intermédiaire d'un quart de portée de carabine.

Le terrain, hérissé d'arbustes et de plantes grasses et épineuses, ralentissait la marche des chasseurs dans les ténèbres; mais au lever du soleil, on avança plus rapidemeut.

Rien n'était changé dans le paysage de la veille.

A droite et à gauche les bois encadraient la plaine. L'horizon du nord s'attristait encore de sa montagne grise, nue, taillée en pièces comme un chantier de géants; et aux limites de la végétation, la même forme vivante, découverte avant la nuit, se transportait plutôt qu'elle ne marchait à travers des quartiers de roche de sa nuance et des massifs de cactus, d'euphorbes et de genêts.

Nizam plaça son petit doigt sur la lèvre inférieure et imita le prélude du chant du bengali, qui se réveille sur la cîme du *Tannamaram*.

A ce signal, les chasseurs s'arrêtèrent.

Le serviteur indien, roi du désert, se courba sous les feuilles des arbustes, et se donnant la taille et la pose écartelée de Vishnou incarné en nain, il courut avec l'agilité d'un lézard jusqu'aux pieds de Willy.

Le sauvage fils de Jonathen mit son oreille droite sur les lèvres de Nizam, qui lui dit :

— Maître, si cet éléphant n'est pas magicien ou fou, il y a quelque grand danger dans les environs. Je n'ai rien vu de semblable dans ma vie. L'animal s'est promené toute la nuit à la même place, comme le fakir Tody devant la pagode des Cendres de Ravana. Cela tue mon esprit.

Maître, il ne faut pas que cette sentinelle rentre au camp. Maître, votre œil n'a jamais égaré une balle; il arrêterait dans l'air l'aile du colibri; il ne manquera pas cette fois la route de l'oreille du plus beau des éléphants. Notre chasse dépend de ce premier coup.

— C'est entendu, Nizam, dit Willy sur un ton bas et voilé par une émotion extraordinaire. Maintenant, éloignez-vous, et comptez sur le double canon de ma carabine.

— Maître, vous ne tirerez pas deux fois, j'en suis sûr.

— Peut-être, Nizam.

Le serviteur jeta un regard de surprise sur le visage pâle de Willy, et quoique chef, il obéit au signe de son jeune maître, qui lui ordonnait de se retirer promptement.

L'organe, la pâleur et le signe de Willy parurent fort mystérieux à Nizam.

Les deux lignes de chasseurs se remirent en marche, en s'élargissant à chaque pas vers les deux extrémités, à mesure qu'elles s'approchaient de l'éléphant mystérieux.

La carabine à deux coups de Willy s'abattit au niveau des arbustes, de manière à dérober sa direction.

Quatre coups de feu retentirent presque en même temps.

Après le quatrième, sir Edward, qui dépassait de toute la hauteur de son buste les massifs de genêts, se baissa pour ramasser son chapeau de paille, emporté par une balle; mais les autres chasseurs ne remarquèrent pas cet incident : tous les yeux étaient fixés sur l'éléphant et sur Willy.

Nizam s'écria :

— Je ne reconnais plus notre Willy; ses deux coups se sont perdus! *Houra* pour sir Edward! les siens ont porté, mais sur la cuirasse du col.

Sir Edward et Lorédan s'élancèrent par-dessus les arbustes pour secourir Willy, sur lequel se ruait l'éléphant avec une agilité surprenante.

Lorédan s'arrêtait à chaque élan, pour ajuster une balle à l'oreille de l'animal; mais Willy et le colosse étant sur la même ligne visuelle, le doigt n'osait presser la détente.

La même crainte retenait les autres chasseurs.

Sir Edward, le pistolet au poing, criait :

— Ne tirez pas! il faut tuer l'éléphant, comme fit Éléazar Machabée à la bataille de Modin!

Willy, à dix pas du monstre, poussa un cri et laissa tomber ses armes.

Nizam, d'une voix de tonnerre, fit entendre ces mots:

— Arrêtez-vous tous!

Les jeunes sauvages obéirent à l'ordre du chef indien.

Sir Edward et Lorédan, dominés par leur ardeur, n'entendirent pas le cri de Nizam, et continuèrent de bondir, avec des efforts surhumains, par-dessus les broussailles de la plaine.

Une pâleur mortelle couvrit subitement leurs visages, car ce qu'ils aperçurent donnait la terreur.

L'éléphant saisit avec sa trompe le jeune Willy; le balançant sur sa tête, comme un chalumeau de riz, il le plaça légèrement sur son col, en élevant ses larges oreilles, qui servirent de point d'appui aux mains du chasseur.

En un instant tout cela fut fait.

Sir Edward et Lorédan n'étaient plus qu'à la distance de douze élans, et ils entendirent, avec une surprise inexprimable, ce cri de Willy :

— *Arrière, chasseurs, ne tirez pas!*

Disant ces mots, le fils de Jonathen fendait l'air, assis aux deux bords d'un précipice vivant, avec l'assurance et l'aplomb d'un cavalier habitué à cette équitation formidable.

Lorédan et sir Edward, immobiles sur la place où la voix de Willy les avait cloués, suivaient d'un œil stupide la plus étrange des courses au clocher.

Le quadrupède géant se dirigeait vers l'horizon du midi avec l'intelligence d'un voyageur qui sait son chemin; il eut bientôt franchi la plaine, et nos chasseurs le virent disparaître dans le lointain, sous la voûte du bois de mimosas, comme un aérostat entraînant sur son dôme un intrépide aéronaute.

— On a beau vouloir ne s'étonner de rien, — dit sir Edward en rajustant sa toilette à chaque phrase, et en essuyant son front et ses cheveux ruisselant de sueur, — j'avoue que, cette fois, il y a de quoi s'étonner, quand même on serait lord Bolingbroke!.. La vie vous joue de ces tours-là... Reprenez haleine, Lorédan... respirez avant de parler... Vous alliez vous précipiter sous le ventre de l'éléphant, n'est-ce pas, Lorédan?.. C'était mon intention aussi... La Bible a tout prévu. Je songeais à l'éléphant d'Antiochus Eupator, tué par le même procédé...

Voilà un beau début de chasse!.. C'est l'éléphant qui chasse l'homme... Avant la fin du jour, nous serons tous cornacs malgré nous... Je veux noter ce fait pour le publier à Londres, s'il me prend fantaisie quelque jour de me refaire savant...

Bon! voici Nizam et les autres qui viennent nous rejoindre... Attendons-les... Nizam nous donnera une explication... il explique tout, lui...

Quelle accablante chaleur!.. Lorédan, je n'ai rien vu de semblable dans l'*Histoire naturelle* de Saavers... Buffon mentionne-t-il ce genre de chasse à son chapitre *Éléphant?*.. Vous regardez mon chapeau, Lorédan?.. Il s'est accroché à l'épine d'un cactus, et le voilà troué...

— On dirait le trou d'une balle, Edward...

— Ah! mon ami, les éléphants sont capables de tout. Il était peut-être armé d'une carabine, celui-là.

Nizam arriva sur ces mots, à la tête des autres chasseurs : son visage était assez calme, et sir Edward, qui était enfin arrivé au jour des surprises, ne comprit pas cette attitude calme du serviteur indien après la catastrophe de Willy.

— Sir Edward, dit Nizam en saluant par un geste respectueux, vous avez tiré deux balles superbes; j'ai vu trembler deux fois l'oreille gauche de la bête. Vous avez effleuré l'épiderme vulnérable. Mais Willy a été fort heureusement maladroit aujourd'hui; sa main a tremblé. Quel désespoir s'il avait eu son coup d'œil d'habitude! il ne se serait pas consolé...

— Bon, sir Edward, l'énigme se complique. La journée commence bien... Vous dites donc, Nizam, que Willy ne se serait pas consolé s'il eût tué cet animal?

— Vous n'avez donc pas compris cette scène, sir Edward?

— Je vous attendais, Nizam, pour l'explication.

— Elle est bien simple, sir Edward. L'autre jour, ne vous ai-je pas raconté l'histoire de notre pauvre Jémidar, l'éléphant de miss Elmina?

— Ah! j'y suis, maintenant, ou à peu près...

— C'est notre Jémidar qui a reconnu Willy et qui l'emporte à la Floride.

— Nizam, la scène me paraît encore plus inexplicable après votre explication.

— Comment, sir Edward?

— Voici : Votre Jémidar, vous l'avez cru mort et inhumé au cimetière de ses ancêtres; il est ressuscité. A la rigueur, cela se conçoit... mais je ne conçois pas que cet éléphant se promène ainsi, nuit et jour, en broutant le cytise, avec cette mélancolie de veuvage qui n'a point d'exemple chez les humains. Au reste, sa douleur ne l'a pas maigri.

— Eh! sir Edward, vous connaissez mieux les tigres que les éléphants! Dans une heure, vous comprendrez Jémidar comme je l'ai déjà compris...

Regardez cette montagne nue et sablonneuse dans tous ses creux. C'est la pointe d'une longue chaîne qui coupe deux vallons sans fin. Les lions et les éléphants se sont partagé, comme à l'amiable, ces deux domaines. Il faut bien que chacun vive.

Les lions occupent les solitudes de l'ouest, dans le voisinage des forêts et des lacs où passent les gazelles; les éléphants, animaux sobres, se contentent des pâturages de l'est.

Il y a bien çà et là quelques duels isolés entre les mauvaises têtes des deux nations; on trouve des gens hargneux partout; mais l'immense majorité de ces quadrupèdes a du bon sens, et en général, la trompe respecte la griffe.

Cependant cette région de l'est n'a pas toujours été le domaine des éléphants; il y a eu une émigration qui remonte aux chasses de l'aîné des Jonathen.

Voyez-vous à gauche, sir Edward, cette crête grise, à l'horizon, par-dessus les arbres? C'était là que les éléphants vivaient en famille, depuis la création du monde, peut-être.

La voix de l'homme et les coups de carabine leur ont fait déserter cette zone. L'aîné des Jonathen a pénétré jusque-là. Quelques éléphants d'humeur insociable ont seuls persisté à garder leur ancien pays, où ils livrent des combats acharnés aux bêtes fauves.

Dans nos chasses, nous ne comptons que sur ces individus isolés de la grande famille, espèce de philosophes qui s'éloignent de la société. Les grands animaux ressemblent aux arbres : quelques-uns, perdus en avant, annoncent le troupeau ou la forêt. Notre Jémidar est donc allé rejoindre sa grande famille, non pas vers l'ouest, du côté de cette crête grise, mais vers le nouveau domaine, ici, à l'est.

A présent, jugez de la douleur et de l'étonnement de notre éléphant, le favori de la belle miss Elmina, lorsqu'il a vu arriver Neptunio, son ancien ami, et les serviteurs de la maison, qu'il a flairés de loin et reconnus.

Jémidar ne pouvait pas, en conscience, demeurer avec les siens; il ne voulait ni faire de mal aux chasseurs de la Floride, ni être tué par eux.

Suivez bien, sir Edward, le raisonnement de la bête.

Alors Jémidar a pris un bon parti : il a quitté sa famille et sa montagne, et il s'est retiré à l'écart, de ce côté. Tout cela, par parenthèse, n'annonce rien de bon pour Neptunio et nos éclaireurs. C'est la faute de M. Willy, qui, l'autre soir, a donné un ordre au lieu d'un avis, dans une distraction que je ne puis m'expliquer... Maintenant, me direz-vous, pourquoi Jémidar s'est-il promené un jour et une nuit à la même place, au lieu de chercher quelque abri dans ces rochers ou dans ces bois?

Cela s'explique encore.

Un éléphant n'agit qu'avec une idée. Jémidar a compris que tous les chasseurs n'étaient pas avec Neptunio; il a été frappé surtout de l'absence de ses meilleurs amis, Willy et miss Elmina. Il est donc venu se placer en évidence sur la route de chasse, en nous supposant, par malheur, plus d'intelligence que nous n'en avons.

La pauvre bête nous faisait l'honneur de croire que nous le reconnaîtrions de près, puisqu'elle nous reconnaissait de loin. En récompense, Jémidar a reçu vos deux balles, sir Edward, et ce n'est que par miracle qu'il a échappé à la carabine toujours mortelle de notre Willy...

Sir Edward, ce n'est pas tout, et voici le plus essentiel pour nous. Jémidar, en emportant Willy à la Floride, nous donne un avertissement. Il y a autour de nous un danger extraordinaire; Neptunio et les éclaireurs ont déjà péri peut-être, ou s'ils vivent encore, ils ont besoin de notre assistance. Sir Edward, et vous, monsieur de Gessin, si vous êtes remis de cette course brûlante, nous irons où notre devoir nous dit d'aller.

— Allons! dit sir Edward qui rechargeait sa carabine.

— Allons! dit Lorédan avec une voix d'écho.

Nizam se mit à la tête de la petite troupe et se dirigea vers la montagne. Les chasseurs suivirent leur guide au pas de course.

Un large ruban de sable séparait la végétation de la plaine et la stérilité de la montagne. Nizam reconnut quelques vestiges de pieds nus dans les endroits abrités, mais il garda pour lui cette découverte. La montagne, qui, vue de loin, dissimulait ses horreurs, se révéla soudainement dans toute sa majesté sauvage.

Les lignes déliées devinrent de profonds ravins; les petites taches noires se changèrent en précipices, les cailloux en blocs de Titans. Il fallut gravir ces énormes assises, qui ressemblaient aux ruines de l'escalier du ciel, au milieu de l'éblouissante brume tissue par le soleil africain.

Les chasseurs n'avaient plus que trois rangs d'assises à franchir pour atteindre le sommet de la montagne, lorsqu'un fracas, inouï dans ces solitudes, retentit avec un prolongement sonore, entre deux horizons d'échos.

— Ils sont là! s'écria Nizam.

Et il s'élança sur le plateau culminant avec l'agilité d'un chamois.

Du haut de cette pyramide naturelle, on découvrait une campagne où le Créateur semblait avoir épuisé ses tableaux de désolation et de grâce, de vie et de mort. C'était mélange de verdure vigoureuse, de roches insurgées, de lacs éblouissants, de collines de fleurs, de montagnes à pic, de petites rivières perdues en cataractes dans des gouffres ténébreux. A l'est, deux montagnes, violemment divisées par une convulsion volcanique, laissaient voir l'Océan d'Arabie aux limites de l'horizon.

Mais ce ne fut pas cette nature prodigieuse qui étonna les chasseurs. Ce pays charmant et formidable n'obtint pas un seul regard.

Les yeux de tous se fixèrent sur un nuage de fumée qui s'élevait du milieu des roches, au bas du versant septentrional. La plus vulgaire des choses de ce monde, un peu de fumée, était un spectacle effrayant au centre de ces solitudes. Nizam et ses chasseurs avaient compris ce signal de détresse, et ils se penchaient sur l'abîme, de l'autre côté de la montagne gravie, pour découvrir, à travers gouffres, ravins et précipices, l'avant-garde des chasseurs en péril.

Une nouvelle détonation d'armes était attendue au sommet de la montagne pour déterminer sur un point précis la descente de Nizam.

Mais ce dernier appel d'agonie ne montait pas des profondeurs de l'abîme; c'était comme le silence du navire en détresse qui n'a plus de cris à jeter au rivage, et qui sombre après avoir tout englouti.

Il était imprudent de quitter le sommet de la montagne, et de s'aventurer, à tâtons, sur les ruines colossales de l'escalier du nord; car Nizam et ses chasseurs, une fois engagés dans les hasards de cette pente, n'avaient aucun point de reconnaissance à consulter pour établir une direction salutaire.

Après les premiers pas essayés sur cette échelle en débris, tout allait disparaître, arbres, plaines, horizons : les yeux, les mains et les pieds ne devaient plus rencontrer que les pics gigantesques des assises, sur cette horrible montagne, qu'un volcan lança autrefois vers le ciel et qui retomba comme une grêle de blocs de granit.

Et puis, lorsque les chances fatales attachées à cette descente seraient trop tard reconnues, dans ce labyrinthe aérien de précipices, comment remonter vers le sommet, par des sentiers d'abîmes?

On s'exposait à découvrir la réalité matérielle de ces horribles rêves, où le désespoir n'a plus d'issue et se débat convulsivement sous les voûtes d'un défilé de bronze, qui s'abaisse sur le front, étreint la poitrine, supprime le regard dans les yeux et la respiration dans le cœur.

Nizam sondait, d'un coup d'œil perpendiculaire, les mystères de ces abîmes où des créatures humaines étaient ensevelies, mortes ou vivantes; et quand le dernier flocon de fumée s'évanouit, il lui sembla que le fil conducteur de ce labyrinthe échappait à ses mains.

Sir Edward, de peur de troubler Nizam dans ses méditations, s'était retiré à l'écart, et dessinait un coin du paysage immense qui s'arrondissait autour d'eux.

Lorédan inclinait sa tête sur le travail de son ami; mais ses regards, contrariant l'attitude du front, traversaient vingt lieues de désert pour envoyer une pensée au bienheureux horizon de ses amours.

En dessinant, sir Edward échangeait, par intervalles, quelques paroles avec Lorédan :

— N'aimez-vous pas à dessiner un paysage vierge, Lorédan?

— Oui, Edward; mais ici, non.

— Et pourquoi pas? L'atelier est beau et bien éclairé. Le paysage pose admirablement et avec un calme qui provoque le crayon. Pas un brin d'herbe ne remue. Cette nature semble me sourire avec une pudeur virginale, comme une jeune fille qui voit faire son portrait pour la première fois.

— Savez-vous, Edward, que Nizam me paraît bien soucieux?

— Oh! ne vous mettez point en peine de Nizam; il s'échapperait de l'enfer... Lorédan, cette crête grise, dont Nizam nous parlait ce matin, est d'un superbe effet d'horizon; elle se découpe si bien entre l'azur doré du ciel et la verdure des arbres!.. J'ai choisi ce point de vue pour l'offrir à miss Elmina; elle me saura gré de ce cadeau, j'en suis sûr : c'est que son intrépide père a posé les colonnes d'Hercule du chasseur africain... Je veux aussi exposer ce paysage à la galerie nationale *Charing-Cross*, avec ce titre : *Ancien royaume des éléphants*... Nous verrons ce qu'en dira Kemble dans son *Quarterly Review*.

— Edward, mon ami, regardez Nizam; il appuie son front sur sa main... il cherche une idée...

— Lorédan, vous êtes un homme de peu de foi, comme dit la Bible. Écoutez : il y a en ce moment, dans les villes, des misérables bien riches, bien vêtus, bien logés, bien nourris, qui commettent des crimes pour tuer le temps, des crimes anonymes et savamment exécutés. Ce soir, ces hommes s'endormiront, et un coup de foudre ne les écrasera pas la nuit prochaine, ni demain, ni après-demain.

Voulez-vous que Dieu vous traite plus sévèrement, et qu'il nous écrase ici entre deux blocs de pierres ou d'éléphants, nous qui ne faisons du mal à personne, et qui dépensons tant de pas et de sueurs pour applaudir une page inédite des œuvres de Dieu !.. Rassurez-vous, Lorédan; nous avons échappé au feu, à l'eau, à la rivière, à la plaine; nous échapperons à la montagne; nous sommes plus près du ciel, cette fois, et le ciel viendra en aide à ses voisins.

Une nouvelle décharge d'armes à feu retentit dans les abîmes, et Nizam poussa un cri de joie. De larges flocons de fumée s'élevèrent avec lenteur, se colorant d'iris et d'or aux rayons du soleil. Nizam, cette fois, nota d'un coup d'œil exact les assises saillantes qui dérobaient sans doute les chasseurs de Neptunio, en ne laissant monter que la fumée de leurs carabines par des crevasses noires semblables à des cheminées de Cyclopes, et lorsque l'intelligent Indien eut posé pour ainsi dire un jalon idéal sur chaque assise du sentier abrupte qu'il allait descendre, il assembla ses chasseurs et leur dit :

— Écoutez-moi bien, mes compagnons. Je vais descendre le premier; quand vous me verrez arrivé sur ce rocher saillant, moitié à l'ombre, moitié au soleil, et après lequel on ne voit plus rien; si je fais ce signe avec la main : *venez!* un de vous se détachera et viendra me joindre; un second chasseur ne descendra qu'après le même signe que lui fera le premier; ainsi pour le troisième, le quatrième, jusqu'au dernier de tous.

Si les signes étaient suspendus, ce serait une preuve que la descente serait reconnue impraticable, ou que le retour à ce sommet serait impossible.

Je recommande la plus grande prudence.

Je sonderai le terrain, et chacun de vous marchera dans mes pieds. Songeons que, là-bas, d'autres compagnons nous appellent, et qu'ils se trouvent dans un péril qui n'a pas de nom, puisqu'il m'est impossible de le deviner.

Un murmure d'approbation accueillit les paroles de Nizam.

Edward serra son croquis de paysage et son *desk* avec le soin le plus minutieux, et s'avançant vers le chef de la chasse :

— Votre plan est bon, dit-il, mon brave Nizam, et je vous ordonne de m'ordonner de descendre après vous. Songez que je suis Anglais, et que vous devez cette faveur à un compatriote.

Nizam fit un signe respectueux d'approbation.

— Maintenant, Nizam, dites-moi, poursuivit sir Edward, il paraît que vous n'avez jamais suivi ce chemin de précipices, dans vos chasses précédentes? Permettez-moi cette observation : était-il bien nécessaire de monter jusqu'ici, pour ne pas pouvoir ensuite descendre là-bas?

— Sir Edward, dit Nizam, cette montagne est notre chemin d'habitude pour aller au lac des Éléphants. Lorsque nous arrivons ici, nous nous dirigeons à gauche, et nous descendons, par une pente assez facile, dans une vallée où nous faisions autrefois de bonnes chasses. Aujourd'hui, nous sommes obligés d'abandonner le sentier de gauche, parce que des coups de carabine nous appellent là-bas.

Il nous faudrait un jour de marche pour tourner la montagne, à l'ouest, et arriver là-bas, comme ont fait Neptunio et nos éclaireurs. Mais le péril est pressant; il faut tomber par la ligne la plus courte, et nous montrer à nos amis en péril.

Nizam s'élança d'assise en assise, avec la vigueur et l'agilité de l'Indien qui a, dès l'enfance, habitué ses pieds nus à se cramponner comme des griffes aux aspérités des roches. En un clin d'œil, il arriva sur le dernier gradin suspendu et saillant, qui paraissait devoir être le sommet d'un précipice taillé à pic.

Debout sur ce piédestal mobile, Nizam se pencha en avant, comme un aigle qui va s'envoler du seuil de son aire, et se retournant vers les chasseurs, il fit le signe convenu.

Sir Edward raffermit sa carabine, ses pistolets, son léger bagage de chasseur, et suivit les traces de Nizam, qui venait de disparaître pour atteindre sa seconde station.

Lorédan remplaça sir Edward; et les jeunes sauvages makidas se succédèrent de signaux en signaux.

Les échos de ce désert d'abîmes répétaient, en le grossissant à l'infini, le fracas des pierres volantes, chassées sous les pieds et les mains des chasseurs, et bondissant de tous côtés dans des gouffres, comme des cataractes de granit.

Nizam s'était arrêté dans le voisinage des régions de la plaine, sur un piédestal qui dominait une petite vallée et une colline, ou, pour mieux dire, un amas énorme de pierres colossales, dont l'aspect figurait assez bien le vieux temple de *Mawalibouram*, qui est aujourd'hui une colline formée avec les ruines des *Sept-Pagodes*, nom qu'elle porte sur la carte des navigateurs.

Nizam, dont l'imagination indienne trouvait partout des comparaisons, ne laissa pas échapper celle-ci, et il la trouva encore plus exacte en apercevant des statues humaines incrustées çà et là dans les crevasses des ruines, et au bas de la colline les formes gigantesques des animaux sacrés, rappelant de loin par leur structure le bœuf Nandy ou l'éléphant Iravalti.

Ces simulacres ne gardèrent pas longtemps leur immobilité.

Nizam vit les statues s'agiter dans leurs niches, et des cris humains, auxquels mille échos donnèrent un accent formidable, sortirent des flancs de la colline et firent mouvoir sur leurs supports épais les éléphants placés comme des sentinelles au pied de ce temple de ruines.

L'affreuse réalité se découvrit aux yeux de Nizam. Neptunio et quatre éclaireurs, aventurés étourdiment vers l'ouest, au milieu d'une forêt d'herbes de Guinée et de cannes à sucre où le troupeau d'éléphants prenait un large repas, avaient reculé devant des forces trop supérieures, et les chasseurs, poursuivis par le redoutable gibier, s'étaient réfugiés sur cette colline de débris, où les dents et les trompes ne pouvaient les atteindre.

Les éléphants, arrivés au paroxysme de leur puissante colère contre des pygmées qui osaient troubler leur festin, bloquaient, depuis deux jours, la colline inabordable, sans doute avec l'intention ou de tuer leurs ennemis par la famine, ou, dans la plaine, d'un coup de massue ou d'un coup de dent, s'ils abandonnaient les fortifications du désert.

On pouvait supposer aussi que ces animaux, pleins de mémoire et de rancune, avaient flairé dans l'air et reconnu ces odieux Makidas, contre lesquels ils firent autrefois une expédition en sortant des bois de Sitsikamma.

Les éclaireurs avaient déjà épuisé leurs munitions de chasse, et leurs balles s'étaient égarées contre des cuirasses impénétrables, car les éléphants, sur toute la ligne du blocus, avaient soin de cacher leurs oreilles derrière des massifs de pierre, ne laissant exposés au plomb ennemi que leurs dos métalliques, aussi durs que les rochers des environs.

En peu d'instants, la troupe de Nizam fut réunie sur le même point.

Les éléphants donnèrent des signes d'inquiétude, en jetant des regards obliques vers ces nouveaux ennemis tombés du ciel.

La précaution qui les abritait contre le feu de Neptunio les abandonnait, à découvert, aux balles de Nizam.

— Il y a une belle mine d'ivoire là-bas, n'est-ce pas, Nizam? dit sir Edward.

— Oui, sir Edvard, fort belle.

— Mais bien difficile à exploiter, il me semble, Nizam.

— Écoutez-moi tous, dit Nizam. Il s'agit aujourd'hui de délivrer Neptunio et les autres; nous penserons à l'ivoire après.

Le pied de la petite colline où nos éclaireurs se sont réfugiés n'est séparé du pied de notre montagne que par un ruban de sable large de trente pas.

Ce ruban est gardé par quatre sentinelles à trompe, qu'il faut abattre du premier coup.

Nous sommes à demi-portée de carabine.

Neptunio a déjà deviné mon intention à mes gestes; dès qu'il verra tomber les sentinelles, lui et les autres s'élanceront comme des panthères pour nous rejoindre, avant que d'autres éléphants, postés de l'autre côté de la colline, ne viennent remplacer les morts.

Nizam divisa les chasseurs par groupes de trois, et désigna un éléphant comme point de mire à chaque groupe.

Les carabines abattues éclatèrent, comme une seule, au signal de Nizam.

Des nuages de fumée couvrirent le vallon, et un horrible concert de cris d'oiseaux effrayés, de voix sauvages, de mugissements de monstres, d'échos de cavernes, donna soudainement à cette solitude un caractère inexprimable de deuil et de désolation.

Neptunio et ses éclaireurs, attentifs à tous les mouvements de Nizam, s'élancèrent comme des aigles du haut de leurs roches, en voyant le feu des carabines et sans attendre le résultat.

Ces habiles et rusés sauvages comprirent qu'il fallait saisir au vol cette occasion de délivrance, leurs monstrueux gardiens devant être morts, ou blessés, ou étourdis par cette horrible détonation.

Quand la fumée, soulevée comme un rideau, permit de voir la colline, les éclaireurs gravissaient déjà la montagne, après avoir franchi la ligne du blocus.

Les coups de carabine n'avaient pas été heureux, quoique bien ajustés.

Un éléphant seul était couché mort, comme un rocher grisâtre au milieu d'un lac de sable; les trois autres étaient blessés sans doute, car leurs mugissements affreux annonçaient une douleur encore plus grande que leur colère.

Le paroxysme de la rage éclata dans les cavernes de ces colosses et en fit sortir un ouragan de plaintes et de cris presque humains.

On eût dit que ces animaux, remplis de bonté, de raison et de justice, se révoltaient enfin contre ces odieuses agressions de l'homme, ne comprenant pas qu'ils fussent ainsi périodiquement égorgés comme des bêtes fauves, eux d'un naturel si doux! eux qui ne buvaient le sang d'aucune créature et se contentaient des fruits de la terre, des bains du lac, de l'ombre des bois.

En voyant un des leurs étendu sur le sable et répandant une source de sang par l'oreille, ils n'écoutèrent plus les conseils de leur prudence native; ils s'offrirent aux coups des chasseurs en agitant leurs trompes et creusant la terre avec leurs défenses, comme pour défier l'ennemi et lui reprocher un combat sans générosité.

Aux cris des blessés, les éléphants embusqués sur les autres lignes du blocus arrivèrent; et la secousse que ce monstrueux troupeau imprimait au sol ressemblait à un tremblement de terre.

Le tableau de cette merveilleuse nature africaine avait en ce moment un peuple digne de lui. Il fallait la subite invasion de ces colosses pour animer cette montagne d'abîmes et la lisière de ces bois infinis que traverse l'arête volcanique de l'univers (1).

Tout ce qu'avait supposé Nizam fut confirmé par le rapport de Neptunio.

Dix-huit chasseurs étaient réunis en ce moment sur le même plateau, et ce nombre eût été plus que suffisant, dans les chasses précédentes, lorsqu'on n'avait à combattre que des éléphants isolés.

Cette fois l'expédition de l'ivoire paraissait complétement changer de caractère.

Les géants quadrupèdes, déjà expulsés du domaine et du cimetière de leurs ancêtres, semblaient vouloir accepter une guerre à mort, préférable aux embarras d'une nouvelle émigration.

Ces colosses intelligents avaient peut-être aussi de-

(1) Ici je tombe dans une grande erreur de géographie; mais je n'ai pas le temps de la corriger. C'est le mont Lupata, peu distant, il est vrai, de la Floride, qui est désigné, sur les cartes, sous le nom d'*Artère de l'univers*, ou *épine du monde*. La chaîne du Lupata court du midi au nord, je crois, entre le lac Maravi et le Mozambique. Si j'étais savant, j'oserais prouver que cette *épine* doit traverser tout le continent africain, sous différents noms, comme la chaîne Apennine traverse toute l'Italie. En prouvant cela, je corrigerais cette grande erreur que je viens de me relever.

L'agile Spark s'alonge : pardessus broussailles et ravins.

viné le but mercantile de ces chasses, en rencontrant, à certaines époques, dans le désert, les cadavres de leurs amis, horriblement mutilés sous la trompe et privés de leurs défenses.

Tant d'odieuses injustices, ressenties avec une indignation raisonnée, devaient tôt ou tard révolter ce peuple puissant, et provoquer dans ses domaines une alliance défensive contre l'ennemi commun.

Ces nobles animaux, sûrement guidés par un instinct merveilleux, savaient bien se résigner à compter parmi leurs ennemis naturels les lions et les tigres ; ceux-là étaient marqués au front du signe de la haine implacable ; et dans leurs yeux étincelait cette audace fauve qui réclame et dispute la royauté du désert.

Mais, que venait faire ici cet animal inconnu, sans crinière, sans griffes, sans regard, sans force, sans courage ; cet insolent bipède qui tuait un éléphant à cinq cents pas et abandonnait le cadavre aux éperviers ?

Une pareille usurpation, contraire à tous les instincts, à toutes les traditions de la famille, ne pouvait être plus longtemps tolérée.

Assez de sang répandu criait vengeance au désert.

Les éléphants, si souvent engagés dans nos batailles d'Europe et d'Asie, pour servir la querelle étrangère des rois, devaient trouver un jour en eux une excitation belliqueuse, pour défendre leur domaine sans appeler sur leur dos les archers et les tours.

L'idée nouvelle qui agitait le cerveau de ces monstres, et changeait leurs mouvements et leurs habitudes, n'avait pas échappé au brave Nizam.

Le serviteur indien laissa percer dans ses regards et dans sa pose une vive inquiétude, qui n'était pas sans doute inspirée par le péril du moment : Nizamine s'alarmait point de si peu de chose.

Les chasseurs, gardant leur ordre de bataille, la carabine à la main et le doigt à la détente, n'osaient prononcer un mot, ni hasarder une interrogation; ils attendaient en silence l'ordre du chef, et s'efforçaient de lire dans ses yeux la mystérieuse agitation de son âme.

Sir Edward, placé à côté de lui, mit son arme au repos, et croisant ses mains sur la bouche du canon, il laissa tomber négligemment ces paroles :

— Il y a un proverbe qui dit : *Trop de gibier tue le chasseur*. Qu'en pensez-vous, Nizam ?

— Sir Edward, — dit le serviteur indien après une courte pantomime qui signifiait : vous jugez comme il faut notre situation, — sir Edward, le proverbe a raison; mais vous le trouveriez bien plus juste encore, ce proverbe, si vous deviniez comme moi l'arrière-pensée de ces animaux.

J'étudie leurs mouvements depuis cinq minutes, et j'ai compris leur détermination.

Les plus hardis et les plus exaltés nous regardent en face, nous provoquent et nous insultent, sans nous montrer pourtant un bout d'oreille sur le côté.

Les plus rusés de la bande, après un premier mouvement de rage folle qui les exposait à nos coups, se font des boucliers avec les roches, et restent immobiles.

Je vois aussi à l'angle du vallon qui tourne sur la forêt, je vois, dans le sable, des ombres grêles et tortueuses, allongées sur des ombres difformes, dont les corps veulent se dérober à nos yeux.

Il y a là des éléphants embusqués, qui, malgré leur intelligence, ignorent que les ombres, en s'allongeant au soleil, trahissent l'existence des corps.

L'intention de ces animaux est donc évidente; ils ne veulent pas céder leur champ de bataille, et ils ne le céderont pas, je les connais.

Il nous faudrait l'artillerie du fort Saint-Georges de Madras pour les déloger de ce trou.

Maintenant, sir Edward, vous connaissez la position aussi bien que moi. Voyons si votre avis est conforme au mien; que feriez-vous ?

— Je les exterminerais tous à coups de carabine jusqu'au dernier; et nous encombrons d'ivoire les bazars de Calcutta, de Chandernagor et d'Hog-Lane à Canton; voilà mon avis. N'est-ce pas le vôtre aussi, Lorédan ? Vous qui êtes un de nos adroits chasseurs du midi de la France et qui dénichez les roitelets sur la cime des pins, ne regardez-vous pas comme un jeu de mettre deux balles en guise de boucles d'oreilles à toutes ces têtes de mastodontes antédiluviens ?

— J'espère bien aussi que Nizam commandera le feu, dit Lorédan; nous avons à nos pieds trois fortunes, il faut les ramasser. Une si belle occasion ne se représentera plus. Quant à moi, je suis étonné de l'hésitation de Nizam; et si l'on veut me laisser seul ici, à ce poste, je prends pour mon compte le danger et la récolte de l'ivoire.

— Monsieur de Gessin, dit Nizam avec un sourire plein de finesse, — croyez-en mon expérience, il n'y a pas une once d'ivoire à gagner ici : au moment où vous vous baisseriez pour la ramasser, une de ces roches laisserait passer par ses crevasses une trompe endiablée qui saisit un corps humain et le lance au ciel bleu comme une fusée chinoise. Laissez-moi vous guider, monsieur de Gessin.

— Eh bien ! non ! mon brave Nizam, — dit Lorédan avec une voix soudainement animée, — vous ne m'arracherez pas d'ici ? J'ai une mine d'or devant moi, et je ne l'abandonnerai pas.

Demandez à sir Edward si je puis, sans déshonneur, rejeter ce commencement de fortune que la Providence me donne.

Vous craignez que tous les éléphants des tropiques n'accourent ici pour venger leurs frères morts; eh bien ! je désire, moi, ce que vous craignez ! Le butin qui se promène là-bas ne m'est pas suffisant; j'espère bien que mes coups de carabine retentiront dans ces solitudes, et qu'ils m'amèneront, des quatre points cardinaux, mon contingent attendu.

Vous pouvez tous partir, je ne puis m'y opposer; mais ce désert est à moi comme à vous; c'est la propriété du premier venu; c'est ma conquête; j'y plante le drapeau de mon pays; je prends ma part de l'héritage des fils de Noé.

— Calmez-vous, monsieur de Gessin, — dit Nizam avec un geste suppliant; — calmez-vous; écoutez la voix de l'expérience, et...

— Nizam, vous ne connaissez pas mes secrets; un jour, je pourrai peut-être vous les dire; en attendant, sachez qu'il me faut une fortune à tout prix; une fortune, entendez-vous ! Tant qu'il y a eu impossibilité de la saisir, j'ai gardé le silence du désespoir et de la résignation. A présent, je me réveille; mon devoir est ici; je me cramponne à cette roche; je ne partirai pas.

— Mon cher Lorédan, — dit sir Edward avec une voix pleine de douceur, — le soleil allume votre sang dans le cerveau; laissez-vous guider par les intelligences calmes. Nizam connaît cette chasse à fond; si le brave Nizam sonne la retraite, croyez que nous devons le suivre aveuglément et sans raisonner.

— Suivez-le donc, vous, Edward; vous rendrez à mon honneur, quand il le faudra, un véritable service. Si je succombe, ou si j'échoue dans mon projet, vous attesterez que j'ai fait mon devoir, à la première occasion offerte par le hasard.

— Voilà bien ce qui me désespère, dit sir Edward avec un ton tout et un air mystérieux. Si vous vous obstinez follement à rester, moi, j'ai des raisons impérieuses qui m'obligent à partir... Au reste, ajouta-t-il en souriant, je ne suis pas un soldat indiscipliné comme vous; je vais où va mon chef. En des chasses de ce genre, chacun se doit à tous.

— Vous savez à qui je me dois, mon ami; l'avez-vous oublié ?

— Je n'ai rien oublié, Lorédan; mais vous vous exagérez cette bonne fortune; votre imagination de chasseur dépasse le but de toute la hauteur du soleil.

— Nous verrons.

— Vous ne verrez rien, Lorédan, vous passerez une mauvaise nuit; voilà tout.

— Cette nuit, je l'ai prévue depuis longtemps, Edward. J'y suis préparé. Mon noviciat est fait. Ce n'est point un caprice de voyageur ni une fanfaronnade de jeune homme qui m'ont poussé, l'autre nuit, dans les solitudes des bêtes fauves ; je pressentais que bientôt la pensée de mon devoir me retiendrait à quelque poste périlleux et qu'il fallait m'aguerrir contre les embûches et les ténèbres de ces déserts. Maintenant je suis sûr de moi, ainsi que je l'ai dit à Jonathen.

Nizam, qui s'était écarté quelques instants pour faire ses observations mystérieuses, se replaça devant Lorédan et lui dit :

— Monsieur de Gessin, vous avez, en Europe, sur le courage, des idées qui ne sont pas les nôtres. Nous n'éprouvons, nous sauvages, aucune honte à nous retirer devant un danger insurmontable.

J'examine nos animaux, et je sais ce qu'ils nous préparent sournoisement. Je réponds, devant le capitaine Jonathen, de la vie de dix-huit personnes ; tant que je serai à son service, j'aurai un compte sévère à lui rendre. En ce moment, j'ai, moi aussi, un devoir à remplir envers mon honoré maître et envers mes compagnons. M. de Gessin n'a point d'ordre à recevoir de moi, je le sais ; à lui toute la responsabilité de son action.

Nous perdons un temps irréparable.

La nuit approche ; il n'y a plus que trois heures de soleil sur l'horizon. Cette montagne d'abîmes est dure à remonter. Je sais ce qui m'attend de l'autre côté. Partons.

— Comment, — dit sir Edward avec un ton faussement léger qui contrastait avec la gravité de l'Indien, — comment donc, mon brave Nizam, vous partez sans commander un dernier salut de carabines à ces gros fabricants d'ivoire !

— Pas un coup de carabine de plus, sir Edward ! Puisque aujourd'hui nous n'avons aucun profit à retirer de ces animaux, ne les irritons pas davantage, croyez-moi.

Nizam donna le signal du départ. Les Makidas, chargés de provisions de chasse, en abandonnèrent une grande partie pour les besoins du chasseur qui s'obstinait à garder le champ de bataille. Sir Edward, resté le dernier, tendit la main à Lorédan, et avec un sourire mélancolique :

— C'est donc sérieusement, dit-il, que vous demeurez en chasse ?

Lorédan s'assit sur la roche et serra la main de son ami.

— Lorédan, ajouta sir Edward, vous devez être bien étonné de voir que je vous quitte ainsi, n'est-ce pas ?

— Je vous ai dit, sir Edward, que dans l'intérêt de mon honneur, vous m'obligez en vous éloignant.

— Lorédan, depuis l'autre jour, je ne m'appartiens pas ; je suis à la disposition d'un autre homme...

— De Nizam ?

— De Nizam ! quelle idée, mon ami !

— Je sais, sir Edward, que vous avez un secret terrible dans le fond de votre cœur...

— Lorédan... vous saurez tout bientôt... Un secret est toujours la propriété de deux personnes...

— Je le respecte, Edward, et j'attends... Il y a sans doute, au fond, un peu d'amour...

— L'amour est partout, mon ami... Adieu, Lorédan... les autres m'appellent... Donnez-moi votre chapeau de paille et prenez le mien...

— Pourquoi cet échange, Edward ?..

— Je ne veux pas me présenter à miss Elmina avec un chapeau déchiré par un cactus...

— Dites percé par une balle...

— Assez, Lorédan ! et adieu...

— Un dernier mot, Edward...

— Pas un de plus...

— C'est pour la belle Rita... Croyez-vous que je pouvais reparaître devant ses yeux comme un poltron qui recule au premier danger ? Cette jeune créole a, dans ses veines, du sang espagnol et français ; elle s'exaltera au récit de mon action, elle me délivrera de sa reconnaissance, elle me donnera de l'amour...

— Adieu, Lorédan...

— Vous la verrez avant moi, Edward ; dites-lui que son nom est le dernier mot que j'ai prononcé en vous quittant.

— Encore une fois, adieu, Lorédan ; de loin ou de près, je veillerai sur vous.

La petite caravane disparut bientôt dans les anfractuosités de la montagne.

Lorédan prêta longtemps encore l'oreille au fracas des pierres qui roulaient sous les pieds des chasseurs. Un silence solennel succéda aux dernières vibrations des échos, dans les abîmes, et annonça que ce cratère de volcan éteint n'avait plus qu'un seul homme pour habitant.

Quelques mots de Nizam avaient frappé Lorédan, à la fin de l'entretien :

Ne les irritons pas davantage!

Le jeune voyageur français assumait volontiers sur sa tête tous les périls de l'expédition avortée, mais il aurait sacrifié tout l'ivoire du monde, avant de compromettre, par une coupable étourderie, la vie de ses compagnons.

Il se décida donc à ne commencer les hostilités qu'au lever des étoiles, pour donner le temps aux chasseurs de mettre une longue distance entre eux et leurs ennemis irrités.

Il pensa même, et avec juste raison, que sa présence au fond du val des abîmes était fort utile à la retraite de Nizam, parce qu'elle donnait le change aux animaux, et les retenait autour du cadavre de leur frère mort.

Malheureusement pour la justesse de ce raisonnement, les éléphants étaient plus rusés que l'homme.

Lorédan remarqua chez eux une certaine agitation, assez semblable aux mouvements des sentinelles, convoquées en cercle au bivouac pour la distribution du mot d'ordre.

Le colosse qui paraissait être le chef du poste s'avança gravement, les oreilles tendues comme un double bouclier, jusqu'au pied de la roche à pic où Lorédan s'était assis.

Le chasseur et le gibier n'avaient alors entre eux qu'une distance perpendiculaire de trente pas.

Le superbe animal éleva sa trompe et interrogea l'air par des aspirations bruyantes, comme un marin, entouré d'écueils, interroge la mer avec une sonde ; puis il recula prudemment, le front toujours tourné vers l'ennemi, la trompe haute, les défenses horizontales, et dérobant ses côtés vulnérables au plomb du chasseur. Ce hardi espionnage terminé, l'escouade fauve quitta le fond du val à pas tranquilles et mesurés ; mais ce départ était d'une allure trop calme pour ne pas cacher des intentions hostiles.

Un moment après on entendit dans la plaine voisine le même ouragan souterrain qui éclata sous les pieds du roi d'Épire, à la bataille d'Héraclée, lorsqu'il poussa contre les Romains sa cavalerie d'éléphants.

Il ne resta que deux de ces animaux pour garder le cadavre.

Les ombres colossales, appartenant à des corps invisibles, trahis par le soleil à l'angle du petit vallon, disparurent, en laissant à leur place un épais nuage de poussière. L'ensemble de ces manœuvres révélait une direction intelligente et une pensée sortie d'un cerveau humain.

Ce commencement de fortune qui avait exalté l'imagination du jeune chasseur, et l'avait poussé à une détermination plus noble que raisonnable, s'évanouissait donc ainsi avec le dernier rayon du soleil.

La mine d'ivoire fuyait au galop vers les bois du midi.

Deux colosses vivants gardaient la place, et ils avaient si bien mêlé leurs tons grisâtres aux terrains de même nuance, qu'il était fort difficile de distinguer le granit de chair du granit de roche.

L'espoir d'assister au retour du troupeau retint Lorédan à son poste.

Il était en effet probable que les éléphants viendraient relever leurs sentinelles, et rendre les honneurs de la sépulture au cadavre, pour lui épargner l'insulte accoutumée de la plus révoltante mutilation.

Cette pensée consola légèrement le chasseur, qui avait vu s'évanouir son beau rêve d'ivoire.

La nuit tomba ; mais les torrents de flamme versés par le soleil sur la montagne des abîmes firent luire longtemps encore autour du chasseur un crépuscule artificiel.

Les ombres n'éteignaient que lentement l'incendie de l'atmosphère ; des vapeurs lumineuses flottaient à la cime des pics et aux lèvres des gouffres, et cet horrible val, ainsi éclairé par les feux expirants du jour et par les étoiles, sembla se peupler de géants infernaux, vomis par un cratère d'abîmes.

Les grandes voix du désert africain s'élevèrent de tous les lacs, de tous les bois, pour saluer l'heure venue de la destruction et du sang.

Le vent nocturne, chargé de cette immense et lugubre harmonie, la faisait rebondir et éclater en échos déchirants sur les mille parois à pic de la montagne, et il semblait alors que chaque bête fauve suivait son hurlement par les chemins de l'air.

Le centre de l'Afrique était comme un volcan qui mugissait avec une vibration intolérable, avant l'explosion, et qui allait vomir à tous les carrefours des vallons et des bois les laves vivantes de ses monstres échevelés, avec une écume de sang aux lèvres et des tisons d'enfer sur le front.

Notre jeune chasseur s'était encore mépris sur les bénéfices de son noviciat.

L'autre nuit, il avait hasardé quelques pas dans le vestibule du désert. A cette heure, il était au centre du monde fauve, dans un domaine interdit à l'homme, et qui recelait, sous les ombres de ses nuits, une épouvante supérieure au courage humain.

Un froid glacial courait sur son épiderme, encore ruisselant de la sueur du jour.

Au comble du délire nerveux, il croyait parfois être assis sur les derniers gradins d'un amphithéâtre païen, comme un gladiateur voué aux bêtes, attendant l'aurore pour désaltérer de son sang tout un peuple de spectateurs.

Puis, sa pensée vagabonde le ramenait au kiosque de fleurs où la jeune fille souriait aux étoiles en mêlant ses cheveux aux pampres de la treille, dans les doux reflets de la lampe du soir ; et il tressaillait d'amour et d'effroi en aspirant le souffle du désert, cette brise parfumée qui jouait, avec la même insouciance, dans la chevelure de la femme et dans la crinière du lion.

Tout à coup, un bruit plus formidable encore que le sauvage concert des solitudes africaines retentit sur les pics de la montagne, et rendit son énergie au jeune chasseur.

Le doute n'était pas permis ; une bataille terrible s'engageait entre la troupe de Nizam et les géants quadrupèdes.

Malgré l'éloignement, la détonation des carabines arrivait claire et distincte au fond du val, avec le mugissement des colosses ; et ce tumulte d'armes et de cris surhumains dominait le fracas lointain des autres monstres cherchant leur proie au désert.

Lorédan se dressa vivement, plein de ce courage que l'écho d'une bataille donne aux hommes de cœur ; il aurait voulu franchir, d'un seul bond, la montagne, les abîmes, la plaine, les bois qui le séparaient de la caravane ; mais une idée arrêta son pied au premier élan ; sous cette sonore atmosphère du désert, les bruits les plus éloignés couraient d'un horizon à l'autre sans s'éteindre.

En estimant la mesure du temps écoulé depuis le départ de Nizam, le combat devait se livrer à une si grande distance qu'il était impossible de la franchir avant le jour, sur ces routes inconnues.

Il fallait donc dévorer une nuit d'angoisses et attendre le soleil, cet œil divin qui console le malheureux avec son premier regard.

Lorédan, fixant ses yeux sur le sentier d'abîmes qui conduisait au sommet de la montagne, pour mieux écouter la bataille lointaine, découvrit sur un plateau noir, séparé du sien par un large ravin, l'ombre d'un corps animé qui se penchait sur l'abîme, comme pour le mesurer avant de le franchir.

A la majesté gracieuse et terrible de ses ondulations, à la vigueur de ses muscles inflexibles après un bond prodigieux, il était aisé de reconnaître, aux étoiles comme au soleil, le roi de la race féline, descendu de la montagne, et appelé par l'odeur du sang fraîchement répandu.

Il marchait avec le noble maintien de la prudence courageuse qui sonde les périls sans les craindre, toujours prête à tomber, devant la surprise d'un ennemi, dans une attitude pleine de fierté.

Le chemin hérissé de roches lui semblait familier,

car ses larges pattes, vigoureusement allongées au pas ou à la course, n'hésitaient jamais sur le choix du terrain.

Ce ne fut qu'à vingt bonds de la roche où le chasseur gardait une immobilité de statue, que le lion s'arrêta brusquement, comme s'il eût rencontré une pierre mouvante au bord d'un précipice taillé à pic.

La secousse de la stupéfaction agita l'énorme tête du monstre; sa crinière se hérissa comme une gerbe de couleuvres; et ses yeux d'or illuminèrent la roche où ses deux pattes antérieures aiguisaient leurs griffes d'acier. La menace féline, gamme sourde et stridente, glissa entre ses dents sur l'écume des lèvres, et s'éleva, par gradations, jusqu'au rugissement; c'était la plainte sauvage de l'instinct révolté contre une apparition inconnue, contre un étrange ennemi qui osait ne pas fuir à l'approche du lion, et qui même semblait se préparer au combat avec un sang-froid insultant.

Le jeune chasseur, en caressant son arme, avait repris son calme et son intrépidité; il choisit pour but l'énorme face du monstre éclairée par les yeux, et fit feu deux fois. Le lion bondit dans un éclair, et ses cris de rage se confondirent avec les échos prolongés de la double détonation : il se dressa de toute sa hauteur, secouant sa tête avec ses deux griffes comme pour en arracher la mort; et, retombant sur la roche, il rampa vers son ennemi, agité de convulsions furieuses, et jeta son dernier cri avec sa dernière goutte de sang à la face du chasseur.

Une voix humaine éclata dans les abîmes de la montagne, après le dernier cri du monstre, et cette voix appelait le chasseur par son nom.

Lorédan tressaillit de joie en reconnaissant, avant de l'avoir vu, le jeune et intrépide Willy : lui seul, à cette heure, pouvait paraître sur ce théâtre de périls et d'horreur.

Willy seul, comme l'aigle ou l'épervier, ne redoutait ni les abîmes, ni les bêtes fauves, ni les embûches nocturnes du désert.

Les plus douces conjectures ranimèrent le chasseur. Point de doute : l'éléphant Jénidar avait emporté Willy à la Floride; la belle Rita s'était alarmée en apprenant l'effrayante position de la caravane; elle avait envoyé Willy au secours de celui qui devait être son époux.

Le généreux fils de Jonathen avait franchi soixante milles au vol de son cheval, suivi d'un renfort considérable de sauvages Makidas, légers comme des oiseaux.

Nizam lui avait annoncé que le jeune chasseur français était encore enseveli dans la montagne des abîmes, et Willy venait, au nom de Rita, l'arracher de ce gouffre, et le ramener au paradis de son habitation.

La majeure partie de ces conjectures était fondée; on va voir où était l'erreur.

Willy bondissait de roche en roche, comme l'esprit des abîmes; les pierres mouvantes, effleurées par la pointe de ses pieds, restaient immobiles; nul écho n'accompagnait les élans de ce corps humain, léger comme son ombre; il traversa le cadavre du lion sans daigner lui accorder un moment de surprise, et ses mains ailées tombèrent, au dernier bond, dans les mains de Lorédan.

— Tout va bien! dit-il sans demander un instant pour prendre haleine. Nos amis sont en sûreté à cette heure. Nizam m'a parlé. J'ai quitté les autres. Je suis venu.

— Mille remercîments, mon cher Willy; oui, je vous comprends; vous avez l'expérience de ces déserts; vous avez deviné ma position. J'ai le courage de dire que j'ai eu peur.

— Vous êtes courageux comme un lion, Lorédan. Dès ce moment, je suis votre ami, quoi qu'il arrive après notre entretien. Écoutez-moi, mon ami. Je mets ma vie entre vos mains, et je viens sauver la vôtre. Vous êtes venu chercher une fortune ici; vous en avez fait l'aveu, et vous ne pouvez pas vous démentir...

— L'homme qui déguiserait la vérité au milieu de ces abîmes, dans cette nuit solennelle, sous les étoiles de ce ciel, serait un homme infâme. Willy, ce n'est point un sentiment vil qui me guide, croyez-le bien? je puis donc vous avouer sans rougir que Nizam vous a dit la vérité.

— Lorédan, j'ai ajouté foi au rapport de Nizam, et je suis venu. La fortune que vous cherchez n'est pas ici. Vos calculs étaient ceux d'un spéculateur novice. Certainement, si vous aviez détruit à vous seul ce troupeau de colosses, je conviens que vos vœux auraient pu être satisfaits, car l'ivoire de ce pays vaut celui du Bengale et de Ceylan, et, grâce à l'échange, on peut encore opérer des bénéfices sur les autres denrées; mais votre exaltation de chasseur était en défaut.

Je puis même vous affirmer que la chaude journée d'hier a détruit nos chasses pour longtemps.

Eh bien! cher Lorédan, avant même que Nizam m'eût parlé, je savais que vous cherchiez une fortune; cette fortune, que d'autres vous promettront sans vous la donner, moi je vous la promets et je vous la donne.

Oui, Lorédan, j'atteste les étoiles de Dieu et la sainteté virginale de ces solitudes; je vous le jure sur les cendres de mon noble père qui dort sur les rives du lac de ma sœur, cette fortune sera vôtre si vous me donnez la vie en échange, cher Lorédan.

— Moi! je puis vous donner la vie! dit Lorédan, avec une émotion extraordinaire. Expliquez-vous, Willy; où faut-il vous suivre? Connaissez-vous dans cette Afrique un défilé plus formidable, où votre vie est en péril? je m'y précipite avant le jour...

— Lorédan, dit Willy en interrompant la phrase avec un geste amical, Lorédan, je vous remercie. Ce ne sont pas des dangers vulgaires qui menacent ma vie...

— Willy, dit Lorédan d'un ton solennel, c'est vous qui m'avez sauvé la vie dans l'île de Limpide-Stream, le jour de mon naufrage; c'est vous qui m'avez donné une fraternelle hospitalité; c'est vous qui m'offrez une fortune en ce moment; eh bien! je vous jure sur la tête de mon père, s'il est vivant, sur ses cendres, s'il est mort; je jure de vous accorder par reconnaissance tout ce que vous me demanderez; ma vie même est à vous!

Willy regarda les étoiles; et baissant les yeux sur la terre en prenant les mains de Lorédan :

— Lorédan, dit-il, j'aime votre sœur Rita; elle a daigné ne pas repousser mes aveux, et je la demande en mariage à son frère, le seul parent qu'elle ait ici.

De toutes les émotions de cette chasse, Lorédan venait d'éprouver la plus terrible; la nuit déroba la pâleur de son visage et le frémissement convulsif de son corps : sous le soleil, Lorédan se serait trahi. Willy, les yeux baissés, attendait, dans une réponse, sa vie ou sa mort.

Un silence de quelques instants suspendit l'entretien.

Autour de la montagne, les vallées et les bois rugissaient toujours, et ces bruits formidables ne donnaient aucune émotion aux deux chasseurs : le tumulte orageux de leurs pensées dominait le fracas des nuits africaines. L'amour crie plus haut que le lion.

Lorédan venait d'être frappé d'un coup de foudre ; au moment de chanceler, il avait appuyé son corps sur le canon de sa carabine, et son âme sur un souvenir filial : ses lèvres paralysées firent un effort convulsif pour formuler quelques mots inintelligibles, et préparer une réponse ferme et décidée, comme l'exigeait la situation.

Le malheureux jeune homme jeta un regard rapide et circulaire sur cette nature qui l'entourait de ses puissantes créations, et il sentit qu'un peu de force lui venait de la montagne, de la forêt, de l'océan voisin, des constellations du ciel ; saisissant au vol la résurrection de sa pensée, il répondit ainsi :

— Willy, vous excuserez mon étonnement. Votre demande est une surprise ; rien ne m'y avait préparé. Après une journée terrible, et une plus terrible nuit, j'éprouve des faiblesses de tête qui semblent jeter mon esprit dans le monde des rêves. Willy, quel lieu et quelle heure avez-vous choisis pour un pareil entretien !

— Mais il me semble que la circonstance m'a forcé à vous parler ainsi... On me dit que vous vous êtes exposé follement, que je ne sais quelles idées de fortune imaginaire, à tous les dangers de cette montagne et de cette nuit; aussitôt je laisse Nizam et nos chasseurs dans l'île du lac des Éperviers, au milieu des marécages inaccessibles aux éléphants, et je vole à votre secours, pour vous donner ce que vous cherchez ici sans espoir.

Avec vos idées folles, aurais-je pu vous arracher de ces abîmes, si je ne m'étais pas ouvert à vous, comme je l'ai fait? Vous devez connaître mon caractère, Lorédan.

Les détours et la ruse me sont inconnus. Je suis un sauvage qui l'artifice n'a pas encore civilisé.

En vous affirmant qu'une fortune est entre mes mains, vous savez que je dis la vérité pure : vous savez aussi que je ne viens pas payer avec mes dons votre consentement au mariage de votre sœur.

Ce serait un trafic odieux, indigne de vous et de moi ; indigne surtout de cet ange de beauté qui a donné la vie au tombeau de ma solitude...

— Willy, dit Lorédan, avec des syllabes arrachées péniblement du fond de la poitrine, Willy, je crois à votre promesse... vous donnerez ce que vous promettez... si je l'accepte... Mais ramenez-moi à l'habitation... laissez-moi quelques heures de liberté... La nuit a aussi des ténèbres pour l'âme... Attendons le jour... le soleil éclaire l'esprit comme les yeux.

— Lorédan... obéissez à votre simple impulsion... Avez-vous besoin des conseils de... d'un autre pour consentir au mariage de votre sœur?.. Ici, et à cette heure, votre volonté vous appartient... elle ne vous appartiendra peut-être plus demain...

— Willy, je pense que ceci s'adresse à sir Edward... Vous êtes dans l'erreur, Willy... Lorsque je crois devoir obéir à une bonne inspiration, je ne demanderais un conseil à personne, pas même à mon meilleur ami.

Willy garda un silence très-significatif. Il avait une opinion arrêtée sur le compte de sir Edward, il ne voulut pas discuter avec Lorédan, et garda sa conviction.

Le jeune Français interpréta différemment le silence soucieux de Willy ; aussi, après une courte interruption, il ajouta :

— Willy, je crois deviner votre pensée ; vous vous étonnez, sans doute, de me voir discuter avec vous, lorsque je devrais vous rappeler le serment que je vous ai fait.

Je vous ai promis de vous donner ma vie si vous me la demandiez ; vous me demandez beaucoup moins, et j'hésite : cela doit en effet vous paraître singulier.

Il vous faut donc une explication.

Vous me demandez Rita en mariage... mes droits sur cette jeune fille... ici, dans ce désert, sont très-contestables... je ne suis pas son père... même au prix d'une fortune, je ne voudrais pas faire violence à la volonté d'une sœur... Ma vie est à moi, je puis la donner à qui me la demande, mais...

— Permettez-moi de vous arrêter, Lorédan, — dit Willy avec un geste amical et un ton plein de douceur.

— Si je fais cette démarche auprès de vous, c'est que j'y suis autorisé.

— Autorisé! — s'écria Lorédan avec un accent inouï ; — et par qui êtes-vous autorisé ?

— Écoutez-moi, Lorédan, et croyez que votre susceptibilité fraternelle ne doit s'alarmer de rien...

Vous savez avec quelle rapidité notre éléphant Jémidar m'emporta hier matin à l'habitation.

J'aurais voulu cacher mon arrivée à la famille et aux serviteurs : mais il a fallu mettre en mouvement mon peuple de sauvages ; j'avais besoin de cinquante jeunes Makidas pour me servir de renfort.

On ne pouvait faire cela sans bruit.

Le danger pressait ; chaque minute perdue était irréparable.

Au moment où j'allais monter à cheval hors de l'enceinte de la Floride, votre sœur est venue avec ma sœur Elmina.

La scène d'adieux a été courte, mais déchirante.

Le plus impérieux des devoirs pouvait seul me fermer les yeux sur le désespoir de ces jeunes filles.

Mademoiselle Rita, n'osant me retenir de vive force avec ses mains, se servait des mains de ma sœur, en mêlant ses larmes aux larmes d'Elmina.

Il me semblait que j'avais deux sœurs, et que vous étiez mon frère, car Elmina ne prononçait que votre nom, et Rita ne prononçait que le mien.

Ma troupe de chasseurs me devançait déjà d'un mille.

Nous étions tous les trois sous les arbres de l'avenue ; ma main gauche serrait la crinière de mon cheval, ma droite répétait des signes d'adieux ; alors une voix,

qui a fait taire toutes les autres voix des arbres, a dit :
« Je ne puis disposer de moi sans son consentement; je ne m'appartiens pas; mais il est bon et généreux, dites-lui qu'un seul mot de sa bouche peut faire votre bonheur et le mien. »

Nous avions dit beaucoup de choses en peu d'instants; ces paroles ont été les dernières; elles retentissent encore au fond de mon âme, et je les dépose dans votre cœur.

L'homme qui, faible et sans défense, voit tomber devant lui, dans les ténèbres, au milieu d'un bois, un assassin colossal, qui l'étreint d'un bras invincible, et veut prolonger l'agonie de sa victime, en la regardant de près avec des yeux ironiques, reflétés par l'acier d'un poignard, cet homme seul peut connaître les secrets de torture morale que Willy, à son insu, faisait subir à Lorédan.

C'est un privilége de l'amour de prendre un homme jeune, vigoureux, sain de corps et d'esprit, et de lui faire subir à la fois tous les genres de supplices, non pas à grand renfort d'instruments et de bourreaux, mais avec une parole indifférente pour le reste du monde, et qui, pour une seule âme et un seul corps, devient un poignard, un tison, une larve ardente, un bec de vautour, une flamme de damné, un carcan rougi à la forge de l'enfer.

Telle était l'agonie du jeune chasseur : debout et triomphant sur son piédestal de roches, entre les cadavres de deux monstres du désert, il se sentait mourir sous le coup d'une parole, visée au cœur par un ami.

Comme il entr'ouvrait la bouche pour aspirer les parfums vivifiants de la nuit, cette demande s'échappa de ses lèvres :

— Willy, vous aimez donc Rita?

La figure du sauvage fils de Jonathan rayonna sous les étoiles, et un élan de joie intérieure se refléta dans ses yeux d'un vert éblouissant, qui, même la nuit, ressemblaient encore à deux paillettes de soleil sur deux gouttes d'eau de l'océan Indien.

— Vous me demandez si je l'aime ! — dit-il en tirant une voix harmonieuse de cette même poitrine qui recelait le sifflement du boa et le cri du lion; — il me semble que je l'aimais avant de la connaître; j'ai continué de l'aimer, quand je la vis pour la première fois, dans l'île de notre rivière.

Alors, j'aimais bien ma sœur Elmina, et je sentis, en voyant la jeune fille naufragée, que je pouvais aimer encore une autre femme, mais d'un autre sentiment, aussi doux, quoique orageux.

Avant sa venue, j'étais le roi de ce monde africain, créé par mon père; j'avais des bois, des lacs, des montagnes, des troupeaux et des trésors secrets connus de moi seul; eh bien! je me trouvais souvent pauvre au milieu de cette abondance; il me manquait un bien parmi tous ces biens, une voix parmi toutes ces voix, un rayon parmi ces rayons.

Souvent, le soir, quand le soleil se couche pour faire lever la pensée dans l'esprit du sauvage, ma sœur Elmina, suspendue à mon bras, mes yeux et les siens tournés vers deux horizons opposés, nous laissions mourir les heures, dans un silence triste, et nous ne comprenions pas ce qui nous affligeait.

Aujourd'hui, je sens que ma solitude est peuplée, que mon désert a une âme, que mes arbres ont toutes leurs voix, mes étoiles tous leurs rayons, mes fleurs tous leurs parfums; je sens que le monde de mon père est complet et que le chemin de l'horizon n'a plus rien à donner à mon âme... Demandez-moi encore si j'aime votre sœur !

XI.

LE RETOUR DE LA CHASSE.

Lorédan retira vivement sa main droite de sa poitrine, comme s'il en eût arraché une tunique de soufre, et il parut céder à une détermination énergique prise aux dernières paroles de Willy.

— Oui, — lui dit-il avec une voix qui emprunte toutes ses notes au clavier du désespoir, — oui, vous aimez cette jeune fille; je le vois et je le sens, car votre âme a passé dans la sienne. Le consentement que vous me demandez en son nom, je vous le donne. Je renonce à tous les droits que j'ai sur elle, si j'en ai. Cette femme est à vous.

Willy poussa un de ces cris de joie, comme le prédestiné seul en trouve à la porte du paradis.

— Maintenant, — ajouta Lorédan avec une voix ramenée au ton naturel, — maintenant, Willy, je vous rappelle votre promesse, et je vous conjure de suspendre votre jugement sur moi, car je dois vous paraître bien intéressé dans mon ambition de fortune. J'espère qu'en me voyant si acharné à poursuivre une idée de richesse, même à cette heure et en pareil lieu, vous comprendrez que mon but est noble et digne de nous deux.

Willy serra la main de Lorédan, et ne répondit que par une pantomime très-significative.

Puis le jeune sauvage américain parut entrer dans un nouvel ordre d'idées; il s'avança sur la dernière ligne aiguë du plateau de roches, et son œil d'aigle perça les sinuosités du vallon et devina tous ces mystères, comme si le soleil de midi les eût éclairés.

Lorédan le vit descendre vers la colline de ruines avec une assurance et une agilité qui annonçaient une parfaite connaissance des lieux.

A l'approche de Willy, les deux éléphants gardiens du cadavre s'agitèrent lourdement dans les larges et profondes crevasses qui leur servaient d'abris contre les balles tirées de loin.

Le chasseur marcha droit vers eux, sans témoigner la moindre crainte; seulement, il choisissait le sommet des petites roches les plus aiguës pour y poser le pied, se tenant toujours au-dessus du niveau de la trompe la plus élevée, et calculant toutes les dimensions avec un coup d'œil inflexible et spontané.

Malgré ses orageuses préoccupations personnelles, Lorédan suivait avec anxiété les pas aériens de son compagnon, et cherchait à deviner le but de cette étrange promenade; il oubliait ses angoisses pour ne

Le royaume des Makidas.

perdre ni un pas, ni un mouvement, ni un souffle de Willy, et se tenait prêt à voler à son secours si un péril éclatait.

L'attitude du fils de Jonathen excluait pourtant toute pensée alarmante : il n'aurait pas été plus calme dans une allée du jardin zoologique de Cap-Town, celle qui mène à l'enclos des éléphants privés.

A demi-portée de pistolet, il s'arrêta devant la retraite des deux monstres, il prit une pose inoffensive et nonchalante, et le regard du seul spectateur de cette scène ne vit plus rien.

Un double éclair et un double sillon de fumée enveloppèrent le chasseur.

D'horribles mugissements sortirent des crevasses de la colline, comme si un feu souterrain enflammait une caverne peuplée de lions.

Willy avait accompli son expédition avec ce bonheur qui accompagne toujours l'adresse et le courage, et Lorédan le retrouva bientôt debout et calme à son côté.

— Pas un instant à perdre maintenant, dit Willy; suivez-moi, Lorédan.

Willy escalada la montagne par les sentiers les plus doux, inconnus même de Nizam; et il ne s'arrêta qu'au sommet pour laisser prendre haleine à son compagnon.

— J'ai blessé les deux éléphants, dit-il à Lorédan, et ils mugiront longtemps encore avant de rendre la vie par le passage étroit que je lui ai fait...

Mon coup devait réussir; je connais mes bêtes... écoutez trembler la terre, là-bas... c'est le troupeau qui traverse la plaine, et qui vient secourir les blessés...

Leurs mugissements ont été entendus... Rien de délicat comme les épaisses oreilles de ces monstres; rien de léger comme leurs grands pieds... Baissons-nous, ne respirons pas, ne parlons pas : ils nous entendraient en passant.

Enlacées l'une à l'autre sur le balcon du belvédère.

Après une demi-heure de silence et d'immobilité, Willy se leva et fit un signe à son compagnon.

Ils descendirent la montagne en se dirigeant vers l'est, par des sentiers tortueux, qui ressemblaient à des vallons en miniature, formés par des assises de rocs.

A quelques pas de la plaine, Willy renversa un mur de grosses pierres qui obstruaient l'entrée d'une grotte et prononça ce nom : *Spark!*

Spark, le cheval de Willy, sortit en secouant sa longue crinière et promenant des regards effarés dans la plaine : Willy s'élança sur son dos; Lorédan se plaça en croupe, et sans être excité par la voix ou l'éperon, l'agile Spark s'allongea par-dessus broussailles et ravins dans la direction du lac des Éperviers.

A travers la double obscurité des ténèbres et de mon récit, on aura peut-être deviné que Nizam, sir Edward et les autres chasseurs, avaient été assez lestes et assez heureux pour atteindre le lac des Éperviers la veille, et qu'ils s'étaient réfugiés dans une île marécageuse avant l'arrivée des éléphants.

Nizam, qui, en général expérimenté, savait toujours se ménager un asile sûr en cas de retraite périlleuse, connaissait tout le parti qu'une chasse en déroute pouvait tirer de cette île, dont le terrain se serait écroulé sous les pieds des géants quadrupèdes, s'ils avaient été assez stupides pour s'aventurer jusque-là, Nizam, devinant leur projet, après son attaque avortée sous la montagne des Abîmes, avait fait avec une grande justesse son calcul de temps et d'espace, pour commencer le mouvement de retraite à l'instant opportun.

A peine les chasseurs étaient-ils réfugiés dans l'île, ayant traversé à la nage un bras du lac, peu profond et marécageux, que Willy et ses Makidas vinrent les joindre et leur apporter un secours puissant.

Les monstres ne tardèrent pas de border une des

rives du lac et de sonder l'eau avec leurs trompes avant de tenter le passage.

Leur sagacité reconnut bientôt que cette route aquatique était impraticable pour eux.

C'est alors que Nizam commanda le feu sur toute sa ligne, pour épouvanter les ennemis et les forcer à la retraite, au moment où ils étaient découragés dans leurs idées de vengeance.

Les éléphants répondaient par des mugissements horribles aux décharges des carabines; mais ils s'obstinaient à garder la route septentrionale, que longeait la route de la Floride.

Nizam et sir Edward avaient résolu de gagner à la nage la rive de l'est, de s'enfoncer dans les bois, d'escalader les hautes branches des arbres, enlacées les unes aux autres, sur une haie de la longueur de neuf milles, et marcher ainsi vers l'habitation par ce chemin aérien de verdure, à dix pieds au-dessus des trompes ennemies, en faisant un feu continuel sur les éléphants, s'ils s'acharnaient encore dans leur poursuite, jusque dans le voisinage de la Floride.

Ce projet ne put être mis à exécution, parce que Willy, en reprenant le commandement de la chasse, avait ordonné de ne pas quitter l'île marécageuse avant son retour.

Nizam entendit les deux coups de feu de Willy, répétés par les échos de la montagne, et il tressaillit de joie en devinant la pensée de son maître.

Les mugissements lointains des monstres blessés arrivèrent au lac, après la double détonation de la carabine, et l'errante colonie des quadrupèdes crut devoir suspendre de nouveau blocus pour courir au lamentable appel des deux sentinelles délaissées aux limites de l'horizon.

C'était justement ce que Willy avait prévu et combiné, en homme qui connaît les mœurs et habitudes de ses fauves ennemis.

Enfin, Nizam et les sauvages poussèrent un cri de joie en entendant, vers la rive de l'est, un long sifflement sauvage qui aurait épouvanté un lion.

Willy arrivait avec Lorédan! Tous les chasseurs traversèrent aussitôt le bras du lac, et à peine arrivés sur la terre ferme ils prirent la route de l'habitation.

Willy descendit de cheval et dit à Neptunio :

— Brûle le chemin avec Spark, vole à la Floride comme un oiseau, et annonce notre arrivée au capitaine Jonathen. Tu enfermeras Jémidar dans l'enclos de la métairie derrière l'habitation.

Neptunio et Spark avaient disparu à la dernière syllabe de leur jeune maître.

Ensuite Willy choisit quatre des plus alertes sauvages et leur prescrivit de rester en arrière-garde pour donner le signal d'alarme, si l'ennemi reparaissait; et s'approchant de Lorédan, il lui dit à l'oreille :

— Ne soufflez pas un mot de ce qui a été dit entre nous! — Le jeune Français inclina la tête en signe d'adhésion résignée.

Sir Edward marchait le premier, en avant de tous, espérant que Willy, après avoir fait ses dispositions, viendrait enfin lui dire si la guerre continuait ou si la paix était faite.

Le fils de Jonathen, en reprenant son poste de marche, tendit la main à sir Edward et lui dit : — Avez-vous entendu la dernière recommandation que j'ai faite à Neptunio?

— Oui, monsieur Willy, répondit sir Edward avec un ton calme.

— Avez-vous compris le sens de cet ordre?

— Monsieur Willy, je vous avouerai que, depuis deux jours, je passe mon temps à deviner des énigmes, et que maintenant ma sagacité a besoin de repos.

— Sir Edward, — dit Willy en lui serrant la main, — vous avez tiré vos deux balles, hier matin, à l'oreille de Jémidar; j'ai vu couler son sang par deux blessures au cou, lorsqu'il m'emportait à l'habitation. Vous comprenez que l'animal doit être fort irrité contre vous; aussi je l'ai fait enfermer dans le petit enclos.

— Je vous remercie de la précaution, monsieur Willy. Votre Jémidar me reconnaîtrait donc, dévasté comme je suis par l'eau, les broussailles, la faim, l'insomnie et le feu?

— Il vous reconnaîtrait dans vingt ans, sir Edward.

— Je n'ai donc fait que changer d'ennemi, à cette chasse; en supposant que vous m'avez rendu votre amitié.

— Elle est à vous à la vie et à la mort.

— Alors, monsieur Willy, vous allez m'expliquer l'idée extravagante...

— Sir Edward, ajournons cela... il y a quelque chose qui ne parle pas et qui explique tout.

— Comment appelez-vous cette chose, monsieur Willy?

— Le temps.

— Les énigmes continuent; c'est bien.

Nizam, resté en arrière pour accabler Lorédan de questions sur les aventures de la nuit, vint rejoindre Willy à la tête de la caravane, et sir Edward, serrant amicalement la main du fils de Jonathen, le quitta pour marcher à côté de Lorédan.

— Avez-vous remarqué, mon ami, dit sir Edward, que je vous ai accueilli très froidement à votre retour?

— Non, Edward.

— Je me suis mis en délicatesse avec vous. Voyez si j'ai raison : hier j'ai employé toute mon éloquence pour vous arracher du fond de votre rêve d'ivoire, où il n'y avait à gagner qu'un coup de trompe sur le nez. Vous avez tenu bon; puis notre jeune sauvage Willy arrive, et vous tire de cet enfer en un instant. Vous conviendrez, Lorédan, que j'ai le droit de me formaliser de votre conduite : on est jaloux en amitié comme en amour.

— Oui, vous avez raison, Edward... j'aurais dû vous écouter... je n'étais pas dans mon état normal... le soleil avait brûlé le sang de mon front... je faisais un rêve d'insomnie... quand Willy est venu, la fraîcheur de la nuit...

— Assez, Lorédan, rien ne me radoucit comme un début d'excuses : ordinairement cela se gâte toujours à la fin. Brisons là.

— Vous parlez d'un ton bien mystérieux, Edward...

— Moi!.. Probablement ce ton était l'écho de vos paroles... Ma parole d'honneur, depuis trois jours, c'est une chasse aux énigmes que nous faisons!..

Le temps expliquera tout, comme dit l'autre...

Au reste, Lorédan, la vie que nous menons est adorable. Parlez-moi de vivre de cette façon... A cette heure, le député Atwood termine un discours de quatre volumes à la chambre des communes; l'auditoire dort. Sir Robert Peel rentre dans son tombeau de *Parliament-Street*. Le duc de Devonshire harangue ses statues. Mon ami, le millionnaire Parker, termine son whist à *Reform-Club*, et pleure sur l'absence des *atouts*. Le duc de Northumberland prépare une chasse au renard sur quatre pieds de neige.

Tous ces gens-là seraient prêts à nous prouver qu'ils vivent, si nous leur soutenions le contraire... Lorédan, la vie est ici, dans ce drame brûlant où nous entraînons avec nous nos passions, nos querelles, notre désespoir, nos amours, notre ivresse, à travers un monde nouveau qui tremble sous nos pieds nus et n'existe que pour nous...

Vous secouez la tête, Lorédan...

Vous aimez mieux, vous, ce qu'on appelle la vie bourgeoise, celle que l'on mène dans les comédies. Une passion réglée à l'heure; un rival bien élevé qui vous fait passer une mauvaise nuit, dans le mois; un père qui ne veut pas donner sa fille, parce que le prétendu *pense mal* en politique; un domestique séduit avec une bourse d'or; une soubrette qui se mêle de ce qui ne la regarde pas; puis, le denoûment heureux avec un père attendri et un notaire en habit noir.

Oh! la vie réelle! quelle amusante chose! Je ne donnerais pas mes deux dernières nuits pour une existence d'un siècle, écoulée en versant une pluie d'or entre le pont de Londres et le pont de Westminster.

— Dieu soit béni! voilà son soleil qui se lève, — dit Lorédan, les mains jointes comme pour une prière mentale.

La lumière naissante éclairait horizontalement les longues allées d'arbres sauvages, et trahissait déjà sur les visages blancs des Européens une agitation secrète, voilée jusqu'en ce moment par les ténèbres.

Willy, avec sa taille haute, svelte et souple, avec son allure pleine de fierté, son visage pâle et souillé de poudre, ses boucles de cheveux noirs collées sur les tempes et le front par le ciment de la poussière et de la sueur, Willy ressemblait à un archange foudroyé prenant possession de la terre pour l'insurger contre le ciel.

Edward, avec son visage empreint de cette distinction fière qui est la beauté de l'homme, et ses habits en lambeaux souillés par la fange du lac, aurait pu être pris pour un roi malheureux sortant d'une bataille perdue, et conservant encore sur son front ce calme inaltérable, vertu des grands cœurs.

Le génie infernal du désespoir semblait avoir prêté sa figure à Lorédan.

On eût dit que l'idée du suicide avait poussé ce jeune homme au fond des eaux, et que des mains secourables, en lui sauvant la vie, n'avaient pu effacer de ses traits le signe fatal des incurables douleurs.

Nizam seul était le même; il ne revenait pas, il partait. Ce corps indien, composé de bronze et de sang léonin, n'accusait de la tête aux pieds aucune lassitude. Ses larges yeux noirs, fixés sur la voûte des arbres, semblaient regarder une histoire passée et s'entretenir avec les héros d'un autre temps, d'une autre nature, d'un autre ciel.

Lorsque la caravane eut atteint le sommet de la montagne Rouge, une décharge de carabines, commandée par Willy, salua le drapeau lointain de la Floride, et Nizam, l'infatigable chasseur, entonna la *Fille de Golconde*, la chanson favorite de miss Elmina.

Au dernier refrain, la caravane retombait dans les massifs des grands arbres.

Tous les entretiens particuliers étaient suspendus. Le départ et le retour sont toujours silencieux, entre voyageurs. Au départ, on pense à ce que l'on quitte; au retour, à ce que l'on va revoir. Il y a beaucoup de tristesse dans ces deux actions de la vie errante.

A deux milles de la Floride, Willy et Nizam hâtèrent le pas; ils avaient aperçu le capitaine Jonathen qui venait au-devant de ses chasseurs avec une petite escorte.

— Edward, — dit Lorédan, se rapprochant de son ami, — ou mes yeux se trompent ou j'aperçois des femmes dans l'escorte de Jonathen.

— Vos yeux se trompent, mon ami; c'est un mirage d'amour qui va s'évanouir dans l'instant. Les jeunes demoiselles de la maison connaissent trop les convenances pour assister à l'arrivée de soixante chasseurs ravagés comme nous. La belle brune et la belle blonde ne descendront que ce soir, à la veillée, j'en suis sûr. Nous avons besoin de ce sursis, vous et moi, n'est-ce pas?

— Pourquoi donc, Edward? — demanda Lorédan d'un air effaré.

— Parbleu! belle question! pour rajuster nos toilettes; croyez-vous être en habit de bal, Lorédan?

— Edward, je crois que vous devinez les énigmes, et que vous gardez le mot pour vous.

— Lorédan, il faut dormir aujourd'hui; nous nous réveillerons ce soir.

Les chasseurs entouraient Jonathen, qui leur adressait à tous de chaudes félicitations.

Sir Edward et Lorédan furent comblés d'éloges par le vieillard de la Floride, et il y eut entre eux et lui des serrements de main énergiquement échangés.

Déjà l'on apercevait, à travers des clairières de tamarins et de boababs, la toiture chinoise de l'habitation et les cascades de fleurs d'argent et d'or pleuvant, du haut de la corniche dentelée, sur le kiosque d'Elmina.

XII.

LE MARIAGE ET LES ÉCHECS.

C'était l'heure de la *sieste* équinoxiale.

Autour de l'habitation le travail était suspendu; les serviteurs de toutes nuances d'épiderme dormaient au bord des ruisseaux, sous des tentes de verdure; les collines et les bois, embrasés par le soleil du midi, gardaient un silence de mort; pas un cri d'insecte ou d'oiseau ne sortait du feuillage.

La nature dormait dans le feu.

Une fraîcheur délicieuse, entretenue par les gerbes d'eau et les fontaines intérieures, régnait dans la grande salle de l'habitation.

Sir Edward, après quelques heures de repos, s'habilla en dandy des tropiques, et vint rejoindre dans cette salle le capitaine Jonathen, qui jouait, faute de mieux, avec *Jester*, le singe favori.

L'entretien commença par les questions et réponses d'usage, après une ardente expédition pleine de périls et de fatigues; puis on descendit aux personnels.

— Nous sommes seul, debout, vous et moi, à cette heure, dans la maison, dit Jonathen. Nos jeunes femmes ont passé une nuit cruelle en pensant à leurs frères; je les rassurais l'une et l'autre de mon mieux, mais je parlais à des imaginations exaltées qui n'écoutaient rien.

Vraiment, je n'ai jamais trouvé mon Elmina si inquiète, elle qui a vu si souvent partir son frère Willy.

J'aime Willy, mon cher neveu, autant qu'Elmina l'aime; mais si l'on me disait que Willy est bloqué par tous les animaux de notre Afrique, au pied de la crête grise, où son père seul a pénétré, je n'aurais pas la moindre peur pour lui.

Si la terre manquait à Willy, nous le verrions revenir par la cime des arbres, comme un oiseau.

Je conçois les inquiétudes de Rita; elle n'a jamais vu son frère, M. Lorédan de Gessin, s'aventurer en pareille chasse.

Je ne conçois pas les angoisses d'Elmina.

Enfin, cette fièvre de peur se calmera. Nizam, le médecin de la maison, prend soin de nos jeunes et belles malades. Il leur donnera la convalescence ce soir, et la santé demain; fions-nous à son art indien.

— Capitaine Jonathen, — dit sir Edward en s'asseyant devant la lourde table d'acajou, décorée d'un échiquier, — je vous ai bien regretté ces jours-ci, aux bivouacs des mimosas et du lac. Nous aurions fait de belles parties d'échecs. De Calcutta à Lahore, j'ai joué, l'an dernier, à tous les relais, avec mes porteurs de palanquin.

C'était charmant; j'ai fait quatre cents lieues sans m'en apercevoir.

Nous tracions soixante-quatre cases sur le sable, et nos *pièces* étaient des cailloux du Gange de diverses couleurs. Vous concevez?

— Parfaitement, sir Edward, et j'aurais bien voulu avoir, ces jours derniers, un de vos porteurs de palanquin.

Il m'a été impossible de décider Elmina, ma nièce, à croiser un pion avec moi. Je suis même honteux de vous dire que j'ai complètement oublié cette belle partie de M. de La Bourdonnais que vous me montrâtes une fois, la veille de la chasse. Elmina, cette folle, n'a jamais voulu m'aider à la jouer.

— Ce n'est pas étonnant, capitaine Jonathen. Cette admirable partie, qui est le chef-d'œuvre de l'esprit de combinaison, et qui ne peut être signée que par Philidor Deschapelles ou La Bourdonnais, sort de la mémoire avec une grande facilité.

Nous allons la jouer, capitaine Jonathen, et vous écrirez les coups au crayon.

— Ah! l'idée est excellente, sir Edward.

— Je voulais vous le proposer l'autre jour, mais vous étiez surchargé d'occupations à cause de cette chasse.

— Que le diable caresse les éléphants! dit Jonathen en préparant le crayon et le papier, tandis qu'Edward disposait les pièces. Ces animaux sont sorciers. Autrefois on les rencontrait l'un après l'autre à des distances raisonnables...

— Oui, c'était comme les éclaboussures du grand troupeau central.

— Tout juste, sir Edward!

— Et maintenant, capitaine Jonathen, les éléphants ont organisé une république fédérative, et ils chassent aux chasseurs.

— Cela est ruineux pour nous, sir Edward; il faut renoncer au commerce de l'ivoire, c'est désolant! Quant à moi, je vis de peu et je ne m'inquiète pas des jours qui me restent. Mais il faut songer à mon neveu, à ma nièce, pauvres orphelins sans fortune, et qui peut-être, après ma mort, se dégoûteront de leur vie de sauvages et ne trouveront pas une piastre au bas de mon testament...

— Il ne faut point se décourager, capitaine Jonathen; les éléphants reviendront peut-être à leurs anciennes mœurs.

Les républiques fédératives ne durent pas longtemps. A la première ambition déçue, ce beau système d'union sera dissous...

Capitaine Jonathen, c'est moi qui ai le *trait*... attention. Vous avez les *noirs;* moi, les *blancs*... Je suis de La Bourdonnais et vous êtes le plus fort joueur du monde, et vous m'avez défié. C'est entendu. Je commence donc. *Le pion de ma dame blanche, deux cases — le pion opposé, deux cases aussi — le pion de fou blanc de ma reine, deux cases — votre pion noir prend le mien — le pion de mon roi, une case — le pion de votre roi, deux cases.*

— Sir Edward, voilà un beau début de partie.

— Capitaine Jonathen, le début est insignifiant; le miracle est aux neuf derniers coups, comme vous savez. Continuons... il me semble que j'entends rugir Duke; nous remuons les *pièces*, et il croit que miss Elmina est ici. Quelle oreille!

— Pauvre bête! il n'a pas vu ma nièce depuis deux jours!

— Un jour de moins que moi, capitaine, je comprends sa douleur. — *Le fou de mon roi blanc fait trois pas à gauche et prend votre pion noir — le pion du roi noir prend le pion de la dame blanche — le pion du roi blanc prend le pion noir — le cavalier du roi noir à deux cases devant son fou — mon cavalier de ma reine blanche à deux cases devant son fou — le fou du roi noir à la case devant son roi — le cavalier du roi blanc à la deuxième case devant la case de son fou — le roi noir roque — le fou de la dame blanche à la deuxième case devant son roi — le pion noir du fou de la dame, une case — le pion de l'éléphant du roi blanc, une case* (1).

A propos d'éléphant, capitaine Jonathen, me voilà brouillé à mort avec Jémidar. Je viens de lui rendre une visite du haut d'une croisée, à six pieds au-dessus

(1) Les joueurs indiens appellent les *tours* des *éléphants.*

du niveau de sa trompe; je l'ai salué respectueusement, avec tous les honneurs dus à sa taille; rien n'a pu le désarmer; j'ai entendu un mugissement sourd, comme le solfatare de Naples, et pendant qu'il déracinait une énorme pierre, je me suis enfui pour ne pas être lapidé.

— Ah! sir Edward, Jémidar vous pardonnera difficilement vos deux balles. Willy m'a conté votre exploit; vous avez été héroïque, sir Edward, vous et votre ami M. de Gessin. Willy m'a parlé de vous deux avec enthousiasme.

Je ne sais comment reconnaître votre double dévouement, et je n'oublierai jamais que vous vous êtes précipité au secours de mon neveu...

— Oh! capitaine Jonathen, nous n'avons fait qu'une chose fort simple : le devoir n'est pas une vertu... Puis-je espérer que nous apaiserons la colère de Jémidar?

— Ma nièce Elmina seule peut vous réconcilier avec lui.

— Quelle adorable enfant!.. Croyez-vous, capitaine, que j'ai cherché partout, à la chasse, ce rocher ou ce tronc d'arbre que votre intrépide frère a honoré du nom d'Elmina?

— Ah! vous n'avez pas été en chasse de ce côté, sir Edward! Mon frère a gravé le nom de sa fille au pied de la crête grise, dans l'ancien domaine des éléphants.

— J'espère bien y graver mon nom aussi, quelque jour. — *Le cavalier de la dame noire à la case devant sa dame — le fou du roi blanc recule à la troisième case devant la case du cavalier de sa reine — le cavalier de la dame noire à sa troisième case devant la sienne — le roi blanc roque — le cavalier du roi noir à la quatrième case devant sa reine — le pion de l'éléphant de la dame blanche, deux cases — le pion de l'éléphant de la dame noire, deux cases.*

Capitaine Jonathen, je fais une réflexion : miss Elmina doit être furieuse contre moi; j'ai blessé son Jémidar.

— Miss Elmina est juste; elle vous est, au contraire, fort reconnaissante de votre intention; vous avez blessé Jémidar, mais pour sauver Willy.

— Miss Elmina est donc une personne accomplie, capitaine Jonathen; heureux celui qu'elle honorera de son amitié!

— Pauvre nièce; quels amis peut-elle trouver dans ce désert!.. Vous-même, sir Edward, habitué comme vous êtes à la vie des voyages, pourrez-vous vous résigner à vivre quelques mois encore avec notre famille?..

— Capitaine Jonathen, mes intentions sont difficiles à deviner, lorsque je les garde pour moi... Il y a des sentiments que j'aime à nourrir au fond de mon âme, et je suis d'une timidité d'enfant pour les exposer au grand jour. Mon caractère est ainsi fait.

Par exemple, si j'avais à demander en mariage une jeune demoiselle à son père, à son frère ou à son oncle, j'attendrais, pour formuler ma demande, qu'on la devinât. — *Le cavalier du roi blanc à la cinquième case devant la case royale; à gauche et non pas à droite — le fou de la dame noire à la troisième case, devant la case royale — le fou du roi blanc recule à la case devant la case où était le fou de sa reine — le pion noir du fou du roi, deux cases — la dame blanche à la case devant la case royale — le pion noir du fou du roi, une case — le fou blanc de la dame, menacé par ce pion, recule d'une case — la dame noire sur la case royale — l'éléphant de la dame blanche sur la case royale — le fou de la dame noire recule d'une case et se place devant l'éléphant.*

—Capitaine Jonathen, maintenant criez au miracle, et dites comme ce grand bonze : *Vischnou s'est incarné, une onzième fois, en La Bourdonnais!*

Voici le coup décisif.

Arrivé à cette phase de la partie, La Bourdonnais inclina sa tête immense sur l'échiquier, et la relevant tout de suite, il promena sur l'assemblée ses yeux à demi fermés, deux étincelles de malice et de génie.

Les amis dirent :

—Quelque chose de grand va s'accomplir. Pourtant, ce début n'annonçait rien de merveilleux. Toutes les pièces étaient debout. Quatre *pions* seuls avaient succombé au *gambit*.

La Bourdonnais place *sa reine blanche à la quatrième case devant la case royale* : l'adversaire avance d'*une case le pion noir du cavalier du roi*; La Bourdonnais *prend avec son fou de la reine blanche le pion noir du fou du roi noir*, l'adversaire *prend ce fou blanc avec son cavalier*, et La Bourdonnais comprimant un éclat de rire, et agitant ses deux coudes sur la table, dit avec une intonation nasillarde et nonchalante : *il y a un* MAT *après neuf coups*.

— C'est effrayant! sir Edward.

— Notez bien que ces neuf coups en représentent dix-huit, parce qu'il faut compter ceux de l'adversaire.

— Cela confond l'esprit! Oui, sir Edward, le bonze avait raison.

— Le même bonze, capitaine Jonathen, a fait un livre de commentaires sur les neuf coups qui nous restent à annoter. Ce sera désormais l'unique volupté de sa vie.

Avec ces neuf coups, le sage Indien passe dans les délices les heures que lui laisse le culte du dieu Bleu.

— Et vous connaissez ce livre de commentaires, sir Edward?

— Si je le connais! j'ai fait un autre livre sur ce livre-là. Dès que l'ennui me prend, je m'organise un échiquier, et je médite sur ces neuf coups; c'est une mine inépuisable.

Il n'y a pas de problème d'algèbre plus amusant.

La veille de la chasse, vous étiez en grand souci; nous avions hâte d'en finir avec cette partie, et je n'ai pas eu le temps de vous entretenir des merveilles de ce *mat* fabuleux. Aujourd'hui je répare mon omission.

Figurez-vous qu'à chaque *coup*, La Bourdonnais force le jeu de son adversaire, et que, vers la fin, les *noirs* ne voient que des *mats* autour d'eux, de quelque côté qu'ils se retournent. Votre visage s'épanouit de bonheur, capitaine Jonathen.

Eh! mon Dieu! si cela vous plaît! nous passerons notre vie avec ce *mat* comme le bonze; les trois quarts des hommes n'ont pas de hochets aussi amusants. Ce bonze est le plus sage fou de l'univers.

— Oh! je conçois très-bien, sir Edward, cette folie; je suis vieux, et j'ai passé ma jeunesse à voir des fous en Amérique. Mais vous, sir Edward, vous êtes trop jeune encore pour sacrifier tous vos loisirs à un caprice d'échiquier...

— Vous ne me connaissez pas, capitaine Jonathen; je suis un homme d'habitude et de monotonie...

— Vous, sir Edward! vous, l'habitant de l'univers! vous, qui vous êtes nommé vous-même l'inspecteur des nations, et le Chrétien-errant!

— C'est que je cherche une habitude, capitaine Jonathen. Laissez-moi trouver mon habitude, et vous verrez si je ne donne pas ma démission d'inspecteur des peuples.

— Aimez-vous le mariage, sir Edward?

— Non, mais je suis sûr que je l'aimerai.

— Sir Edward, vous achevez vos phrases, ordinairement, lorsque vous les commencez.

— Lorsque je crains d'échouer après une phrase, j'attends qu'un ami officieux l'achève pour moi. Attention à la merveille, capitaine Jonathen!

Ma reine blanche enlève cet insolent cavalier noir, tombé à son côté. Imaginez alors la somme de joie qui éclata dans le cœur de l'adversaire de La Bourdonnais. Cet adversaire avait entendu la menace du *mat* en neuf coups; il tendit un piège à La Bourdonnais avec son cavalier noir; cette dernière pièce prise par la reine, le piège avait réussi; il triomphait donc.

En effet, comme vous allez voir, les apparences étaient pour lui; *il remue son fou, celui qui était devant sa tour roquée, et il le place à la quatrième case du fou de la reine blanche, de manière qu'il donne un double échec, par son fou à l'éléphant blanc, par sa tour à la dame blanche.* Quel dilemme d'échiquier!

— Mais ce coup est magnifique, sir Edward! *Les blancs perdent la reine ou l'éléphant.* J'ai oublié comment La Bourdonnais se tire de ce mauvais pas...

— Capitaine, ce mauvais pas fit sourire La Bourdonnais. Le grand homme donna une maligne expression de bonhomie à sa figure; *il remua sa dame blanche et la posa à la troisième case, devant la case où était l'éléphant du roi noir avant de roquer. — Aussitôt le fou noir triomphe, et prend l'éléphant blanc.*

Les amis de l'adversaire se félicitent et se serrent les mains. Les amis du grand chancelier de l'échiquier baissent la tête.

La Bourdonnais continue à sourire. Non-seulement il ne prend pas le *fou noir* avec son éléphant, mais *il prend avec son fou blanc le pion noir du cavalier du roi — lequel fou blanc est pris par le pion noir de l'éléphant.* Pour le coup, on croit que La Bourdonnais a perdu la partie et la tête. Nouveau sourire malin.

Le Philidor moderne *prend ce pion noir avec son cavalier. — Le cavalier noir se pose sur la case de son fou — la dame blanche donne échec au roi en se posant sur la case vide de l'éléphant du roi noir — le roi noir menacé, se pose devant son éléphant — la dame blanche recule d'une case, et donne échec — le roi noir n'a qu'une case, il s'y pose — le cavalier blanc se replie à deux cases devant le roi noir — le fou noir, oublié entre le roi et l'éléphant blancs, veut se sacrifier, en donnant échec à la dame blanche, à la troisième case devant la case ordinaire de cette dame — l'éléphant blanc franchit cinq cases et donne échec au roi — le roi noir n'a qu'une case, il s'y pose — la dame blanche recule d'une case, et donne échec — le roi noir se pose à la quatrième case de son fou — le pion blanc immobile, depuis le début, devant son roi, franchit deux cases, et donne échec et mat!*

— Houra! pour de La Bourdonnais! s'écria le vieux Jonathen. Cela fait honneur à l'homme: jamais un éléphant ne trouvera ces neuf coups.

Laissez-moi vous serrer les mains, sir Edward; il ne fallait pas moins de deux démonstrations pour me faire juger cette incroyable partie. Nous la jouerons tous les jours, maintenant. Vous m'avez rajeuni d'un demi-siècle, sir Edward, et pour vous récompenser, je veux être l'ami officieux qui achève les phrases que votre timidité d'enfant n'achève pas...

Sir Edward, je sais tout; Willy m'a fait l'aveu de ses fautes; vous avez été magnanime envers lui, qui vous avait follement provoqué.

Willy a vu votre acte généreux, écrit en caractères de sang sur le cou de Jémidar, pour me servir de ses expressions.

Vous êtes plein d'audace contre les griffes, les défenses, les trompes, les crinières, sir Edward, mais vous tremblez devant les cheveux blancs d'un vieillard et les cheveux blonds d'une jeune fille.

Voilà votre caractère. Il faut donc venir à votre secours: vous aimez ma nièce Elmina, et vous n'osez pas me demander sa main. Dites si je suis dans l'erreur, Edward?

Un incarnat de pudeur enfantine colora les traits mâles de sir Edward; il regretta le lac des Éperviers, la montagne des Ahîmes, le duel autour de Jémidar, les nuits de terreur, les marches brûlantes sous le soleil; il chercha une parole diplomatique pour dissimuler son trouble intérieur, et ne trouva rien.

Ses lèvres, étonnées de balbutier pour la première fois, refusèrent d'obéir à la première pensée raisonnable qui tomba enfin de son cerveau désert; honteux, comme après une mauvaise action, il appuya sa tête sur ses mains, et regarda les *pièces* de l'échiquier.

— Voilà une réponse que j'aime, dit Jonathen avec un sourire paternel.

— Oui, capitaine Jonathen; on dit souvent beaucoup de choses lorsqu'on ne dit rien.

Cette phrase fut prononcée syllabe à syllabe avec de grands efforts par sir Edward. Jonathen se leva, et frappant légèrement sur l'épaule d'Edward:

— Je suis sûr que vous serez un excellent mari, et je vous donne ma nièce les yeux fermés. Nous avons un avantage dans ces solitudes; nous vivons une année en un jour; je vous connais déjà comme un vieux ami.

Cette dernière chasse vous a mérité l'estime de toute la maison.

Celui qui regarde avec votre sang-froid le péril et la mort est un honnête homme. Maintenant, je comprends les angoisses d'Elmina; elle n'était pas inquiète pour son frère Willy, mais pour vous... Edward, mon fils. Mettez votre main dans la mienne, je partage votre émotion.

Edward serra la main de Jonathen, et son visage déposa un instant cette contraction ironique dont il avait l'habitude, et qui accompagnait toujours quelque phrase sérieuse dans le fond et frivole dans la forme.

— Capitaine Jonathen, — dit-il avec une voix qui reprenait graduellement son assurance devant la figure bienveillante de l'interlocuteur, — excusez-moi si j'ai cru devoir prendre tant de soins pour vous obliger à me faire une réponse qui n'avait pas de demande.

Je vous avouerai franchement que je suis heureux en toutes choses, excepté en projets de mariage.

On dirait que mon ange gardien m'abandonne dès que je prononce ce mot. Quand j'envoie une corbeille de noces, le lendemain elle rentre chez moi. Ordinairement, j'échoue aux portes de l'église, et la plume de l'état civil se brise, au chapitre mariage, avant d'écrire mon nom.

Cet acharnement du destin à me refuser le titre d'époux m'a fait inventer un système... J'ai pensé que Dieu avait donné à certains hommes la mission de visiter le globe pour secourir et consoler leurs semblables, noirs, blancs ou cuivrés, et que j'avais l'honneur d'appartenir à cette classe d'êtres privilégiés qui marchent impunément à travers les tempêtes, les batailles, les bêtes fauves, les précipices et les incendies, pour accomplir leur mission.

On doit admettre qu'un célibat perpétuel est la condition nécessaire de ces existences vagabondes, car les liens domestiques et les soins de la famille les gêneraient dans leurs mouvements providentiels.

Pardonnez mon fol orgueil, capitaine Jonathen.

Au fond, ce système en vaut un autre et il ne blesse personne : voici l'inconvénient qu'il a pour moi ; il me rend timide jusqu'à l'absurdité. Je me crois obligé de faire le siége d'un père ou d'un oncle, avec toute la prudente stratégie d'un ingénieur qui attaque une ville. Je me ménage toujours une issue de retraite pour sauver mon amour-propre en cas d'échec.

Aujourd'hui, en faisant cette partie, ma bouche s'est vingt fois ouverte et fermée avant le premier mot sacramentel. Soyez mille ans remercié par moi, puisque vous êtes venu à mon aide, quand le courage m'a manqué !

— Edward, mon fils, — dit le patriarche du désert d'une voix émue, — une mission comme celle que vous remplissez, avec tant de dévouement modeste, doit avoir un terme. Songez un peu à vous, et soyez heureux.

Votre fortune est autour de ce domaine.

Cette terre sans limite vous appartiendra un jour ; c'est la dot de ma nièce Elmina. La terre est une mine d'or. Attendons le premier vaisseau qui jettera l'ancre dans la baie d'Agoa ; je vous accompagnerai jusqu'à la colonie anglaise la plus voisine ; nous ferons bénir votre mariage, et nous rentrerons ensuite dans cette habitation, où vous prendrez l'habitude du bonheur.

Sir Edward exprimait sa reconnaissance en termes et en gestes énergiques, lorsque Willy et Lorédan entrèrent dans la grande salle. Les deux jeunes gens venaient d'avoir un court entretien, dont il est facile de supposer le sens par la dernière phrase de Willy.

— Mon cher monsieur de Gessin, avait-il dit, je vous répète de compter sur ma parole. Soyez sans crainte, et quittez cet air sombre, qui semble mettre en doute ma sincérité.

Willy aborda son oncle Jonathen pour prendre congé de lui. Mon absence ne sera pas longue, dit-il ; je vais faire une visite à mes amis, nos voisins, les sauvages du lac des Makidas ; ils ne nous ont pas fait défaut dans notre malheureuse chasse, et j'espère bien prendre ma revanche avec eux.

— Mon cher Willy, dit Jonathen, mon expérience doit imposer silence à la vôtre. La chasse à l'ivoire est perdue ; il faudra bien des années pour rentrer dans nos priviléges de chasseurs.

Ainsi, ne songez pas aux revanches. De mon vivant, on ne verra plus une nouvelle expédition vers le nord ; je ne l'autoriserai jamais.

Cependant, mon cher Willy, j'approuve votre projet de visite à nos bons et utiles voisins ; vous ne sauriez trop vous hâter de leur porter quelques présents de leur goût, en les remerciant du dernier service qu'ils nous ont rendu...

Ne vous étonnez pas de cela, sir Edward, — ajouta Jonathen en souriant, — nous avons nos principes, nous, et nous fraternisons quelquefois avec ces sauvages. Nous sommes enfants d'une république, et nous devons nous en souvenir partout.

— Mais si je ne m'étonne de rien, moi, capitaine Jonathen. Bien au contraire, j'approuve cette manière fraternelle de vivre avec des voisins, quoiqu'ils soient noirs. Ne sommes-nous pas noirs à leurs yeux, nous aussi, puisque nous sommes blancs ?

J'abonde tellement dans vos idées, que j'ai, moi aussi, un devoir à remplir envers ces braves gens, qui m'ont obligé malgré ma couleur.

Je ne laisserai pas partir Willy seul ; je l'accompagnerai.

Capitaine Jonathen, je vous laisse mon ami Lorédan de Gessin, et la fameuse partie d'échecs. A notre retour, nous trouverons nos belles et jeunes créoles tout à fait rétablies par les soins du docteur Nizam. Willy, le royaume des Makidas est-il bien éloigné ?

— Je monterai Spark, vous monterez Devil, et en moins d'une heure nous arriverons.

— M'acceptez-vous pour compagnon ?

— De tout mon cœur, sir Edward ; je vous dois une revanche au midi, de la journée orageuse que je vous ai donnée au nord. Ceci est un secret à nous deux.

Lorédan, depuis son entrée, avait mis sur son pâle visage un sourire d'emprunt qui ne se mariait pas avec la sombre expression de ses yeux.

— Mon bagage sera bientôt prêt, dit Edward ; où logerons-nous, Willy ?

— Au palais du roi Té-Kian.

— Ce diable d'Edward est infatigable ! dit Lorédan avec un mouvement convulsif de fausse gaieté.

— Je me reposerai à cheval, dit Edward en serrant les mains de Jonathen avec une pantomime expressive qui signifiait : je vous recommande le secret du mariage jusqu'à mon retour.

— Je vais m'informer de la santé d'Elmina et de votre sœur, monsieur de Gessin, dit Jonathen... Et vous, mes enfants, adieu, et à bientôt.

Quelques instants après, Lorédan était seul dans la grande salle ; son sourire d'emprunt s'éteignit ; il donna un regard mélancolique à un fichu de crêpe nankin, laissé entre les lames d'une persienne, et déroulant une natte sur le parquet entre deux fontaines, il en fit non pas sa couche de repos, mais sa cellule de méditation.

XIII.

SIR EDWARD A LORÉDAN DE GESSIN.

Au palais de Té-Kian, le troisième jour de la lune des cannéliers.

« Ce n'est pas sans une bonne raison que je vous ai quitté si brusquement, mon cher ami. Il m'était impossible de rester un quart d'heure en tête à tête avec vous après ma conversation avec Jonathen.

« J'aurais vainement cherché une idée pour mes paroles, un accent pour ma voix, un maintien pour mon corps, une physionomie pour mes traits, avant de vous faire la confidence que ce papier vous porte en caractères immuables, comme l'alphabet les fournit tranquillement pour tous les styles et pour toutes les situations.

« Il y a des lettres, des syllabes, des mots qui s'alignent, sous la plume, avec le plus grand calme épistolaire, pour composer une phrase de ce genre : Lorédan, c'est décidé, j'épouse miss Elmina.

« Je n'aurais jamais pu vous tirer cette phrase à brûle-pourpoint.

« Rappelez-vous, mon ami, avec quel enthousiasme je vous parlai de miss Elmina, le premier jour de mon arrivée à la Floride. A demi brûlé par l'incendie du *Malabar*, à demi noyé par les vagues de l'Océan, j'arrivai dans le paradis de Jonathen.

« Il y avait là, sous un dôme de pampres et de fleurs, et assise entre deux fontaines, une jeune fille couronnée de lumière et d'or, ange du ciel par la figure, oiseau de l'aurore par la voix, femme de la terre par la bonté ; d'une main elle caressait les cheveux blancs d'un vieillard, et lutinait de l'autre avec la crinière d'un lion.

« Deux fois, dans sa vie, on ne sort pas des flammes et des ondes pour voir au désert un pareil tableau.

« L'impression fut vive, elle devait être ineffaçable.

« A vingt ans, je me serais précipité à l'aveugle dans une passion, au risque de me briser la tête contre une de ces impossibilités qui se cachent toujours la veille pour se montrer le lendemain.

« Instruit par l'expérience, je me cramponnai au bord du précipice et je résolus d'examiner la position, avant de me donner à moi-même cette première lueur d'espoir qui commence l'amour. Je crois qu'avec une volonté forte on peut ajourner à une époque favorable le début d'une passion.

« J'avais beaucoup d'obstacles à vaincre, vous le savez.

« Notre expédition de trois jours, avec ses incidents, dont quelques-uns vous sont inconnus, a servi mes projets au delà de mes espérances.

« L'oncle Jonathen, qui naturellement veut profiter des derniers jours de sa vieillesse pour assurer l'avenir de son Elmina, et qui regarde le bonheur de sa nièce comme la consolation de sa mort, a souvent jeté dans nos entretiens quelques-uns de ces mots significatifs que j'ai toujours recueillis ; mais notre dernière conversation a été plus explicite qu'aucune autre ; le bon vieillard m'a dépeint les angoisses d'Elmina pendant notre malheureuse chasse, me faisant remarquer avec soin que jamais sa nièce n'avait témoigné tant d'inquiétude fébrile, lorsque son frère Willy s'aventurait vers les solitudes du nord.

« Cela était fort transparent, comme vous pouvez en juger, mon ami.

« Alors, j'ai rendu clarté pour clarté ; mon silence a parlé pour ma bouche muette. Le plus beau des contrats a été sur-le-champ enregistré, celui qu'on ne signe pas, celui qui se formule entre deux loyales mains serrées énergiquement à la face du soleil.

« La gravité de ce récit pèse à ma plume ; mais le mariage étant la seule chose sérieuse de ce monde, après la religion, vous excuserez la forme à cause du fond.

« Me voilà donc marié ! Il me reste tout au plus deux mois de célibat ennuyeux à subir.

« Maintenant, je puis me permettre d'aimer miss Elmina, et je sens que ces deux mois de noviciat me suffiront à peine pour me préparer à mon bonheur.

« Nier l'invraisemblance, c'est nier la Providence.

« Un homme fait naufrage sur une côte déserte ; il arrive pauvre et nu, comme son frère de l'Évangile : il frappe à une porte, et le Dieu de l'hospitalité lui donne un diamant sans égal que le soleil africain a poli au cœur du globe.

« Voilà mon histoire, Lorédan. Vous me pardonnerez ce quart d'heure d'égoïsme que je vous distille en deux pages.

« En songeant à moi, n'allez pas croire que je vous oublie. Mariage à part, nos intérêts sont communs, notre fortune sera la même : je ne suis pas seul, je suis toujours deux, en vous comptant.

« S'il est dans ma destinée de continuer la vie des Jonathen à la Floride, je dois me mettre en haute faveur dans la tribu sauvage que je suis venu visiter avec Willy.

« Mes anciennes prévisions étaient fondées, et mes présents aux Makidas ne seront pas perdus.

« J'observe Willy depuis le moment de notre arrivée dans l'île du lac, et je crois deviner que sa visite a un but mystérieux, mais qui n'a rien d'hostile contre nous, car le loyal jeune homme m'accable d'amitiés fraternelles, et il est trop vif et trop ardent pour être faux.

« Sa visite se rattache-t-elle à mon mariage ?

« Vient-il établir dans cette île charmante une succursale de la Floride ? A-t-il des prétentions au trône de roseaux du roi Té-Kian ? c'est ce que j'ignore.

« Willy parle la langue de ces noirs ; il a de longs entretiens avec le vieillard de la tribu, et le bouillant fils de Jonathen, dont l'oreille nerveuse est si répulsive à l'audition, écoute avec une impatience admirable les longs discours de son étrange interlocuteur.

« Il y a quelque plan au fond de tout cela, croyez-le bien ; je connais les airs de visage, les attitudes de corps que l'homme prend à son insu, quand il est tour-

En un instant, des trombes de feu roulèrent entre les corniches des montagnes.

menté par une idée sérieuse. Willy a un grand souci ou un grand projet.

« Le royaume des Makidas est mentionné sur quelques cartes.

« Il est composé de cent cinquante huttes, en forme de ruches d'abeilles.

« Le palais royal que nous habitons rampe au rez-de-chaussée, et n'a jamais ambitionné le luxe d'un premier étage. Sa toiture est tissue d'arêtes sèches de catalpas, renouvelées tous les ans, aux frais du royaume; le lambris pourrait être heurté par le front d'un nain colossal.

« L'ameublement est fourni par une association de bananiers voisins qui prodiguent leurs feuilles aux lits de la famille royale.

« On sort et on entre par la fenêtre, qui est une porte.

« Je croyais trouver mon miroir dans le boudoir de la reine, mais elle a jugé convenable de diviser mon cadeau en cinquante fragments et de faire autant d'heureuses parmi les dames de la haute société des Makidas.

« En dépit de ces critiques de détail, ce peuple m'a paru très-heureux; il n'a pas de voisins, et par conséquent pas d'ennemis.

« Il ne mange personne et n'est pas mangé.

« Il ne travaille jamais; il a pour sa table la fleur de baobab, le coco de mer, le poisson du lac et l'huile de palmier.

« Les femmes sont noires, mais belles; les hommes sont doux et adorent le serpent; les sauvages africains ont tous un faible pour ce reptile; c'est sans doute qu'ils ont voulu choisir pour leur dieu le seul animal qui épouvante le lion.

« Adieu; donnez-moi des nouvelles de nos jeunes et belles recluses; j'attends Willy, et si sa visite mystérieuse se prolonge, je partirai seul, tout enchanté que je suis du roi des Makidas et de son pays.

« Votre vraiment dévoué,
« EDWARD. »

« P. S. J'avais oublié de vous dire que miss Elmina est sans fortune. Jonathen m'en a fait l'aveu avec une franchise honorable. Je ne vois pas d'ailleurs ce qu'une mine d'or ajouterait à la grâce et à la beauté d'Elmina. »

Lorédan de Gessin à sir Edward.

A la Floride.

« Des hauteurs du ciel où vous êtes, mon cher Edward, il vous serait difficile d'apprécier à sa juste mesure la position de votre malheureux ami : il me serait encore plus difficile à moi de vous la présenter sous son véritable jour.

« Au fond de toutes vos confidences, il y a des secrets; au fond des miennes, il y en a aussi; tant que nous serons l'un et l'autre emprisonnés dans nos réserves mystérieuses, tant que nos positions respectives ne seront pas nettement dessinées, il y aura dans nos relations quelque chose de décousu, indigne de l'amitié.

« Vous voyez qu'en vous accusant, je m'accuse aussi; c'est vous dire qu'à notre première entrevue nous devons, d'un commun accord, faire cesser l'embarras intolérable d'une méfiance mutuelle, et rentrer dans cette honnête franchise qui est l'état normal de votre caractère et du mien.

« En attendant le résultat de cette détermination, je suis obligé de vous parler encore à travers un nuage de mystères que nos mains réunies peuvent seules déchirer.

« Quand je fais mon autopsie morale, j'ai toutes les peines du monde à me définir à mes propres yeux : jugez de la difficulté si j'essayais de me peindre aux vôtres.

« Ma vie est comme un mauvais songe.

« La lumière qui flotte autour de moi est terne; les objets réels semblent couverts du voile lugubre des visions.

« Dans la tombe, lorsque le cadavre est tiède encore, il doit vivre quelque temps d'une vie pareille : il doit conserver, sous ses paupières fermées, un reflet de lueur crépusculaire; il doit entendre un bruit confus de paroles sourdes, de rumeurs lointaines, de plaintes du vent dans les hautes herbes, de soupirs éteints dans les bois.

« Vous voyez, mon ami, que je fais aussi un noviciat; celui de la tombe.

« Puisse-t-il ne pas troubler la sérénité du vôtre, heureux époux!

« Votre *post-scriptum*, insignifiant pour vous, ne l'a pas été pour moi. Je n'ai point de dot à demander à l'oncle de miss Elmina; mais il faut que je demande compte à Willy, son neveu, *trop vif pour être faux*, de certain mensonge dont je suis la victime.

« Si l'oncle n'a pas de fortune, il m'est permis de douter de celle du neveu.

« Je soulève un coin du voile de mes secrets, et je m'en absous. La force du caractère s'affaiblit avec le corps et la raison.

« Miss Elmina est descendue, mais seule. Nous avons eu ensemble le plus étrange des entretiens sous les arbres de la terrasse.

« Elle m'a fait raconter en détails toutes les aventures de notre chasse, et je la voyais pâlir par moments et ouvrir des yeux démesurés.

« Je ne voulais lui parler que de vous et de son frère Willy; mais elle, avec ce tact exquis, privilège de son sexe, m'obligeait, par les plus vives instances, à lui parler un peu de moi.

« Il fallait bien obéir.

« Je comprenais, d'ailleurs, que l'intérêt qu'elle feignait de me porter s'adressait directement à vous, Edward, en passant par moi.

« L'épisode du lion de la montagne a paru l'émouvoir, et elle s'est assise sur la banquette de naucléas, pour me faire répéter mon récit.

« Vous savez que miss Elmina est avide de ces sortes d'histoires, et, certes, elle mérite qu'on s'expose à de grands périls, puisqu'on a le bonheur de les lui raconter.

« Quand je prononce votre nom devant elle, et que votre éloge arrive après, comme toujours, elle baisse modestement les yeux et détourne la tête, avec une expression de regard sauvage et charmante qui laisse tout deviner.

« On vous aime, sir Edward; et vous êtes, à ma connaissance, le premier homme qui mérite son bonheur.

« En songeant que je parlais à la femme de votre avenir, j'ai fait violence à mes douleurs pour lui montrer un visage serein et lui donner une parole calme.

« Il est injuste de faire subir aux autres le contre-coup de nos propres chagrins.

« Je puis même vous détailler le costume de miss Elmina convalescente. J'espère que vous me saurez gré de cette attention. Elle portait une robe blanche et un châle chinois rouge et bleu, croisé sur le sein; ses cheveux, nattés avec ampleur sur ses tempes, étaient retenus derrière la tête dans un réseau de perles fines, entremêlées des fleurs d'or du cassier. Il faut bien qu'il y ait des trésors de grâce, de charme, d'attraits invincibles autour d'une jeune et belle fille, puisque j'ai pu oublier un instant cette mort vivante qui est en moi, et compter un instant une à une ces heureuses futilités de la coquetterie créole.

« Il est vrai que je regardais avec votre pensée et vos yeux.

« La conclusion et l'incohérence ont bientôt assailli mon cerveau et ma langue... Je venais de voir glisser, sur les lames d'une persienne de kiosque, une ombre plus éblouissante que le soleil! Et je ne donnais à miss Elmina que des réponses brusques et dépourvues de sens.

« Ce trouble aura sans doute été remarqué par la nièce de Jonathen, et je ne sais trop quelle interprétation elle lui aura donnée.

« Mes yeux n'ont plus rien vu, mes oreilles n'ont plus rien entendu...

« A mon réveil, si j'étais endormi, j'ai trouvé dans ma main un rameau de *Malvisia*, orné de sa fleur blanche et rose, et fraîchement détaché de l'arbre.

« Elmina était rentrée à l'habitation.

« Ce bouquet sauvage vous est destiné sans doute ; il m'a été donné à moi, pour vous ; je vous l'envoie avec cette lettre ; parce que je connais tout le prix du plus léger don, quand une pensée d'amour marche avec lui.

« Adieu, cher Edward ; venez promptement. Je ne suis pas deux ; je suis seul. LORÉDAN DE G. »

Sir Edward à Lorédan de Gessin.

Au palais de Té-Kian.

« Quand deux amis marchent ensemble dans le même chemin, cher Lorédan, ils doivent se résigner à une chose bien triste ; à l'un, le destin donnera le côté des fleurs ; à l'autre, le côté des épines.

« Un jour doit arriver où la joie sera dans une âme et le désespoir dans l'autre.

« On a beau régler sa vie à deux et à frais communs, avec une exactitude algébrique, pour passer à la même ombre et au même soleil, un incident non prévu tombera du ciel, ou montera de l'enfer, et ce beau plan sera détruit.

« Je mets les choses au pire, cher Lorédan, et j'exagère à dessein ma joie et votre tristesse, avec l'espoir de trouver une erreur d'exception, à notre avantage, dans les éventualités de l'avenir.

« Que si nous étions destinés à subir jusqu'à son excès la rigueur de cette loi, il faudrait exciter en nous cette force mâle qui sait habilement déguiser une larme ou un sourire, pour ne pas blesser la douleur ou la sérénité d'autrui.

« Vous trouverez peut-être que je parle un peu trop à mon aise de cet expédient philosophique, dans la situation présente où les bonnes chances paraissent de mon côté.

« Je conviens que le vent caresse ma voile, et que l'azur de mon ciel est serein, tandis que l'agitation et le nuage sont, d'après vous, sous vos pieds et sur votre tête ; mais dans la vie si longue, quoique si courte, ne voyons-nous pas éclater ces intermittences brusques, ces revirements soudains qui bouleversent les fortunes, et font demander à un ami un peu de cette compassion secourable qu'on accordait la veille !

« L'amour, la jeunesse, la femme, les trois plus douces choses de ce monde, ne connaissent que trop les amertumes du lendemain ; au point que l'on peut dire à un ami : plaignez-moi, parce que je suis heureux, et laissez-moi me réjouir, parce que vous ne l'êtes pas.

« Ceux qui suivent l'ornière banale de la vie bourgeoise traitent ces idées de paradoxe.

« Mon ami, sur ce terrain pavé d'erreurs où l'homme s'agite, le paradoxe est le puits où se cache la vérité.

« Je me suis découvert une consolation pour me venir en aide dans un intolérable malheur : je me vieillis subitement de cinq années, et de ce point de vue, reculé dans l'avenir, je me regarde dans mon passé.

« A cette distance où m'attendent d'autres soucis, d'autres liaisons, d'autres rivages, d'autres pays et surtout des consolations souveraines, filles du temps, je place mon infortune présente au rang de ces catastrophes historiques dont le souvenir est léger.

« Si j'avais un ami, écrasé sous l'obsession poignante d'un malheur mystérieux et sans espoir, je lui conseillerais d'employer ce remède moral ; l'avenir est l'infaillible médecin du passé.

« Maintenant, je vous vois sourire avec amertume, et je devine la pensée qui contracte ainsi votre visage.

« Votre souci rongeur et capital ne s'accommoderait pas, me dites-vous, de ce remède illusoire.

« Vous allez me renvoyer encore au *post-scriptum* de ma dernière lettre, qui vous a fait accuser Willy de mensonge, ce qui m'a fait naturellement supposer que Willy vous a promis quelque mine d'or en récompense de je ne sais quel service rendu.

« Si je ne me trompe, il y a du vrai dans mon erreur, n'est-ce pas ? Eh bien ! rassurez-vous, au moins sur ce point.

« Je connais Willy ; c'est un jeune homme primitif, nous l'avons dit cent fois. S'il vous a fait une promesse, il la tiendra, croyez-le bien ; à moins qu'il ne se soit abusé lui-même en vous abusant.

« Peu de jours suffiront pour nous éclairer tous.

« Hier soir, Willy s'est assis à côté de moi, au bord du lac, dans un angle solitaire de l'île. Sa figure était grave et son organe solennel ; vous allez lire dans cette lettre ce que j'ai entendu et ce que je suis autorisé à vous transmettre.

« Malheureusement, ce papier froid, ces signes conventionnels, traducteurs pâles de la pensée, ne vous rendront jamais l'ardente parole et le regard superbe de mon sauvage et poétique interlocuteur.

« Cette scène ne sortira plus de ma mémoire, que tant de scènes ont traversée ; la nuit couvrait les solitudes ; le lac copiait le firmament, et les fleurs argentées des grands myrtes flottaient sur nos têtes, en secouant leurs parfums. Willy a pris ma main et m'a dit :

« Écoutez-moi, sir Edward, je vais vous faire une
« confidence et vous dire des choses incroyables ; mais
« vous me croirez, et vous m'aiderez.

« On vous a souvent parlé de mon noble père et des
« mémorables chasses qu'il a conduites vers le nord.

« On vous l'a cité comme le plus intrépide et le plus
« intelligent des hommes.

« Je n'ajouterai rien, moi, son indigne fils, aux
« éloges qui partout ici accompagnent son nom.

« Peu de temps avant sa mort, il me fit asseoir sur
« son lit et il me dit :

« Willy, mon cher enfant, je ne veux pas que tu
« me reproches un jour de t'avoir exilé dans un dé-
« sert, bien loin de la société des hommes civilisés, tes
« frères naturels. Je ne veux pas qu'Elmina s'associe
« à tes reproches.

« Il faut que j'emporte au tombeau la consolation de
« savoir que mon fils et ma fille seront un jour libres
« de demeurer dans cette solitude ou de l'abandonner.

« Il me serait triste aussi de penser que mes enfants,
« par dégoût de l'isolement, iront courir le monde en
« aventuriers, à la poursuite de la fortune.

« Ne pouvant leur laisser une opulence tout acquise,
« je leur laisse le moyen de l'acquérir. Willy, les
« sauvages qui habitent l'île du Lac, au midi, sont
« d'un naturel doux et reconnaissant ; fais-toi de nom-
« breux amis dans leur tribu.

« Le jour que tu les appelleras, ils te suivront tous, sois-en sûr, je les connais.

« Quand tu seras grand et fort, si tu es saisi d'une idée de fortune et d'émigration, si les chasses et les récoltes te manquent, car, à la longue, tout s'épuise, eh bien! mon Willy, alors rends-toi à l'île de la tribu, et dis à chaque sauvage en particulier :

« Mon ami, j'ai besoin de toi, il faut que tu me suives où je te conduirai...

« Deux cents hommes se lèveront à ton appel ; tu te mettras à leur tête et tu marcheras.

« Oui, mon enfant, tu marcheras d'abord sur des chemins bien connus de toi, et puis tu verras ce que les yeux d'aucun homme n'ont vu, excepté les miens. Ta direction est sur la Crête-Grise.

« C'est une montagne escarpée et difficile à gravir ; tu la graviras.

« Sur le versant du nord, il y a des antres de lions. Vous descendrez tous, sur la même ligne, en plein midi, et pas une griffe ne se montrera.

« Au bas de la montagne, vous trouverez une vallée étroite, formée par des amoncellements de roches à pic. Il faut que ce passage soit ouvert ; rien n'est impossible à la volonté intelligente.

« Une forêt de chênes, d'aralies, de buissons, d'arbres et de plantes de toutes sortes, ferme cet horrible défilé.

« Là, d'innombrables familles d'animaux vivent et rôdent, comme des insectes dans un buisson. Il faut marcher à travers ce peuple de monstres, et se frayer un large chemin pour le retour.

« Ce chemin de plaine vous est indispensable, comme tu vas le voir.

« Moi, pour découvrir ce que nul homme n'a découvert, j'ai tourné ce défilé impénétrable ; j'ai gravi les roches à pic, m'aidant de toutes les aspérités, de toutes les racines saillantes, où je pouvais cramponner mes mains.

« Arrivé à la dernière cime, mes regards sont tombés d'aplomb sur une enceinte circulaire de montagnes, ouverte par un seul côté vers l'est.

« Là, tu verras ce que j'ai vu, et tu accuseras tes yeux de mensonge.

« Tu verras le cimetière des éléphants !

« Les traditions des familles sauvages de l'intérieur de l'Afrique parlent de ces lieux secrets où ces animaux vont traîner leur agonie, et mourir loin de leurs semblables comme pour les délivrer d'un cadavre, et leur épargner les angoisses d'une séparation, sans espoir de retour.

« L'intelligence des éléphants est à la hauteur d'une pareille idée.

« Cependant, Willy, mon fils, je ne veux pas t'abuser et te promettre plus que tu ne peux avoir.

« Ce cimetière n'est pas le seul de cette zone, comme on doit l'admettre ; l'espèce des éléphants n'est pas aussi répandue que celle des autres animaux ; l'ivoire qu'on peut recueillir dans cette mine eu plein air n'est donc pas aussi considérable que tu peux le croire au premier moment d'exaltation ; mais il y a encore à recueillir une belle fortune pour ta sœur et pour toi.

« Tu remarqueras ensuite une grande roche qui ressemble à un pan de muraille resté debout sur une ligne de fortifications démolies.

« J'ai gravé sur cette page éternelle le nom d'Elmina en caractères gigantesques : la direction de la dernière lettre t'indiquera une petite vallée où j'ai découvert de grands monceaux de cette qualité d'ivoire que nous appelons, en terme de commerce, ivoire mort ou fossile.

« Au pied de ce mur naturel, il y a un filon d'émeraudes d'une exploitation facile, comme on en trouve, au dire du voyageur Hannon, dans le pays de Cerne, sur les montagnes d'Elmina, en Afrique occidentale et chez les Troglodytes.

« Dieu et ton père te donnent tous ces trésors, mon cher Willy ; il ne faut que du courage et de l'intelligence pour les conquérir ; ils doivent donc être à toi, lorsque tu jugeras que le moment est venu.

« En attendant, garde sur tout cela le plus inviolable secret.

« Ainsi me parla mon père, sir Edward ; et j'ai foi en lui.

« Le moment est venu, tout est prêt.

« Si je hâte cette grande expédition, héritage de mon père, c'est que j'ai les motifs les plus légitimes pour justifier mon impatience.

« Vous en jugerez vous-même bientôt, et vous marcherez aussi avec nous, aux clartés de notre soleil et de nos étoiles, jusqu'à ce lac d'ivoire, où mon père a gravé le nom d'Elmina, comme s'il eût écrit son testament sur cette roche qui garde la dot de ma jeune sœur. »

« Mon cher Lorédan, je vous supprime ici l'entretien qui suivit cette confidence.

« Que pourrais-je ajouter après cela ?

« Mon âme, habituée aux surprises, s'exalte à l'idée de cette merveilleuse expédition.

« C'est encore un de mes rêves qui va se réaliser, quoique dans des proportions modestes.

« Vous vous rappelez ce tableau que je vous fis, en chasse, d'une croisade en Afrique, contre les monstres et les solitudes. Je prophétisais à mon insu.

« Le soleil de ce pays, en brûlant notre front, nous fait assister, dans le délire du cerveau, à des scènes de notre vie future.

« La prophétie est née aux saintes montagnes de l'Orient ; c'est un mirage qui tombe dans notre tête avec la flamme du zénith, et nous montre les choses qui viendront.

« Ainsi nous irons encore lancer nos passions, nos amours, nos âmes dans ce domaine de périls et d'horreurs qui se hérisseront devant nous.

« Quelle joie d'emporter une pensée de femme dans ce tourbillon de ténèbres et de lumière, dans ces cratères de rugissements !

« Que l'amour est une chose froide et pâle au milieu de ces prisons de boue et d'ennui qu'ils nomment des villes, entre une lampe moribonde et le fracas stupide du trottoir !

« A nous la furie de la passion échevelée qui franchit le torrent, traverse le lac à la nage, s'élance du vallon à la montagne, lutte avec les monstres du désert, toujours entraînant avec elle une image adorée, un fantôme de grâce et d'amour !

« Lorédan, voilà une grande chose qui vous ressuscite ! Vivez !

« Votre bien affectionné,
« EDWARD. »

Lorédan de Gessin à sir Edward.

A la Floride.

« Oui, cher Edward, voilà l'excitation qu'il me faut, et qui peut seule me sauver du désespoir. Voilà ma vie !

« Votre lettre a galvanisé un cadavre.

« Vous me trouverez debout.

« L'oncle Jonathen a reçu, par le même messager, la révélation du projet de Willy : il m'a fait aussi une demi-confidence sur votre mariage avec miss Elmina.

« Il paraît que Jonathen ne communiquera votre demande à sa nièce qu'après l'expédition.

« Miss Elmina est d'ailleurs si faible encore que tout entretien sérieux avec elle doit être interdit prudemment.

« — Ne craignez-vous pas de voir retomber nos deux jeunes demoiselles dans les mêmes angoisses, pendant cette nouvelle expédition ? ai-je demandé à Jonathen.

« — Non, m'a-t-il répondu : elles seront, cette fois, complétement rassurées, en voyant défiler une armée de chasseurs ; et surtout lorsque nous leur affirmerons tous, sur l'honneur, que l'expédition marchera vers l'ouest, à vingt-quatre milles du domaine nouveau des éléphants.

« Adieu, Edward ; que vous êtes heureux d'avoir un cœur ardent et une voix tranquille, une âme de feu et un visage froid !

« Je voudrais bien vous imiter en ce moment, car il me semble que tous ceux qui me regardent lisent sur ma figure les étranges pensées de mon cœur.

« Adieu ; à bientôt.

« Votre bien affectionné, »
« LORÉDAN DE G.

« *P. S.* Nizam a reçu les ordres de Willy et de Jonathen. Willy commandera l'expédition jusqu'à la Crête-Grise, et Nizam le remplacera dans la région de l'inconnu.

« Vous aviez sans doute aussi un pressentiment, Edward, lorsque, sur le sommet de la montagne des Abîmes, vous dessiniez la Crête-Grise et son horizon mystérieux.

« N'envoyez pas votre paysage à la galerie nationale de *Charing-Cross*, gardez-le pour le boudoir de miss Elmina. L. »

XIV.

L'EXPÉDITION DE L'IVOIRE.

Entre le fossé occidental de la Floride et l'enclos de la métairie, s'élève un tertre de haut gazon, surmonté d'une croix, et ombragé par de grands myrtes. C'est le tombeau de l'aîné des Jonathan, le père de Willy et d'Elmina.

Un soir, et deux jours après les événements racontés dans les dernières lettres, deux cents jeunes hommes de la tribu des Makidas étaient rangés en cercle autour de ce tombeau de verdure.

Un silence solennel régnait dans ce lieu, et tous les visages regardaient Willy, qui, agenouillé sur les cendres de son père, semblait prêter l'oreille à une voix souterraine qui lui donnait de dernières instructions.

Edward et Lorédan, tête nue, et appuyés sur leurs armes de guerre, étaient debout auprès du fils de Jonathen.

Willy se releva vivement, coupa un rameau de myrte, et poussant le cri de chasse : *Forward*, il s'élança vers le pont du fossé occidental.

Tous les chasseurs coupèrent un rameau du myrte funèbre et suivirent le jeune chef.

Au pied de la colline d'*Honning-Clip*, le capitaine Jonathen attendait son neveu et les deux amis européens, pour serrer leurs mains et bénir leurs armes.

Ces adieux terminés, la troupe gravit au pas de course la colline des Abeilles, dont la cime se colorait des derniers rayons du jour.

Avant de s'enfoncer dans les abîmes de verdure, Willy, Edward, Lorédan et Nizam tournèrent une dernière fois leurs regards vers la Floride, et mille gestes d'adieux tournoyèrent dans l'air, adressés à deux formes lumineuses, anges ou femmes, qui, enlacées l'une à l'autre, sur le balcon du belvédère, agitaient des écharpes d'azur au milieu des étoiles du drapeau américain.

La marche était ouverte par Willy, Nizam et nos deux amis. Neptunio venait ensuite, tenant en laisse Duke, le lion d'Elmina ; puis trente chasseurs, sur la même ligne, qui tous avaient roulé autour de leur corps la dépouille d'un serpent, et portaient suspendu à leur ceinture le clairon indien, plus redouté encore que le reptile par les hyènes, les panthères et les lions.

Venaient ensuite cent chasseurs, armés de carabines à baïonnettes et de criks malais, tous agiles et adroits, habitués à franchir un ravin et à lancer une balle au milieu de leur bond.

Ceux qui fermaient la marche portaient l'arc et la lance, et tenaient à la main une flèche toute prête à jaillir de la corde au poitrail d'un ennemi.

Sur cette arrière-garde flottait l'étendard rouge de la tribu, dont l'étoffe grossière, brodée par les femmes, représentait un Makida étranglant un lion avec la peau d'un serpent.

Ce groupe rappelle, par la roideur du dessin et l'éclat exagéré des couleurs, les peintures des temples égyptiens.

L'étendard ne se déploie que dans les occasions solennelles : c'est le palladium de la tribu.

Les chasseurs entrèrent avec la nuit dans les bois. Ils laissèrent à leur droite le chemin du lac des Éperviers, se dirigeant sur l'horizon du nord-ouest.

Les chefs donnaient l'exemple du plus rigoureux silence ; le velours des hauts gazons amortissait le bruit des pas; sur les terrains unis, la marche était une course ou un vol.

Si ce désert avait dû donner à cette scène un seul spectateur, il aurait senti ses cheveux se hérisser devant ce nuage de démons, roulant à travers ces voûtes noires, en les sillonnant avec les flammes de leurs yeux.

Le vent du midi s'était levé avec les étoiles, comme pour favoriser les chasseurs dans leur invasion héroïque, et les emporter, comme un tourbillon vivant, vers l'horizon du nord.

Les arbres, silencieux à leurs pieds, grondaient comme les vagues de l'Océan à la cime des branches, et ces harmonies lugubres remplissaient la solitude et lui prêtaient une âme et une voix dignes de son immensité.

Sur ce chemin de ténèbres massives qu'il fallait percer au vol, les regards des chasseurs étaient fixés sur Willy, vêtu de blanc, toujours bondissant à vingt pas des premiers, leur servant de phare avec son costume, et apparaissant, aux yeux des sauvages, comme le fantôme de son père, sorti du tombeau pour les entraîner à une chasse de vengeance et d'extermination.

Les bruits sourds, rauques, stridents, élevés autour d'eux, sur leur passage, dans les feuilles et les racines des buissons, annonçaient que des familles entières de races fauves, bondissant d'épouvante, fuyaient à l'approche de ces ennemis formidables, associés avec un lion, et couverts de la dépouille des serpents.

Au lever du soleil, la troupe était déjà bien loin de la Floride, et l'aspect du désert ne rappelait rien de connu dans le domaine de l'homme.

Le sol même, par sa configuration, semblait avoir été créé pour les habitants d'un autre monde.

Les montagnes se refusaient au pas humain; les arbres, clair-semés sur des terrains âpres, revêtaient des formes étranges et insociables; les courants d'eau, tombés des sources du midi, fuyaient vers le nord, comme pour refuser à l'homme leurs trésors de fraîcheur et d'irrigation et les porter à d'autres êtres plus dignes que lui des bienfaits de Dieu.

Le soleil éclairait ce tableau avec cette insouciance sublime qui sourit au bien et au mal, à la ville et au désert.

Sur quelques points de l'horizon, le vent du midi soulevait des nuages de sable, et couvrait d'un voile de feu, le ciel, les bois et les montagnes; c'était le même terrible ouragan qui allait souffler la désolation sur les caravanes de Sahara, de l'Abyssinie et du bazar d'Adel.

L'ombrage avait disparu.

A peine si l'on rencontrait, à longs intervalles, quelques nopals inflexibles qui sifflaient contre la bise sans se courber.

Souvent, au carrefour d'un vallon, des gazelles frissonnantes de peur, et trahies par le souffle de la tempête, se réfugiaient au milieu des chasseurs, et semblaient, avec leurs yeux humides et leurs cris suppliants, demander protection à des amis contre la griffe des assassins du désert.

Bientôt, par les crevasses des roches voisines, par les cadres béants des cavernes, s'allongeaient d'énormes têtes fauves et velues qui jetaient des regards de stupéfaction et de rage sur cette bande d'usurpateurs insolents, conduits par un lion.

Alors, les clairons indiens apprenaient aux échos de ce désert des notes inconnues; les jeunes sauvages de l'avant-garde se précipitaient, ventre à terre, en déroulant leurs hideux reptiles, et ils rampaient, eux aussi, avec une merveilleuse agilité de contorsions horizontales; et la caravane passait comme le vent, cette ménagerie insurgée, faisant feu de toutes ses carabines, et mêlant pour la première fois le fracas des armes aux mugissements des monstres de la terre et de l'ouragan du ciel.

Cette furie d'audace et d'élan fut soutenue avec ce bonheur qui accompagne toujours l'intelligence, la force et l'intrépidité.

Au sommet de la Crête-Grise, on fit une halte.

De ce point culminant, l'œil se perdait dans les horizons infinis. Mais les chasseurs oublièrent tout pour suivre l'indication du doigt de Willy, qui montrait, de l'autre côté du vallon défendu par une forêt inabordable, la roche à pic sur laquelle rayonnait le nom d'Elmina.

Mille cris de joie saluèrent ce nom gravé par l'aîné des Jonathen.

Les larmes inondaient le visage de Willy. Lorédan s'écriait qu'il fallait, sans perdre un instant, se précipiter dans le vallon, et du vallon rebondir à la roche sainte. Sir Edward, sévère observateur de la discipline, attendait en silence l'ordre du chef, et caressait la crinière de Duke, en prononçant à son oreille le nom d'Elmina.

Nizam, qui venait de remplacer Willy dans le commandement de l'expédition, étudiait le terrain avec le coup d'œil calme et réfléchi d'un général expérimenté qui veut, par de prudentes combinaisons, neutraliser toutes les chances du hasard.

— Maître, dit-il à Willy, j'ai compris maintenant l'intention de votre honorable père : il a voulu nous amener jusqu'au sommet de cette crête pour nous faire mieux apercevoir dans l'éloignement la roche d'Elmina et le vallon boisé qui conduit au cimetière des éléphants; mais, à notre retour, nous ne marcherons qu'en plaine; vous verrez.

Voilà, vers l'est, la rampe à corniche aiguë que votre honorable père a suivie, à mille toises au-dessus du vallon boisé. Il était seul, et il n'avait pas les ressources que nous avons pour forcer ce terrible passage, qui est un véritable nid de monstres de toute griffe et de tout poil.

Maître, vous estimez comme moi la distance qui nous sépare de la roche d'Elmina.

Cette distance est trompeuse; elle paraît courte, parce que les horizons de montagnes qui s'étendent devant nous n'ont pas de bornes. Nous n'arriverons au pied de la roche que ce soir, au coucher du soleil; c'est évident.

— Nizam, dit Willy en tournant sa lorgnette sur le vallon boisé, cette gorge nous arrêtera longtemps, et nous pouvons y perdre beaucoup de monde. Tout cela est horriblement peuplé, Nizam. J'ai de bons yeux et ma lorgnette est bonne; je vois dans la verdure basse de ce défilé deux ondulations bien distinctes qui se contrarient; l'une va du midi au nord; elle obéit à l'action du vent. L'autre va du nord au midi; celle-là obéit à des impulsions intelligentes.

Le troupeau embusqué marche contre le vent, et nous menace déjà.

Si j'étais seul, Nizam, ou si nous n'étions que vous et moi, nous passerions par-dessus cette gorge, en suivant le chemin suspendu que suivit mon père; mais tous les hommes n'ont pas nos pieds et nos mains.

— Maître, dit Nizam, avec un sourire indien, — nous passerons tous. Croyez-moi. Dans notre guerre du Nizam, il y avait, près d'Hydrabad, un défilé comme celui-ci, où les Taugs nous attendaient, comme des tigres en embuscade sous un buisson; eh bien! nous passâmes tous..... Maître, nos hommes ont calmé leur faim, leur soif et leur fatigue; je vais crier le *forward!*

Au cri d'*en avant!* poussé par l'Indien, la caravane se laissa rouler du haut de la montagne par un sentier abrupte, hérissé de petits cailloux ronds et mobiles.

Nizam, leste et joyeux comme un homme sûr de son fait, entonna la chanson du capitaine Smith d'Halifax, dont le refrain n'était répété que par sir Edward.

Willy et Lorédan gardaient un silence triste : l'un pensait à son père mort, l'autre à son père absent.

On chemina longtemps encore dans la plaine, à travers des quartiers de roches, avant d'arriver au vallon redoutable.

Nizam marchait en tête, la carabine en arrêt, comme le serpent télégraphique d'un régiment d'Angleterre, qui indique à tous les soldats la position de leur arme et de leur corps, ce qui dispense de parler.

A dix pas des premiers arbres, la caravane s'arrêta.

La gorge ténébreuse avait un mille de longueur; elle était hermétiquement obstruée par des arbres et des plantes qui, du sol à la cime, croisaient leurs branches, leurs arêtes vives, leurs racines, leurs troncs épineux.

On aurait dit que les éléphants avaient eux-mêmes planté cette végétation colossale pour défendre leur cimetière contre une invasion sacrilège, et fermer la seule porte ouverte par la nature, au midi.

Des buissons de houx gigantesques et d'aralies sauvages jaillissaient au premier plan, comme des chevaux de frise sur le fossé d'une redoute. Derrière s'élevait et se croisait avec des étreintes invincibles une forêt compacte de théobromes, de lauriers géants, de styrax, d'élodéas, de loasas, et des vingt-quatre espèces de chênes que donne Humboldt aux régions équinoxiales.

Le vent du midi, engouffré dans cette végétation ténébreuse, en faisait sortir des sifflements sinistres, comme si tous ces arbres eussent agité des reptiles en guise de rameaux.

Nizam se mêla aux jeunes Makidas de l'arrière-garde et s'entretenait avec eux. Ce groupe était fort animé.

Willy examinait le terrain pour découvrir le sentier aérien que son père avait suivi, en tournant le défilé.

— J'avoue, dit Lorédan à Edward, que si ma tête était libre de soucis, cette expédition serait l'histoire la plus amusante de ma vie.

— Tenez, mon cher Lorédan, dit sir Edward, déposez vos soucis sur cette pierre, vous les reprendrez au retour. Nous nous devons tous de corps et d'âme aux impressions du moment. C'est suffisant, j'espère, pour la pensée d'un homme... Nous sommes au fond d'un puits; à moins d'être un aigle ou un Jonathen, je ne vois pas un chemin praticable autour de nous, excepté ce défilé.

Si nous tentons le passage à travers ce sentier de ronces et d'épines, qui n'est pas cependant celui du paradis, nous serons déchirés par les griffes de ces buissons, habillés en tigres, nos squelettes seuls arriveront à l'autre bout. Nizam est un grand homme s'il nous tire de ce pas.

— Edward, regardez le, notre Nizam; il prépare quelque coup d'enfer avec nos sauvages.

— Avec ces deux cents démons, l'impossible est une chose facile, je le sais; mais, Lorédan, si une fatalité monstrueuse faisait échouer cette expédition, je reviens à mon premier projet...

— Quel projet, Edward?

— Un projet dont je ne vous ai jamais parlé. Il me tomba dans la tête à bord du capitaine chinois, lorsque j'envoyai des présents à la tribu des Makidas.

— Mais quel projet encore, Edward?

— Un projet fort simple. Je nolise un navire avec mon restant de piastres; j'embarque avec moi ces deux cents démons, et je vais déclarer la guerre au roi de Bornéo.

— Vous serez bien avancé quand vous aurez déclaré la guerre au roi de Bornéo!

Sir Edward rajusta sa toilette, peigna sa barbe et ses cheveux, et changea de gants; puis il dit :

— Lorédan, mon ami, ce roi est un usurpateur arabe; je l'ai connu quand il était esclave chez lord Cornwallis. Vous ne savez peut-être pas qu'il y a des mines de poudre d'or à Bornéo; nous détruisons ce roi, et nous prenons ses mines; rien n'est plus aisé.

— Vous êtes étonnant, mon ami Edward! Comment! la situation présente ne vous occupe pas assez; vous allez vous occuper d'une descente à Bornéo!

— Eh! si nous échouons ici, il faut bien nous retourner d'un autre côté!

— Quel sang-froid d'homme!

— Bien plus, Lorédan; là-haut, sur la cime de la Crête-Grise, j'ai découvert à l'est une ligne bleue qui est l'Océan. De ce côté, la terre est profondément échancrée; et à la configuration du rivage, j'ai reconnu le port de Gessin... vous savez?.. celui que j'ai découvert... Pour ne pas compromettre les Jonathen, je partirai de ce port de votre nom pour mon expédition de Bornéo... Lorédan, rien ne console d'un espoir évanoui comme un espoir naissant. Si l'ivoire nous manque, nous avons la poudre d'or.

— Edward, vous êtes sérieux dans vos actions, cela vous dispense de l'être dans vos paroles.

— Lorédan, je suis ravi de vous voir aujourd'hui tant d'énergie au cœur. Tout ira bien; l'espoir est en vous; nous réussirons. Mes paroles sont sérieuses cette fois. Regardez Nizam.

L'Indien avait ramassé, à l'aide des sauvages, des monceaux énormes de feuilles et de rameaux desséchés par le soleil et le vent du midi.

Lorédan, au comble de l'exaltation, saisit l'étendard de la tribu.

Ces dépouilles, si combustibles, furent placées à l'entrée du défilé.

Nizam les incendia sur toute la ligne, au souffle du midi, son puissant auxiliaire.

Les massifs de lauriers, à demi brûlés par le soleil, éclatèrent avec des pétillements furieux, et couvrirent de flammèches et d'étincelles les arbres et les arbustes voisins.

En un instant, des trombes de feu roulèrent entre les corniches des montagnes, secouées par le vent et découpées en losanges comme des faisceaux de tonnerres.

Les cris de joie des sauvages, les mugissements de la tempête, de l'incendie et des bêtes fauves, multipliés encore à l'infini dans ce monde d'échos, formaient le plus horrible concert que l'oreille humaine ait entendu.

D'autres cris lointains répondaient dans les cavernes et les bois; ils étaient poussés par de puissants animaux, vieux locataires de ces domaines, et qui s'enfuyaient vers le nord, épouvantés devant cet ennemi inconnu, qui se levait pour la première fois, hérissant sa crinière de flammes jusqu'à la cime des rochers.

Tandis qu'aux pieds des arbres, déjà minés par le feu, les familles félines se glissaient, avec la souplesse des reptiles, pour chercher des issues de salut, on voyait au sommet des branches s'agiter, avec des gestes de colère, des grincements de dents, des contorsions de visages humains, tout le peuple des quadrumanes, les pongos, les mômes à face bleue, les singes noirs, les ouistitis, agiles comme des écureuils, ces joyeux et railleurs habitants de la cité verte, habitués à provoquer impunément la colère des lions, en se suspendant par la queue aux branches flexibles, et en insultant à leur majesté par des éclats de rire et des cris aigus de démons.

A cette heure suprême, ces familles désolées met-

Elmina poussa un cri terrible et tomba sans connaissance.

taient en action toutes les scènes des villes surprises par le feu.

Les jeunes singes emportaient leurs vieux pères d'étage en étage ; les époux sauvaient leurs compagnes évanouies ; les mères serraient leurs enfants dans leurs bras et poussaient des sanglots humains en regardant le ciel : les misanthropes, les égoïstes et les célibataires, libres des préoccupations domestiques, s'élançaient de la cime des arbres aux arêtes vives des rochers voisins et se perdaient dans des tourbillons de fumée vers les sauvages abîmes du nord.

Debout sur un piédestal, entouré de ses satellites, Nizam, avec son teint et ses larges yeux indiens reflétant l'incendie, ressemblait à Satan, apparu au centre de notre globe pour y fonder une succursale de l'enfer, et du haut de son orgueil souriant à sa création.

Le vent du midi activa les ravages de l'incendie avec une puissance merveilleuse ; il dévora le chêne comme la fleur : il secoua ses torches jusque dans les grottes tapissées de mousses, il dessécha les ruisseaux, et quand tout fut consumé, il balaya les monceaux de cendres avec ses larges ailes ; il chassa devant lui les amas de charbons comme des brins de paille, ne laissant debout, par intervalles, que des tronçons noircis, semblables aux ruines d'une colonnade, dans une immense galerie dévastée par l'Erostrate de la ville des géants.

Le sol bouillonna longtemps encore après l'incendie éteint.

Quand les chasseurs sentirent la terre se refroidir sous leurs pieds nus, le soleil n'avait plus qu'une heure de clarté à donner au monde.

Nizam s'élança le premier dans ce passage ouvert par les flammes combinées de l'incendie et du *simoun*.

L'épiderme du sol se montrait à nu, car le dernier atome de cendre avait suivi le vent.

LAGNY. — Imprimerie de VIALAT et Cie.

Toute la caravane marchait triomphalement sur ce vieux domaine, où l'arche avait déposé sa réserve de monstres, en leur concédant ce vallon à perpétuité.

Au bout de ce défilé, aplani comme une grande route anglaise, on arriva au pied de la montagne qui portait, écrit à sa cime, le nom d'Elmina.

Nizam tourna vers sa droite et suivit seul un vallon court et resserré entre deux grandes lignes d'assises de roches, taillées comme le couloir secret d'un temple égyptien.

A l'extrémité, le sol manquait aux pieds, comme un créneau s'ouvrant sur le talus d'un rempart, et l'œil plongeait sur le cimetière des éléphants.

Nizam poussa un sifflement de boa, et les chasseurs arrivèrent au signal du chef.

Le paysage était désolé, tel que Jonathen l'avait dépeint, quoiqu'il ne l'eût aperçu que du sommet de la montagne, ayant deviné seulement le passage de Nizam, sans pouvoir l'ouvrir.

Dans cette nécropolis des géants quadrupèdes, pas un brin d'herbe ne donnait un signe de vie.

La mort était partout.

Des siècles de simoun et le soleil africain avaient réduit en poudre les cuirasses des colosses et mis à nu leurs squelettes, avec l'aide des éperviers. Ce tableau était triste; on le contemplait avec une sorte de pitié, en songeant que les intelligents animaux qui avaient choisi ce champ funèbre l'abandonnaient à l'homme, leur ennemi, ne pouvant plus le défendre contre une sacrilège usurpation.

Les chasseurs européens restèrent confondus de surprise devant ce spectacle.

L'embrasure de ce créneau naturel, taillé dans le roc, était suspendue à pic, sur le cimetière inférieur, à la hauteur de quinze pieds.

Willy, le pied sur le bord du créneau, les bras croisés sur sa poitrine, mesurait de l'œil, dans une pose superbe, l'héritage paternel : son émotion intérieure se trahissait sur ses lèvres et sur ses narines; il ne se lassait pas de regarder, à mille toises au-dessus de sa tête, la roche que son père avait atteinte dans son vol d'aigle, et qui recevait, en ce moment, le dernier sourire du soleil dans toutes les lettres du doux nom d'Elmina.

Les chasseurs makidas, dont Willy était l'idole, se pressaient en silence derrière leur jeune chef, en saluant, avec l'étendard de leur tribu, la roche sainte, et en jetant à sa base tous les rameaux de myrtes cueillis sur la tombe de Jonathen.

Après un long silence consacré au recueillement pieux, Willy se retourna vers sa troupe et dit :

— Mes amis, je vous prends à témoin; mon père avait tout bien vu et tout deviné, même cette issue étroite ouverte sur le champ d'ivoire.

L'obstacle qui est devant nous n'existe pas. Quand il le faudra, nous le franchirons.

Mes amis, je vous remercie du secours que vous m'avez donné dans cette grande entreprise. J'ai besoin de vous encore et je compte sur vous.

Il faut que vous m'aidiez à transporter nos richesses d'ici à quelque port de mer voisin. Avec le feu, Nizam nous a ouvert un passage qui nous permet de tenir la plaine, à notre retour et à notre seconde expédition. Ce qui nous reste à faire est un jeu pour des hommes tels que vous.

Willy Jonathen se souviendra de vos services; il le jure devant l'ombre de son père, qui remplit l'immensité de ce désert !

Un frémissement de joie accueillit ces paroles du jeune chef.

Ensuite Willy s'approcha de Lorédan; il mit une de ses mains dans les mains du jeune homme, et étendant l'autre sur le champ d'ivoire, il dit :

— Lorédan de Gessin, je tiens ma parole, et voilà ce que je vous ai promis.

Lorédan, au comble de l'exaltation, saisit l'étendard de la tribu, et, se précipitant sur l'immense ossuaire, il s'écria : Je prends possession de cette terre au nom de la famille Jonathen

XV.

UNE NUIT SOUS LA ROCHE D'ELMINA.

Willy et sir Edward suivirent aussitôt Lorédan par le même chemin, et Nizam, avec la moitié de sa troupe, ne tardèrent pas de descendre pour se ranger autour de l'étendard planté par une main française sur l'antique royaume des éléphants.

Le soleil avait déjà disparu derrière les hautes montagnes voisines; et le jour d'ombre qui éclairait l'enceinte de granit ressemblait à un crépuscule polaire. Les derniers souffles du simoun entretenaient une harmonie aiguë dans cet immense ossuaire, où les herbes aussi étaient colossales, comme pour se mettre à la taille des ossements.

On aurait cru voir et entendre le champ de bataille de Zama, tel que le roi de Syrie, Antiochus, le visita, deux siècles avant Jésus-Christ. Aucune funèbre enceinte destinée aux dépouilles humaines ne saurait inspirer les idées qui s'élevaient de cet horrible lieu.

L'esprit se révolte contre lui-même de surprise et d'étrange pitié, en songeant à tout le fracas inouï que tant de générations d'animaux avaient fait, sur cette terre du soleil, avec leurs amours, leurs passions, leurs guerres, pour venir ensuite, comme des pygmées, se coucher sur ce lit de roches, et rendre le dernier de ces grands souffles qui animaient de si grands corps.

Lorsque la dernière lueur courut comme une traînée de phosphore sur ce lac d'ivoire, les yeux des chasseurs européens subirent la plus monstrueuse des illusions; il leur sembla qu'un éléphant, vaincu par son âge, arrivait du vallon de l'aurore, traînant ses pas lourds, inclinant sa tête, et soulevant avec effort sa trompe une dernière fois pour demander aux émanations de l'air le champ de repos où l'attendaient ses gigantesques aïeux !..

Ainsi devaient s'accomplir autrefois, en ce coin de terre, ces imposantes funérailles; elles n'ont fait aujourd'hui que se déplacer.

Elles s'accomplissent encore sous d'autres zones inconnues.

Ces animaux penseurs et intelligents, qui ont mis

la pudeur dans leur amour, devaient mettre le recueillement dans leur mort.

Les chasseurs trouvèrent facilement des alcôves pour passer leur nuit sous la roche d'Elmina.

Willy avait parcouru le champ funèbre, en l'étudiant dans tous ses détails, avec Nizam. Edward et Lorédan s'étaient convenablement établis dans le vestibule d'une caverne, après avoir tiré deux coups de carabine à l'intérieur, comme pour demander s'ils ne dérangeaient aucun locataire dans cet hôtel dégarni.

Cette précaution était inutile.

L'incendie de la forêt du vallon venait de prononcer une sentence d'exil contre les familles des bocages et les anachorètes de la Thébaïde des environs.

Les deux amis, selon l'usage des chasseurs au repos, se préparèrent au sommeil par une conversation, à voix basse et nonchalante, sur des sujets décousus, mais qui se termina d'une manière que le début n'aurait pas fait soupçonner.

— Encore un chapitre qui manque à l'histoire naturelle de Saavers! — dit Edward avec un organe somnolent, et en joignant ses mains en oreiller sous sa tête, — me voilà obligé de faire un article sur le cimetière des éléphants, dans l'*India-Review!* Les neveux de Saavers m'écriront un démenti...

— Ou ses fils, — dit Lorédan en prenant la position horizontale.

— Saavers n'a pas eu de fils; les savants n'en ont jamais; ils n'ont que des neveux : c'est plus facile. Or, ces neveux vont m'accabler.

Ce sera cruel!.. Quand je pense à ce pauvre Le Vaillant, le plus intrépide, le plus spirituel et le plus loyal des voyageurs, je frémis sur moi ! Parce que Le Vaillant a eu le tort d'amuser ses lecteurs et de dire qu'il avait rencontré un éléphant en Afrique, comme on rencontre un ami à la promenade, on a traité son livre charmant de fable absurde.

Vous figurez-vous d'ici la colère de Saavers neveu, lorsque j'imprimerai la découverte que voilà ?

Je crains beaucoup M. Kemble aussi.

Ce savant n'est jamais sorti de son cottage de *Tottenham-Road*, parce qu'il abhorre le froid, la chaleur, la fatigue et le mal de mer; en revanche, il s'est donné la spécialité de relever les erreurs des cartes géographiques, et les fautes des voyageurs. Je m'attends à une rude leçon... Tout bien réfléchi, je veux leur jouer à tous un tour sanglant.

— Lequel, Edward?

— Je n'écrirai rien.

— Mais il me semble, Edward, que cette mine d'ivoire ne vous appartient pas, et qu'il y a une haute raison de commerce et de propriété qui vous défend d'écrire sur cette découverte, beaucoup plus que la crainte de M. Kemble et de Saavers neveu.

— Bien! Lorédan, je voulais vous amener sur ce terrain; j'ai réussi. Avec mes détours, je vais toujours droit à mon but. Pure diplomatie britannique !.... Voyons, mon ami, parlons franchement, et fixons-nous sur l'ivoire et les émeraudes, avant de nous endormir.

Jonathen et Willy sont d'honnêtes gens et des hommes justes; nous n'aurons pas de procès à soutenir; il n'y a pas d'avocats à la Floride; ils viendront sans doute, mais plus tard. Nous sommes encore à l'état de barbarie; nous n'avons pour juges que le bon sens, l'équité naturelle et l'exacte raison.

En l'absence du Code, on se juge comme on peut... Willy, sans contredit, se fera la part du lion; il est dans son droit, en Afrique surtout.

Jonathen a des priviléges incontestables, et personne ne peut lui refuser ce qu'il s'adjugera.

Nizam n'est qu'un serviteur, mais il passe maître quand on a besoin de lui, et les Jonathen sont trop généreux pour oublier ses services dans cette lucrative expédition.

Passons à moi. Puisque Jonathen me donne son adorable Elmina en mariage, il ne me la donnera pas sans dot. Je tiens fort peu à cette dot, parce que je ne pourrai point la traiter comme un héritage; mais je suis obligé de la subir, dans l'intérêt de mes enfants.

Maintenant, Lorédan, aidez-moi à vous classer vous-même dans cette répartition. Que vous restera-t-il?

— La parole de Willy, dit Lorédan, se relevant à demi sur ses mains. Edward, vous voulez tout savoir; vous êtes las de tout soupçonner. Eh bien! vous ne soupçonnerez plus; vous saurez. Vous m'avez vu aujourd'hui m'élancer sur le champ d'ivoire, et prendre possession de cette terre, au nom des Jonathen.

Ce que j'ai fait là rassurerait ma délicatesse, si mes intentions honorables ne me justifiaient pas suffisamment à mes propres yeux. Willy a promis de me donner tout ce que je lui demanderai. Ce soir même, il m'a serré la main, avec une expression très-significative. Je serai content de Willy.

— Et que lui avez-vous promis en échange à Willy, mon cher Lorédan?

— Edward, je ne pouvais rien lui promettre, vous le savez bien.

— Lorédan, je soupçonne encore et je ne sais pas tout.

— Il m'a demandé la main de Rita en mariage !.. Edward, admirez-moi, je suis encore vivant!

Edward serra la main de son ami; un assez long silence suivit les derniers mots de Lorédan, accablé par son aveu.

— Lorédan, dit Edward, je savais tout... j'observais Rita depuis le soir mémorable où Nizam chanta sa *Fille de Golconde* sur la terrasse de l'habitation... Il faut que l'oreille d'un homme puisse tout entendre sans se fermer... Rita ne vous a jamais aimé, Lorédan.

— Vous avez raison, Edward, dit Lorédan avec une énergie d'emprunt.

— Mon ami, il faut prendre les femmes comme elles sont, et rester hommes, nous.

— J'espère que vous serez content de moi, Edward !

— Vous dites cela d'un air bien sombre...

— Ma pensée est triste... bien triste... avoir placé son bonheur et sa vie sur la tête d'une jeune fille! et dans un instant voir s'écrouler tout cela! Edward, il me semble que je ne dois pas survivre à mon désespoir... mais j'espère avoir la force d'accomplir la mission de mon père...

— Lorédan, vous vous êtes trompé; je ne suis pas content de vous.

— Edward! Edward! il y a des amours qui ne

s'effacent jamais du souvenir, et qui tuent longuement. Cette jeune fille a passé devant moi comme une apparition idéale. Je l'ai vue scintiller comme une étoile dans les horizons de la mer Indienne; je l'ai suivie, silencieuse comme la femme d'un rêve, sous la voûte des arbres de Limpide-Stream; j'ai souvent épié son lever au kiosque de la Floride ; et longtemps après qu'elle avait disparu, je regardais encore avec mon âme les pampres et les fleurs qui avaient caressé son visage divin.

Vous savez qu'elle ne s'est jamais mêlée à nos entretiens, à nos jeux, à nos veillées; je ne connais d'elle que l'enchantement et la grâce, et pas une de ces imperfections humaines qui peuvent consoler d'un bien perdu, en laissant entrevoir dans l'avenir les heures mauvaises de l'avenir et la chute des illusions.

L'image sereine de l'ange est restée seule, sans me révéler le côté mortel et désenchanteur ; voilà ce qui me tuera, Edward!

J'irai dans notre Europe; je demanderai aux villes la distraction et l'étourdissement; cette image me suivra; partout je verrai luire ce gracieux fantôme entre l'azur de la mer et du ciel, sous des ombrages tranquilles, au bord d'un fleuve, au bord d'un lac, au balcon des treilles, dans l'atmosphère d'amour qui flotte sous le ciel africain! Oui, je le sens, ma faiblesse ne pourra lutter contre ce souvenir; il troublera mes nuits et mes jours; il sera dans mes veines comme un poison moral qui épargne au malheureux le crime d'un suicide et le fait mourir avant son heure, mais innocent devant Dieu.

— Lorédan, dit Edward après une pause, je suis un peu plus âgé que vous ; c'est beaucoup, dix ans, et dix ans de voyages à travers les hommes ! Eh bien, mon ami, j'ai le droit de vous dire que j'en ai vu vivre de plus malheureux que vous.

— Ceux qui sont morts, vous ne les avez pas vus... Au reste, Edward, tous ces propos sont inutiles; brisons-les. J'avais à vous dire ces tristes choses, je les ai dites, et je ne vous les répéterai plus. Il est absurde de faire dans le présent, à un ami incrédule, l'histoire de l'avenir... Laissons mes affaires, et parlons un peu des vôtres... Avec votre intelligence spontanée, vous devez avoir déjà fait vos projets, mon cher Edward... Parlez à votre aise; ne vous attristez pas de mes douleurs... Les douleurs de l'amour sont d'ailleurs les seules que l'amitié ne comprend pas... Ne songez qu'à mon amour filial; celui-là est pur, et j'avoue que nous sommes aujourd'hui dans mon jour de fête... En faveur de mon noble père, je puis donc me donner quelques instants de trêve, et me réfugier sous une ombre de consolation... Dites-moi, Edward, avec votre humeur naturelle, ce que vous avez arrangé dans votre avenir.

— Une existence bourgeoise, telle que je vous l'ai dépeinte dernièrement. Il m'est permis, je crois, de faire des châteaux en Espagne africains, de rêver la fondation d'une colonie et la fortune idéale de Palmer. J'use de mon droit, et sur le rivage du golfe d'Arabie je donne un supplément aux *Mille et une Nuits*. Il faut bien relever un peu mon existence bourgeoise ! D'abord, je me marie ; j'épouse une femme que j'aurais choisie entre dix mille, et qui, se trouvant seule ici, m'a sauvé les embarras et les incertitudes du choix.

Nous nous marions à Ceylan ou à Cape-Town, et nous nous installons après à la Floride.

J'établis une plantation sur ce beau port que j'ai découvert, et auquel j'ai donné votre nom. Nous nous associons avec mon beau-frère Willy. Nous amassons une fortune incalculable.

Je fais un voyage en Angleterre pour montrer Londres à ma femme et la présenter à quelques honorables débris de ma famille. Ceci est de la bonne tactique conjugale ; je connais le mariage par l'expérience de mes amis.

C'est autant de gagné pour mon noviciat.

Ma femme me désolerait ici toute la vie avec ses fantaisies de voyages à Paris ou à Londres, et je serais le plus malheureux des époux. Je prendrai donc l'initiative. Je donnerai à mon ange, pendant six mois d'hiver, l'enveloppe du charbon de Londres et des brouillards de Paris; vous concevez d'ici le désespoir d'Elmina.

Elle me redemandera ses beaux arbres, ses étoiles, son soleil, son lac, son Duke, son Jémidar, ses volières, ses abeilles, tous ses trésors d'enfant. Je feindrai de me faire violence, et je lui rendrai tout, comme dans l'excès d'une complaisance d'amour conjugal.

A notre retour ici, je serai bien rassuré contre un nouveau caprice de voyage, et ma vie continuera son sillon de soie et d'azur ; parfois je me ciselerai sur le visage un semblant de spleen, et je lui dirai, avec un soupir, faux comme un ténor anglais :

— O ma douce amie, mon Elmina! je donnerais mille livres d'ivoire et d'émeraudes pour être encore une fois, avec vous, à la cinquième arche de *London-bridge*, et admirer l'absence du soleil couchant sur le vernis de noir de fumée qui décore l'escalier du palais de Sommerset !

Et puis, quel bonheur d'aller ensuite écouter un discours de M. Atwood à la chambre des communes ! de lire, en manuscrit, un article de M. Paterson sur la coupe des bois dans la Nouvelle-Hollande, où il n'y a pas de bois! d'admirer à Drury-Lane le dernier décor de l'opéra nouveau, où Willis a peint, à la colle, le lac et les ombrages du Tinnevely !..

Voyez-vous d'ici, cher Lorédan, la colère de ma douce Elmina? Moi, je sens déjà sur mon visage l'empreinte de ses jolis doigts; je suis fou de bonheur en songeant à ces charmantes scènes d'intérieur domestique ; et quoi que vous puissiez en dire, mon ami, j'espère bien que vous en serez l'unique témoin, et que vous intercéderez en ma faveur, pour apaiser l'innocente colère d'Elmina.

— Edward, soyez heureux, car vous méritez de l'être... laissez-moi à ma destinée... je ne reverrai plus la Floride, je ne reverrai plus Rita.

Vous m'indiquerez le chemin que je dois suivre pour me rendre au port vierge dont vous m'avez parlé ; là j'attendrai le passage d'un navire ; c'est la grande route qui mène du golfe Arabique à Madagascar et au Cap. Willy me donnera quelques-uns de ses serviteurs. Nous ferons sur la côte des signaux de feu comme font les naufragés pour appeler un navire à leur aide.

Arrivé dans un port de commerce, un port voisin, je me mettrai en relation avec Willy; vous me seconderez, j'espère, dans ce dernier service, Edward, pour faciliter mes opérations, et je compte même sur vos piastres de réserve pour payer largement mon passage, et retourner à ce port qu'il vous a plu d'appeler de mon nom.

Vous voyez que j'ai tout prévu, dans l'intérêt de mon père, le mien et celui de Jonathen. La seule opération commerciale que je ferai ne révélera point la baie d'Agoa au navire que je ramènerai; cette baie gardera son incognito, selon l'ancien et respectable vœu des Jonathen.

En songeant à mes intérêts, je ne voudrais pas compromettre ceux de mes bienfaiteurs.

— Lorédan, votre plan est sage, et je l'approuve sans restriction. Seulement, je ne crois pas qu'il soit très-convenable à vous de quitter le vieux Jonathen sans lui faire vos adieux et lui serrer la main...

— Edward, je fais encore un appel à votre intelligence inépuisable en expédients. Vous inventerez ce que vous voudrez... Croyez-vous donc, Edward, que je pourrais supporter encore la vue de Rita, lorsque son visage éclatera de joie et d'amour devant son Willy?

Oh! je sens que mon cœur éclaterait en lambeaux à ce spectacle; l'idée seule gonfle les veines de mon cou, remplit ma langue d'une saveur amère, allume la fièvre à mon front, brûle les racines de mes cheveux!

Non, je ne veux rien voir; j'en mourrais sur l'heure, et j'ai trop de saintes choses à faire avant de mourir! Edward, encore un service, vous me le rendrez, n'est-ce pas?.. Contez-lui mon histoire et celle de mon père avec sincérité; cela vaut mieux qu'un subterfuge. Jonathen a le cœur d'un père, il me comprendra, il m'excusera.

— Vous êtes bien fixé dans tous les détails de cette résolution, Lorédan?

— Inébranlable.

— Vous ne voulez plus revoir ni la Floride, ni Jonathen, ni...?

— Je ne veux plus revoir que vous, Edward... Voici mes dernières instructions : vous direz à Rita que c'est vous qui m'avez sauvé la vie; vous direz à Willy que Rita n'est pas ma sœur; vous direz à Jonathen que je lui garderai ma reconnaissance jusqu'à la mort, et que je viendrais à lui du bout du monde, s'il demandait ma vie ou mon bras.

Vous cacherez à tous le délire de mon amour, afin que mon malheur ne trouble pas un instant la sérénité de l'habitation.

— Dieu me garde, Lorédan, de contrarier vos nobles idées : elles ont toutes un sens; elles marchent vers un but respectable, et je serai trop heureux de vous seconder.

Relisez ma lettre de l'autre jour, et vous verrez que je vous donnais déjà de mystérieuses consolations; car l'amour de Willy et de Rita m'était connu, et je prévoyais le dénoûment. Il me reste une chose à vous dire, et je veux être obéi. M'obéirez-vous?

— Mais...

— Point de mais; le *mais* ne répond pas.

— J'obéirai.

— Bien, Lorédan!.. Prenez ce papier, prenez... Je l'ai écrit le premier jour de notre chasse aux éléphants... dans le bois des mimosas. Je devais mourir le lendemain, selon mon usage; et selon mon usage aussi, je ne suis pas mort. Je vous dis alors que j'écrivais le portrait du lion pour miss Elmina; je vous trompais : ce papier...

— Edward, ce papier est votre testament; c'est le don de l'héritage de votre tante, mistress Kellett. Je le savais.

Edward bondit horizontalement sur son lit de caverne, comme si la terre eût tremblé dans cette alcôve de granit.

— Comment diable le saviez-vous? s'écria-t-il. Ce papier ne m'a jamais quitté.

— Ce fut une indiscrétion de ma part et dont humblement je m'accuse, mon ami. Je lus ce papier pendant votre sommeil.

— A la bonne heure; je vous ai cru sorcier un instant; j'aime mieux vous savoir indiscret : c'est plus naturel et moins effrayant... Alors, vous savez tout... Or, ce testament vous dispensera d'attendre la fin de vos opérations commerciales; il vous met aux mains sur-le-champ du bon argent monnayé, seule valeur qui apaise les créanciers hideux. Votre délicatesse ne doit pas s'alarmer de ma proposition, je me rembourserai moi-même de mes propres mains, ici, au comptoir de Willy. Cela vous fait gagner un temps fort précieux, n'est-ce pas?

— Edward, vous êtes un trésor d'obligeance. Laissez-moi serrer votre main. C'est accepté.

— Parbleu! je crois bien que vous acceptez. C'est moi qui suis l'obligé dans cette affaire. Vous m'épargnez les embarras d'une succession. Vous allez régler chez mon notaire pour moi, dans mon pays; et moi, sybarite commerçant, je n'ai qu'à ramasser des monceaux de piastres qu'un agent de Compagnie me jettera sur le quai du port de Gessin!

— Adorable jusqu'au bout! Edward... oui, oui, puisque vous le voulez, c'est moi qui vous rends service en cette occasion.

— Mais il me semble que c'est fort clair, Lorédan...

— Très-clair, Edward.

— Demain, à notre réveil, vous aurez une conversation avec Willy, Lorédan, et vous lui expliquerez votre position. Puisque vous m'autorisez à l'expliquer à l'oncle, commencez, vous, par le neveu. Willy vous choisira ses plus intelligents sauvages; ils seront vos guides, et vous arriverez à votre port, au port de Gessin, en quinze heures, en marchant de notre pas d'oiseau. Quand j'aurai vu Jonathen et mon Elmina, j'irai vous rendre une visite à cheval, car je ne suppose pas que vos signaux de naufragés vous amèneront un navire le premier jour...

— Edward, j'accepte votre visite, à condition que vous ne me parlerez pas de Rita. Que ce nom soit ici prononcé pour la dernière fois.

— Vous serez obéi, Lorédan. La suppression de ce nom dans nos entretiens sera, je l'espère, le commencement de l'oubli...

— Quelle étourderie de créole! dit Lorédan avec une voix qui sifflait entre ses dents serrées par la rage; quelle folie de jeune fille ! elle rencontre un sauvage dans un désert, et elle l'aime, ou du moins elle croit l'aimer !

— Ah ! Lorédan, mon ami, dans un désert, il y a des lois naturelles qui déterminent notre penchant à notre insu. Si un système de physiologie pouvait vous consoler, celui que je vais vous soumettre, avant de m'endormir, ne serait pas à dédaigner. Lorédan, notre espèce humaine, rendue à l'état primitif, obéit à la grande et souveraine loi du croisement des races. Ceci est encore dans la Bible. Les Juifs ont aimé les femmes des Gentils, en arrivant chez elles, et ils ont abandonné leurs Égyptiennes. Dans l'Inde, nous voyons ce système oriental se confirmer par des milliers d'exemples. A la fin de ce siècle, l'Europe aura épousé l'Asie, et toutes deux gagneront à ce croisement. Le vieux monde ne peut se rajeunir que par cet hyménée. Des deux côtés, on y marche à grands pas. Ici, dans ce petit coin de terre, dès que notre jeune Willy a vu Rita, Espagnole et Française, il a eu deux raisons pour l'aimer du premier coup d'œil, et la jeune fille a été forcée d'obéir au même instinct. Ce n'est pas sa faute : il y a une loi. Après cet exemple, Lorédan, pardonnez-moi si je vous en cite un autre, le mien, quoiqu'il ne soit pas exactement rigoureux, puisque miss Elmina et moi nous appartenons, par nos aïeux, au même sang; mais à la Floride, nous nous sommes retrouvés, l'un vis-à-vis de l'autre, complétement étrangers. La jeune créole a distingué l'Européen... Ma fatuité serait inexcusable, si elle n'était pas justifiée par la gravité d'un système physiologique. Aussi, Lorédan, vous me pardonnerez ce fait trop personnel. La science doit passer avant la modestie.

— Edward, — dit Lorédan avec une voix pleine de mélancolie, — Edward, vos systèmes sont peut-être bons; mais ce qui amuse l'imagination ne console pas le cœur.

— En ce cas, — dit Edward, prenant la pose du sommeil, — essayons de dormir; dans tout système physiologique, il y a une dose d'opium, profitez-en, et remerciez-moi quand vous aurez bien dormi.

Un silence général suivit cet entretien. On entendait à peine les pas légers de Nizam qui faisait sa ronde et veillait sur les sentinelles. Ce luxe de précaution était inutile en l'absence de tout danger ; mais Nizam avait des habitudes de prudence qui tenaient ses yeux toujours ouverts en pays ami ou ennemi.

Les étoiles s'inclinaient vers leur couchant, lorsque Nizam poussa le cri de réveil, et les chasseurs reprirent aussitôt le chemin de la Floride. Nous ne les suivrons pas dans leur marche, parce qu'elle ne fut troublée par aucun incident digne d'intérêt. Il est même presque inutile de dire qu'à la hauteur du port auquel sir Edward avait donné le nom de Gessin, Lorédan, qui s'était longtemps entretenu avec Willy, se sépara de la troupe avec une escorte de cinq sauvages makidas.

Par un privilége que le théâtre doit prêter à l'histoire, nous changerons le décor de cette scène, et nous nous transporterons au balcon du belvédère de la Floride, où deux jeunes filles sont assises, et causent comme chantent deux oiseaux à la cime d'un bananier.

XVI.

ARRIVÉE AU PORT.

Il ne reste au soleil que deux heures d'horizon. Une brise fraîche monte du lac voisin et joue dans les plis du drapeau de la Floride. Rita et Elmina, dans une pose admirable de nonchalance créole, regardent la cime de la montagne Rouge comme si le soleil de la nuit allait poindre de ce côté.

— Oh ! oui, ils tardent bien, — dit Rita, en froissant avec ses doigts un mouchoir de dentelle de Chine, — ils tardent bien, nos pauvres chasseurs ! Voici la nuit bientôt... je n'aime pas la nuit quand je suis triste.

— Ma bonne Rita, — dit Elmina en jetant son bras au cou de son amie, — j'ai passé bien des heures cruelles à ce belvédère... Hélas ! ici on attend toujours quelqu'un qui est en péril ; c'est notre destinée !.. Mais je n'ai jamais plus souffert qu'aujourd'hui... j'ai là... dans mon front qui brûle... j'ai un pressentiment...

— Mon Elmina, le capitaine Jonathen, votre oncle vénérable, me disait encore ce matin : Willy s'échapperait de l'enfer...

— Willy n'est pas seul, mon ange Rita... Willy est avec de braves gens qui sont nos amis, et qui ne sont pas aussi lestes, aussi adroits, aussi heureux que mon frère... Ce retard n'annonce rien de bon, chère Rita.

— J'ai fait une prière ce matin, moi... j'ai prié pour votre frère, pour sir Edward et les autres... pour ces pauvres sauvages aussi... Cela m'a donné un peu de tranquillité... j'ai récité l'oraison de saint François-Xavier, l'apôtre des Indes... C'est ma mère qui me l'a apprise, cette oraison ; elle donne une sainte confiance au cœur.

— Que vous êtes heureuse, Rita !

Les deux jeunes femmes, par intervalles, suspendaient ainsi leur entretien pour mesurer la montagne Rouge, de la base à la cime, à l'aide de la lunette d'approche, tournoyant sur son pivot ; la lentille leur montrait dans un voisinage effrayant les plus petits détails de l'horizon : les brins d'herbe agités par le vent du soir, les petits cailloux dorés, les ombres noires des crevasses, les vallons de l'orient déjà ténébreux sous des crêtes radieuses, les vapeurs subtiles qui se levaient sur les lacs et les fleuves lointains.

Tout à coup Elmina poussa un cri de joie et recula comme de peur, car il lui sembla que son frère Willy sortait de terre à deux pas de son œil.

La nonchalance créole fut subitement remplacée par une vivacité de feu : Les voilà ! s'écria Elmina en embrassant Rita, et leurs robes de soie jaune du Bengale frissonnèrent sous leurs étreintes d'amitié.

Rita s'empara de l'observatoire, et, à son tour, elle regarda, inclinée sur l'instrument. Elle dénombrait les chasseurs à mesure qu'ils apparaissaient sur la cime de la montagne.

— Oui, disait-elle, voilà votre frère ; on le reconnaîtrait dans une armée, avec sa démarche de lion... Voilà Nizam... voilà Neptunio et Duke... voilà sir Edward...

— Mais laissez-moi donc un peu voir, moi aussi, chère Rita! dit Elmina en écartant avec une main délicate la tête de Rita du verre de l'instrument. Rita, vous êtes bien égoïste, ce soir!

— Oui, regardez sir Edward, dit Rita en cédant sa place avec un léger ton de malignité.

— Ah! mon Dieu! s'écria Elmina, ils n'y sont pas tous!.. ils n'y sont pas tous!.. Sir Edward est seul... Regardez, regardez, Rita... mes yeux ont un voile... regardez pour moi, regardez, Rita!

Une sueur froide couvrait le visage d'Elmina, et les doigts qu'elle plaça sur les épaules de son amie étaient glacés.

— Je vois très-bien Willy, chère Elmina, dit Rita, l'œil au verre, je vois Neptunio comme si je le touchais avec le doigt... je vois Nizam... je vois sir Edward...

— Seul?

— Seul... il regarde la Floride... On dirait qu'il ne peut nous voir.

— Rita, sir Edward est-il seul?

— Oui, vous dis-je, seul, bien à l'écart des autres... bien loin d'eux. Voici les chasseurs... sur une seule ligne... une ligne de visages noirs... ils descendent tous d'un pas très-rapide...

— Il manque donc un de nos amis! s'écria Elmina, avec la voix de l'âme.

— Oui... Je ne vois pas M. de Gessin... sir Edward a le visage triste...

— Regardez bien, chère Rita... regardez-les tous, l'un après l'autre, au nom de Dieu!

— Elmina, je ne puis pas me tromper; les voilà tous descendus... La montagne devient déserte... M. de Gessin n'est pas avec eux.

Elmina poussa un cri terrible et tomba sans connaissance sur la natte du balcon. Rita se précipita sur son amie, et les serviteurs entendirent cet éclat de voix stridente qui s'élance de la poitrine des femmes dans les moments suprêmes et glace les hommes d'un frisson de terreur.

Quand un événement triste éclate entre les quatre murs d'une maison, il semble que les objets extérieurs le racontent à ceux qui arrivent. Les choses muettes et inanimées parlent; les fenêtres, les portes, les arbres, les murailles ont une physionomie dolente.

Les amis, arrivant après un voyage, regardent de loin, avec des yeux inquiets, cette maison tant désirée, et redoutent d'en franchir le seuil. Tout leur dit qu'ils ne retrouveront plus à leur retour ce qu'ils ont laissé au départ.

Sir Edward avait dans son coup d'œil cette exquise perception des choses mystérieuses de la vie, et il lui suffisait de voir peu pour deviner beaucoup.

En traversant le pont du fossé occidental, il vit quelques serviteurs intimes, courant dans les salles inférieures, de l'air de gens qui sont préoccupés de leurs affaires domestiques, et ne prêtent point d'attention à ce qui leur vient du dehors.

Il était en effet assez extraordinaire que le retour d'une expédition aussi importante n'excitât aucune sorte de curiosité, au point que le maître de la maison lui-même, toujours si exact à franchir l'enceinte pour aller féliciter ses chasseurs, restait invisible cette fois et ne témoignait aucun empressement.

Sir Edward s'attendait donc à quelque nouvelle sinistre sans trop en préciser l'espèce; mais cela lui suffit pour préparer son courage contre toute éventualité fatale, comme le soldat qui revêt sa cuirasse avant le combat sans connaître la face de son ennemi.

Une voix intérieure appela Nizam deux fois. Le serviteur s'élança le premier sur le seuil de la maison, et du seuil sur l'escalier. Willy suivit Nizam.

Sir Edward resta dans la grande salle. La troupe des chasseurs se dirigea vers les grands arbres de la métairie, du côté de la façade occidentale de l'habitation.

Après une heure écoulée dans cette attente singulière, où l'on ne sait pas ce qu'on attend, sir Edward vit entrer Nizam et lui fit signe d'approcher.

— Je vous cherchais, sir Edward — dit le serviteur à voix basse — vous savez combien je vous suis dévoué; vous savez aussi que je devine assez facilement ce que l'on me cache; eh bien! sir Edward, mon maître et mon compatriote, permettez-moi de vous parler avec franchise et de vous donner une preuve de mon dévouement.

— Voyons, Nizam, parlez, dit sir Edward avec un sourire charmant, et une voix si calme, qu'elle déguisait une vive agitation intérieure à l'oreille subtile du serviteur anglo-indien.

— Miss Elmina vient de subir une crise nerveuse très-violente; on m'a appelé pour lui donner des soins; mais son état n'a rien d'alarmant; j'ai prescrit quelques remèdes insignifiants pour la forme, et surtout pour guérir les alarmes de son oncle. Sir Edward, je vous l'ai dit depuis longtemps, miss Elmina n'a plus son caractère d'autrefois. Quand nous revenions de la chasse elle accourait à notre rencontre pour nous accabler de questions; maintenant elle se trouve mal toutes les fois que nous arrivons ici... Vous n'avez aucune observation à m'adresser, sir Edward?

— Aucune, mon brave Nizam.

— Vous m'autorisez donc à continuer, sir Edward?

— Sans doute. Je ne sais vraiment pas où vous voulez en venir. Vous piquez ma curiosité, Nizam. Hâtez-vous de parler; je crains l'arrivée de quelque importun.

— Pour nous mettre plus à l'aise, allons causer, à l'écart, sous les arbres de la terrasse; n'est-ce pas, Nizam?

Les deux interlocuteurs sortirent de la maison, traversèrent la terrasse, et se firent éclipser par de profonds massifs de verdure.

— Maintenant, dit sir Edward, vous pouvez parler.

— Sir Edward, — dit Nizam, en ouvrant ses grands yeux indiens, pleins de finesse et de feu, — sir Edward, vous savez que les serviteurs observent tout, entendent tout, sans rien dire, et qu'un jour arrive où ils devinent tout. Lorsque j'ai vu, sous le même toit, une jeune fille américaine et un jeune Français, je me suis dit: cela finira par un mariage.

Notre maître Willy n'a pas manqué aussi de devenir

amoureux de *la* jeune Française-Espagnole ; je l'avais prévu. Dans l'Inde, nous ne voyons jamais que des mariages croisés ; il y a un Dieu pour cela. Mon père était Indien, ma mère Anglaise. Vous, sir Edward, qui observez tout, vous ne devez pas avoir laissé échapper ces croisements de races...

— Oui, Nizam, tu as raison... j'ai quelquefois réfléchi.,, mais ton préambule est un peu long ; viens au fait.

La voix de sir Edward perdait et regagnait son calme à chaque mot, un effort terrible se faisait en lui.

— Eh bien, dit Nizam, M, Lorédan de Gessin a finement caché son jeu ; il avait l'air d'éviter miss Elmina, et il affectait de ne jamais lui adresser la parole ; mais à la fin, tout se découvre. Il était amoureux de miss Elmina !.. Qui ne serait pas amoureux de miss Elmina ?.. Moi, vieux serviteur, n'ai-je pas mille fois baisé le gazon que ses pieds d'ange avaient courbé !..

Ah ! il y a en ce moment un homme plus heureux qu'un dieu ! miss Elmina aime votre ami M. de Gessin !..

L'Asie donnerait ses perles, son ivoire, son corail pour être cet homme ! J'avais aussi, depuis longtemps, découvert l'amour de miss Elmina... et vous, sir Edward, qui devinez si bien les choses, cet amour, d'après ce que je viens d'entendre, était donc un mystère pour vous ?..

Miss Elmina vous faisait à vous des agaceries d'enfant, des coquetteries charmantes ; cependant vous n'étiez pas sa dupe ; vous connaissez trop les femmes !..

Vous saviez peut-être que l'homme qu'elle aimerait, serait celui qu'elle ne regarderait jamais devant témoins... Panthère d'Elmina !..

Un seul mot de Rita, un mot prononcé tantôt devant le capitaine Jonathen et Willy, nous a découvert à tous la vérité. Miss Elmina s'est évanouie de douleur, au balcon du belvédère, lorsqu'elle a vu les chasseurs arriver, sans votre jeune ami... elle l'a cru mort et dévoré...

Au fond, je ne comprends rien à la conduite de M. de Gessin ; il songe à une affaire de commerce et néglige miss Elmina ! Tout l'ivoire que nous avons découvert ne vaut pas un doigt de sa main !..

On a raison de le dire : les Français sont bien légers ! Pardonnez-moi, sir Edward, si j'accuse votre ami ; mais il me semble que miss Elmina ne doit pas être oubliée pour quelques livres d'ivoire mort !

Sir Edward, dans ce moment de crise, atteignit au sublime de l'héroïsme bourgeois ; à force d'énergie il se rendit maître des deux plus inexorables passions de l'homme, l'amour-propre et l'amour.

Un sourire, composé avec un artifice surhumain, éclaira son noble visage, et supprima sur ses traits la plus légère contraction de douleur : sa voix même retrouva ses notes naturelles, et trompa Nizam, lui, dont l'oreille distinguait, à cent pas, le frôlement de la plume du colibri sur le brin de myrte.

— Nizam, dit-il, vous ne m'apprenez rien de nouveau. Tout cela m'était connu ; vos idées sur le croisement des races en Asie sont justes, nous aurons deux mariages à la Floride ; ce n'est plus qu'une question de temps. Maintenant, dites-moi, mon brave Nizam,

qu'avez-vous remarqué dans le langage ou sur la figure du capitaine Jonathen ?

— Son visage, sir Edward, a une expression singulière dont j'ai cherché le sens véritable inutilement... Il a dit une phrase à Willy, une phrase à voix basse, mais que j'ai entendue...

Il faut tout cacher à sir Edward.

Cela m'a fait réfléchir. Il paraît, me suis-je dit, que sir Edward n'a reçu aucune confidence de son ami, et qu'il ne s'est pas aperçu, comme moi, de l'inclination de miss Elmina pour M. de Gessin. Alors, mon dévouement pour un compatriote m'a poussé à venir vous dévoiler tous ces mystères de jeunes gens, afin que votre sagesse vous dicte ce que vous jugerez convenable de faire en cette occasion.

— Je vous remercie, mon brave Nizam. Maintenant, je veux voir ce que me diront les Jonathen ; j'agirai en conséquence... Nous nous reverrons, s'il le faut... Où avez-vous quitté les Jonathen ?

— A la porte de la chambre de miss Elmina. Mademoiselle Rita est venue se replacer à côté du fauteuil de son amie, après avoir causé quelques instants avec son oncle.

Willy et le capitaine s'entretenaient à voix basse, lorsque je me suis retiré. Ils ont parlé bas inutilement ; j'ai presque tout entendu. Le capitaine avait une figure de désespoir. Oh ! il était affreux !

Edward fit un signe ; Nizam s'inclina respectueusement et se retira. Resté seul, Edward fit ce monologue mental :

— Ce bon capitaine Jonathen ! voilà la récompense de son hospitalité généreuse ! Soyez hospitaliers après cela ! La désolation est dans cette maison, et c'est nous qui l'avons apportée ! Quel don de reconnaissance ! Oh ! il faut, à tout prix, remettre la sérénité sous les cheveux blancs de ce vieillard ; c'est un devoir saint ! Jonathen n'a point encore communiqué à Elmina ma demande en mariage ; c'est évident, il attendait le retour de notre expédition.

Si Dieu m'aide, tout peut s'arranger ; quant à moi, je donnerai l'exemple de l'abnégation : nous verrons ensuite si l'amitié me comprendra !

Le jour tombait.

Edward gagna le milieu de la terrasse, et attendit avec une impatience déguisée l'apparition du capitaine Jonathen. Dès qu'il le vit descendre du perron, il s'avança vers lui d'un pas leste, et ne laissant voir sur sa figure qu'une teinte de douleur modérée qui pouvait être attribuée à l'intérêt amical donné à l'indisposition de miss Elmina : dès qu'il fut à portée de ses mains, il les lui serra vivement, et lui dit, avec sa voix calme de ses plus beaux jours :

— J'espère, capitaine Jonathen, que l'indisposition de votre charmante nièce n'aura pas de suites.

— Elle a éprouvé une émotion... de joie... en revoyant son frère Willy — dit Jonathen, avec un embarras de maintien, de gestes et d'organe qui ne pouvait échapper à sir Edward.

— Je suis bien coupable envers vous, capitaine Jonathen, dit sir Edward en portant ses mains croisées à la hauteur de sa bouche et les laissant retomber de toute la longueur du bras.

Elphy, portez cette lettre à Jonathen.

Jonathen recula d'un pas et prit une attitude d'interrogation.

— Oui, bien coupable — ajouta sir Edward — et il est temps que je m'en accuse. Je vous ai trompé, capitaine Jonathen... il m'a fallu céder aux exigences impérieuses de l'amitié...

Un ami dans un désert, c'est un frère, un père, toute une famille; quand il commande, on doit obéir aveuglément; c'est ce que j'ai fait... M. Lorédan de Gessin avait un devoir sacré à remplir, un devoir filial..... son cœur était partagé entre deux affections.

Il aimait une femme; il aimait son père.

Mon ami n'a pas osé affronter sa destinée dans l'affaire la plus délicate de sa vie; il redoutait de sonder les intentions paternelles d'un oncle sur la plus adorable des nièces; il m'a chargé de ce soin. Ceci est étrange, inouï et peut-être même révoltant à vos yeux.

Aussi, je m'en accuse comme d'une faute devant la sainte autorité de vos cheveux blancs. Une seule chose pourrait atténuer mes torts; miss Elmina ne connaissait pas mes précédentes démarches; miss Elmina ignore tout.

Il n'a été question de mariage qu'entre vous et moi. Mon ami voulait savoir si la main de votre nièce était libre, et votre réponse donnée, il aurait songé à son père qui rien au monde ne doit lui faire négliger.

Maintenant, capitaine Jonathen, oubliez tout ce que je vous ai dit précédemment; ce n'est plus un homme de trente-sept ans, dévasté par le feu de ses voyages; ce n'est plus un Anglais qui vous demande la main de votre nièce américaine, c'est un jeune homme, un Français, un héroïque voyageur qui a déjà vingt fois exposé sa vie pour sauver la vie de son père; c'est M. de Gessin qui vous demande l'honneur d'entrer dans votre famille, et qui attend votre réponse, cette nuit même, à douze milles de l'habitation.

Sir Edward avait été encouragé à s'exprimer ainsi, car la figure de Jonathen reprenait insensiblement sa sérénité patriarcale, à chaque phrase de son interlocuteur.

— Sir Edward, dit le vieillard avec une émotion qui faisait trembler ses mains, votre faute n'a fait de mal à personne. J'attendais le retour de l'expédition pour parler à ma nièce; elle ne sait effectivement rien.

Mon neveu Willy avait eu un tort bien plus grand envers vous, sir Edward... il m'a tout confessé... Eh bien! lorsqu'il a troué votre chapeau avec une balle, vous n'avez songé, vous, qu'à lui sauver la vie! Ainsi ne parlons plus de fautes. Pardonnons-nous mutuellement.

M. de Gessin est fort timide; je l'avais jugé ainsi; vous êtes hardi comme un gentilhomme voyageur, vous, sir Edward, et vous avez eu recours à un subterfuge par dévouement d'amitié... Je conçois cela; vous vouliez garder à vue Elmina pour compte d'ami...

Au fond, nous ne sommes pas obligés, dans notre désert, à suivre rigoureusement les usages du monde. Vous aimez les choses originales, sir Edward; je les aime aussi; la preuve en est dans mon goût d'ermite-planteur.

A vous parler franchement, à cette heure où tout doit se dire, je crois que ce mariage ne rencontrera point d'obstacles, et j'ai de puissantes raisons de vous dire que je donnerais la moitié des jours que Dieu me laisse, pour serrer à présent la main de votre ami, M. de Gessin.

— Pas un mot de plus, capitaine Jonathen. Faites-moi seller Spark et ordonnez à Elphy de me suivre.

— Sir Edward, voici la nuit, attendez au moins...

— Pas une minute... Ces deux demoiselles sont-elles un peu remises de leur saisissement?

— Willy a rassuré Rita sur son frère...

— Cela me suffit. Capitaine Jonathen, je prends au vol mon léger bagage et mon desk ; je serre les mains de Willy et les vôtres; je monte Spark, et une heure après, je suis auprès de mon ami Lorédan. Capitaine Jonathen, c'est la vie que j'aime, vous le savez; partir, courir, arriver, repartir! Rendez-moi à mon élément.

Jonathen inclina la tête en signe d'adhésion ; et tout fut bientôt fait selon les désirs d'Edward.

Elphy était fier sur la terrasse, et jouait avec les oreilles de Spark; l'expression joyeuse et folle de ses aboiements annonçait tout le bonheur qu'il ressentait de se voir associé à son cheval favori pour le service de la maison.

Nizam posa le pont sur le fossé méridional et le traversa le premier pour attendre sir Edward de l'autre côté de l'enceinte. Dès que le gentilhomme anglais parut, Nizam lui dit avec une expression de voix déchirante :

— Sir Edward, je vous ai compris; songez à moi; ne m'abandonnez pas; rendez-moi la liberté de la mer !

— Nizam, dit Edward, incliné sur la crinière de Spark, demain je vous attends, au milieu du jour, à la baie d'Agoa, sous le palmier où j'ai attaché au cou d'Elphy les bracelets pour miss Elmina.

Et le cheval et le chien partirent, comme deux éclairs, dans la direction de Limpide-Stream.

L'élan rapide du cheval est comme le délire; il ne donne au cerveau qu'une seule idée, une idée fixe que rien ne peut chasser. Dans sa route, sir Edward fit un long monologue mental sur ce thème unique :

« Un honnête homme est souvent obligé de tromper pour faire le bien, comme un autre trompe pour faire le mal : c'est désolant ! »

Arrivé à la baie d'Agoa, il longea la mer en remontant vers le nord.

Elphy courait en avant pour découvrir la chose quelconque cherchée par sir Edward pour le service de la maison.

Un aboiement extraordinaire, entremêlé de plaintes, retentit entre la double solitude des bois et de l'Océan.

Le cavalier mit la main droite sur les armes de la selle, et regarda du côté des arbres, plus sombres que la nuit.

Les ténèbres ne laissaient rien voir à dix pas.

Elphy prolongeait ses lamentations gutturales et presque humaines; il était déjà bien loin, et il n'arrivait pas à l'appel d'Edward; ce qui faisait craindre qu'il ne fût engagé avec quelque formidable ennemi, attiré par le galop du cheval.

Enfin, après avoir franchi les racines d'une montagne, allongée en promontoire vers la mer, Edward découvrit un immense feu de signal, allumé sur la côte, et si bien entretenu que sa cime semblait se marier au feu des étoiles.

Elphy s'était arrêté devant ce spectacle si nouveau pour lui, et il avertissait de loin son ami Spark, par ses aboiements de détresse.

Cependant l'intrépide chien n'hésita pas de se précipiter du côté de la flamme, lorsqu'il vit Edward éperonner le cheval dans cette direction.

Quelques instants après, les deux amis se serraient les mains, à ce bivouac du désert.

Edward mit dans le ton de sa voix sa légèreté habituelle, et confiant le cheval au premier serviteur accouru :

— Mon cher Lorédan, dit-il, je vous félicite sur votre campement improvisé. Vous n'avez pas perdu votre temps. N'est-ce pas que votre port est bien beau? Ce site me rappelle la rade d'Ajaccio et les montagnes impériales de la Corse... Vous ne m'attendiez pas à cette heure? avouez, Lorédan.

— Au contraire, je vous attendais, Edward, répondit Lorédan avec le calme d'un homme qui a pris une détermination.

— Ah! vous m'attendiez? merci de votre confiance...

— L'aboiement du chien et le galop du cheval m'ont confirmé dans une idée que j'avais eue... Au coucher du soleil, j'ai découvert à l'horizon une voile. Sir Edward, me suis-je dit, a jeté un coup d'œil sur la mer des hauteurs d'Honing-Clip, il viendra me faire ses adieux, de peur de ne plus me trouver ici demain.

— Vous avez raisonné juste, Lorédan.

— Nos domestiques noirs me sont d'un grand secours; ils entretiendront ce feu énorme toute la nuit.

Au lever du soleil, je compte voir arriver une embarcation. La Providence m'a bien favorisé, au delà de mes espérances. Au lieu de languir ici, comme je pouvais m'y attendre, il est possible que je parte demain.

— Eh bien ! dit Edward avec une tranquillité superbe, eh bien ! nous partirons ensemble.

Le visage de Lorédan éclairé par la flamme exprima un étonnement qu'aucun artiste n'a jamais peint sur toile.

— Vous partez ! vous, Edward ! s'écria le jeune homme avec un accent inouï.

— Je pars aussi, mon cher Lorédan... Regardez... voilà mon bagage de voyageur anglais. Je ne viendrais pas vous faire une visite avec tout cet attirail de garçon.

— Et votre mariage, Edward ? — demanda Lorédan d'un air de plus en plus bouleversé. — Et votre mariage, Edward ?

— Mon mariage ! bah ! il est allé rejoindre les autres dans leur néant.

— Vous n'épousez pas miss Elmina ?

— Je ne l'épouse pas. C'est une fatalité attachée à mon nom. Je vous l'ai dit cent fois, Lorédan...

— Oh ! c'est incroyable !..

— Lorédan, j'ai reculé... Au moment de tout conclure, j'ai eu peur... On n'est pas courageux à volonté. Le mariage est le plus terrible des ennemis domestiques.

— Parbleu ! je crois bien maintenant que les mariages vous échappent, si vous faites toujours comme aujourd'hui ! De cette façon, Edward, on peut manquer mille fois de se marier ; votre célibat ne m'étonne plus.

— C'est ainsi, Lorédan !

— Et comment votre loyauté s'accommode-t-elle de cette manière d'agir ?

— Quelle étrange question me faites-vous là, Lorédan ? Comment ! au lieu d'être enchanté de me voir partir avec vous ; au lieu de nous féliciter mutuellement de ce hasard heureux qui nous fait quitter ensemble ce rivage où nous avons abordé ensemble, vous prenez devant moi un ton de sévérité accablante, et qui me ferait mettre en doute votre amitié !

— C'est que je pense à ce malheureux vieillard, à ce noble Jonathen, notre père ; à cet homme excellent qui a mis toutes ses complaisances sur une jeune fille, et qui se voit indignement trompé par vous !.. sir Edward ! cela est affreux ! cela n'est pas gentilhomme ! cela n'est pas anglais !

— Vous êtes singulier, mon cher Lorédan ; avez-vous sondé comme moi la profondeur de l'abîme du mariage ? Il vaut mieux faire de sages réflexions au bord du gouffre qu'au fond.

— Il vaut mieux les faire avant de tromper un vieillard !.. Voyons, sir Edward, parlez-moi un peu de Jonathen ; comment a-t-il reçu votre dédit ? Donnez-moi, je vous prie, quelques détails sur votre dernière entrevue ; cela doit être bien honorable pour vous, sir Edward !

— Ah ! je suis forcé d'avouer que le pauvre Jonathen est plongé dans le plus violent désespoir.

— Comme il dit cela tranquillement !

— Eh ! comment voulez-vous que je le dise ? Je vais vous le répéter sur un autre ton, si cela vous plaît, mais vous trouverez toujours le même sens.

— Quel sang-froid ! Encore un mot sur le même ton, sir Edward, vous ne m'avez rien dit de miss Elmina...

— Miss Elmina, mon cher Lorédan, est malade ; mais Nizam la guérira.

— Ceci est trop fort, sir Edward, vous perdez le cœur !.. Miss Elmina, un ange de grâce, de douceur, de beauté !

— Oui, j'en conviens avec vous ; mais il faut que je l'épouse à perpétuité, mon cher Lorédan : les anges ont le tort d'être éternels.

— Sir Edward, je ne vous reconnais plus : votre langage est odieux. Quoi ! n'est-ce pas vous qui me disiez un jour qu'il fallait épouser miss Elmina, même comme sacrifice, si ce mariage souriait à la vieillesse de Jonathen, notre bienfaiteur ?

— J'ai dit cela, c'est vrai ; je ne me rétracte pas. Lorédan... Ainsi donc, vous, Lorédan, à ma place, vous n'auriez pas agi comme moi !

— Osez-vous me le demander, sir Edward ?

— Vous auriez épousé miss Elmina, Lorédan ?

— Quelle question !

— Vous l'auriez épousée sans l'aimer ?

— Mais, Edward, n'est-ce pas vous encore qui m'avez dit que l'amour est plus durable et plus vif quand il arrive après ?

— C'est juste ! j'ai dit encore cela, cher Lorédan. Vous avez une mémoire excellente ; la mienne est bonne aussi, et je vous rappellerai même que vous avez dit : *J'arriverais du bout du monde pour offrir à Jonathen mon bras ou ma vie.*

— Je ne le nie pas, Edward.

— Eh bien ! mon cher Lorédan, permettez-moi de faire une supposition... Si, à cette heure, vous, toujours épris de Rita, vous appreniez que Jonathen est dans le désespoir devant sa nièce en pleurs ; que Jonathen, sur le seuil de sa tombe, avait jeté les yeux sur vous pour protéger sa nièce avec le titre de son époux, et qu'il vous appelle pour recevoir de vous, non pas votre bras ou votre dernier souffle, mais un contrat de mariage avec miss Elmina ; voyons, Lorédan, parlez avec franchise, que feriez-vous ?

— Je ne balancerais pas un instant ; j'obéirais aux volontés de mon bienfaiteur, de ce vieillard qui sauve la vie et l'honneur de mon père ; je ferais taire dans mon cœur toute voix profane, j'épouserais miss Elmina.

— Vous l'épouseriez, Lorédan ? réfléchissez bien !

— Edward, j'atteste les eaux virginales de ce golfe, dont le baptême ne doit pas être un mensonge ; j'atteste ces déserts où Dieu a changé pour moi, la roche en ivoire ! J'épouserais miss Elmina.

— Eh bien, Lorédan, cette miss Elmina que vous avez appelée vous-même un ange de grâce, de douceur et de beauté, cette miss Elmina vous aime, elle est à vous !

Lorédan poussa un cri sourd et croisa ses mains par-dessus son front.

— Oui, poursuivit sir Edward avec solennité, oui, miss Elmina vous aime ; j'en atteste, comme vous, les eaux de ce golfe et ces déserts de Dieu ! Voilà pourquoi je suis venu ici.

Après une pause assez longue pendant laquelle Edward crut devoir respecter la surprise et le recueillement silencieux de son ami, il lui raconta tout ce qui s'était passé ou dit, à la Floride, avant et après le coucher du soleil, en mêlant à sa narration les circonstances de son duel avec Willy.

— Avec quelle innocente et amicale perfidie vous avez conduit cette affaire, cher Edward ! — dit Lorédan avec un ton de reproche plein de douceur, — comme j'ai donné tête baissée dans vos piéges adroits !.. Mais vous ne l'aimiez donc pas, vous, miss Elmina, puisque vous la sacrifiez ainsi de gaieté de cœur?

— Rappelez-vous, Lorédan, ce fameux conseil que je vous donnais dans ma dernière lettre, pour vous préparer vaguement au dénoûment malheureux de votre amour.

Ce conseil, je me le donne à moi aujourd'hui.

Je me vieillis de dix ans; et du haut de cet avenir, en me plaçant sous un autre ciel, sur un autre rivage, au milieu d'autres affections, je regarde en arrière, et je vois l'événement de ce jour comme un atome dans l'abîme du passé. Il n'est sorte de tourments d'amour dont on ne puisse parler avec calme au bout de dix ans. Eh bien ! j'ai la force de faire aujourd'hui ce que je dois faire un jour. Je vole mon avenir dans le trésor du temps.

— Mais je n'ai pas votre philosophie, moi, Edward... Laissez-moi respirer... j'étouffe sous le poids de cet imprévu écrasant !.. Comment avez-vous pu vous laisser prendre ainsi en défaut, vous, Edward, avec votre expérience?

— Eh! mon ami, que voulez-vous? c'est ainsi... Hélas ! nous n'avons qu'une vie à dépenser sur cette terre; si nous avions deux existences, j'aurais consacré la première à étudier les hommes, et la seconde à étudier les femmes. En l'état, on ne peut faire marcher de front ces deux études à la fois...

Mais, ne parlons pas de moi, Lorédan ; vous savez où j'en suis; que cela vous tranquillise sur mon compte. Il y a des procédés chimiques pour obliger les médailles neuves à vieillir, à la barbe des savants trompés; il y a des procédés moraux pour obliger le désespoir à vieillir et à prendre une fausse teinte de consolation.

Regardez ma figure, comme un antiquaire regarde une médaille fausse, et trompez-vous comme un savant. Oubliez-moi; songeons à vous, c'est l'essentiel... Jonathen vous attend.

— O mon cher Edward, ne demandez pas l'impossible, au nom de Dieu! Tant d'efforts sont au-dessus du courage humain... Edward, je ferai ce que j'ai dit; mais j'ai besoin de toute une nuit pour me préparer à rentrer dans cette maison qui m'avait exclu sans retour.

— Il se fait prier pour voir Elmina! cela me donne l'idée d'un damné qui refuse le paradis !.. Notre humanité n'a pas le sens commun.

— D'ailleurs, Edward, avant tout, il faut que j'attende ici le jour... Les intérêts sacrés de mon père ..

— Arrêtez-vous là, j'ai tout arrangé déjà. Ces intérêts sont les miens aujourd'hui. Vous devez bien penser, Lorédan, que je suis sorti de la Floride pour n'y plus rentrer; mon bagage en fait foi.

Nos rôles sont intervertis; je pars, et vous restez.

Je vais franchir ces deux ruisseaux qui me séparent de l'Angleterre; chemin faisant je vous expédierai un navire au port de Gessin. Je recueillerai mon dernier héritage; j'irai en France, je verrai votre père, et je promets de vous l'amener ici.

Que votre délicatesse ne s'alarme pas! A mon retour, vous serez riche, vous me restituerez ce que j'aurai donné. Lorédan, mon plan est irrévocable, et je supprime d'avance sur vos lèvres toute espèce de contradiction.

Lorédan se résigna aux volontés de son ami par une pantomime expressive; il était dominé surtout par le souvenir du duel de Willy.

— Maintenant, ajouta Edward, puisque vous ne rentrerez que demain à la Floride, il ne faut pas donner une mauvaise nuit à notre bienfaiteur Jonathen. Voici mon desk; vous allez écrire une lettre à Jonathen. Ce feu de signal vous éclaire comme un soleil.

Lorédan, il ne faut pas faire les choses à demi.

Écoutez bien : à la Floride, tout le monde ignore votre amour pour Rita ; et Rita, soyez-en certain, ne vous trahira pas : son âme est noble; elle croit encore que vous lui avez sauvé la vie; elle sera pour les autres toujours votre sœur ; elle a gardé religieusement ce secret ; elle le gardera encore aussi longtemps que vous le jugerez convenable.

Ainsi, Lorédan, préservez-vous bien de laisser entrevoir, dans votre lettre, la moindre phrase nébuleuse qui pourrait faire supposer que ce mariage est un sacrifice. Il faut être généreux et grand jusqu'au bout. Sans afficher avec éclat un amour encore absent, il faut vous servir d'expressions délicates et tendres, pleines de réserve et de modestie, conformes enfin au caractère que Jonathen se plaît à vous donner.

Quand on a le bonheur d'épouser miss Elmina, et de faire tressaillir de joie l'âme de son bienfaiteur, on ne doit pas, quel que soit l'état de l'esprit, parler ou écrire comme un homme sacrifié en victime sur un autel.

— Edward, je crois entrer dans le sens intime de vos idées... Vous allez en juger, d'ailleurs, et ma plume suivra vos conseils.

Lorédan prit le desk, s'assit et fit sa lettre à Jonathen.

La lettre finie, Edward la lut avec une attention scrupuleuse et dit : C'est bien ! c'est cela; Jonathen sera content. Vous avez surtout expliqué avec bonheur la demande en mariage que j'avais faite avant vous.

Edward prit la lettre, la mit dans son enveloppe et la scella de ses armes; puis il la mit dans un réseau de rubans de soie et la suspendit au cou d'Elphy, en désignant le chemin de la Floride, et criant : Elphy, portez cette lettre à Jonathen.

Le chien hurla de joie et s'élança sur la route de l'habitation.

Les deux amis, habitués à dormir ou à se reposer l'œil ouvert aux étoiles, se couchèrent sur les rives veloutées du port vierge, en renvoyant au lendemain la tristesse de leurs adieux.

Avant le lever du soleil ils étaient debout. Lorédan ne prononçait pas une parole ; Edward avait sur son visage l'air serein d'un homme qui s'apprête à faire une promenade sur mer.

Les dernières étoiles éclairèrent les derniers serrements de mains.

— Allez à Jonathen, mon ami, dit Edward ; moi je vais à votre père. Ne prenez aucun souci de moi. Ramenez vos serviteurs, j'attends aujourd'hui Nizam sous un palmier d'Agoa. Ce compagnon me suffit. Nous parlerons de vous, de Jonathen et des autres... Je me suis donné une mission, ma liberté m'est rendue, je vais continuer l'itinéraire de ma destinée. Si le navire de l'horizon me manque aujourd'hui, la Providence m'en enverra un autre demain ; j'y compte parce que c'est juste.

Bientôt les échos du port de Gessin rediront notre cri de voyage : *Forward! En avant!*

Quand le soleil se leva, sir Edward était seul, et comme il était seul, il permit à quelques larmes de mouiller ses joues : il n'y a pas de pudeur au désert.

Sir Edward et Nizam voguaient vers l'Europe, à bord du navire providentiel, *le Dauphin.*

ÉPILOGUE.

Ils étaient fort tristes tous deux, et ils se mêlaient rarement aux passagers. La tristesse incurable est ennemie de l'entretien frivole ; elle tient à distance les causeurs.

Sur le pont d'un vaisseau, le désespoir donne de dangereux vertiges. Un simple parapet de bois sépare la vie de la mort.

Sir Edward avait assez de courage pour se laisser vivre ; mais lorsqu'il est si facile de mourir, on peut s'abandonner à un éclair d'excitation et suivre une fantaisie fatale, qui, en certains cas, se colore d'un semblant de volupté.

Nizam, qui comprenait tous les genres de silence de son maître, ne regardait que deux choses, la mer profonde et sir Edward, et il attendait ; car son intention était de faire jusqu'au bout son devoir de bon serviteur, à la surface de la terre comme au fond des eaux.

Auprès d'eux se groupaient quelques Indiens nonchalants et rêveurs, dont le costume, le maintien, la figure, rappelaient assez les vieux philosophes grecs, qui s'en allaient, d'île en île, prêcher la sagesse aux nations, sur des trirèmes couronnées de fleurs.

Ces hommes avaient des paroles graves et douces, et on éprouvait un charme infini à les entendre parler des choses de ce monde, dans une langue colorée comme la lumière de l'Inde, harmonieuse comme la vague du Coromandel.

Le Nestor du groupe philosophe et voyageur venait de commencer une histoire indienne qui, dès les premières pages, captivait déjà l'attention d'Edward et de Nizam, et les obligeait à donner trêve à leur désespoir. Voici donc ce que racontait le sage Indien.

XVII.

HISTOIRE DU SAGE INDIEN.

« A Tchina-Patnam vivait un Indien nommé Arzeb, qui était renommé pour sa vertu.

« Il oubliait quelquefois de compter les grains de son *poitah*, mais il ne manquait jamais de secourir un malheureux.

« Sur son lit de mort il eut une faiblesse ; il regretta la vie, quoiqu'il fût convaincu qu'une bonne place l'attendait dans le jardin Mandana, qui est visité chaque jour par Indra, le Dieu du firmament.

« Il invoqua la déesse Sursutée, la seconde épouse de Witchnou, et Sursutée lui apparut à cheval sur son tigre favori, et un rameau de manguier à la main.

« Divine épouse du dieu Bleu ! s'écria Arzeb, accorde une grâce au plus fervent adorateur des dix incarnations !

— Quelle grâce ? dit la déesse.

— Prolonge ma vie de dix ans.

— Impossible ! mon fils, dit Sursutée. Tes jours sont comptés depuis ta naissance. Tu dois mourir quand le premier rayon du soleil luira sur la pagode de Williakarmia, et l'aube a déjà blanchi le ciel.

— Accorde-moi dix jours ! dit Arzeb les mains jointes.

— Je ne puis t'accorder qu'un jour, dit la déesse : celui-ci, parce que l'univers ne sera pas bouleversé pour cette faveur. Je t'accorde un jour, car tu as été sage et bon. A la fin de ce jour, souviens-toi de venir mourir ici. » et Sursutée disparut.

Arzeb, qui se sentait mourir, se leva lentement, s'habilla, fit ses ablutions, et dit : « Voici une nouvelle vie qui commence pour moi, profitons-en et ne la prodiguons pas. »

Il rencontra un brame qui lui dit : « Arzeb, si tu veux écrire l'histoire d'Aureng, le glorieux fondateur de l'empire maratte, je te donnerai un champ de bétel, un chatiram avec un bois de palmiers et six onces d'or.

— La vie est courte, répondit Arzeb, je n'ai pas le temps d'écrire des histoires ; il faut que je vive, laisse-moi passer. »

Un homme de guerre, qui recrutait les soldats, lui dit :

« Arzeb, notre victorieux empereur va se battre contre un petit roi d'Éléphanta ; veux-tu prendre l'arc et le carquois ?

— Quelle folie ! répondit Arzeb, aller tuer des gens qui doivent mourir ! Je ne veux pas être le valet de la mort. »

Un père de famille, qui avait neuf filles de la plus belle taille et du bronze le plus doré, dit à Arzeb : « Je te donne ma fille cadette en mariage avec deux éléphants.

— Je n'ai pas le temps de me marier, dit Arzeb, il faut que je prie le dieu Bleu. Quant à tes deux éléphants, ils m'embarrasseraient beaucoup : le fardeau de ma vie est déjà assez lourd à porter, sans y ajouter encore deux éléphants. »

Le père de famille, outré de ce refus, mit le pouce de sa main droite sur son nez, en agitant les quatre doigts, ce qui, dans l'Inde, est un affront sanglant. Arzeb dit : « La vie est courte, je n'ai pas le temps de me venger. »

Un homme lettré dit à Arzeb :

« Mon savant Arzeb, tu es invité par les brames de Tchina-Patnam à passer quinze jours avec eux dans la salle noire, pour découvrir la cause des éclipses et faire un livre.

Arzeb répondit :

— Les éclipses auront la cause qu'elles voudront, cela m'est bien égal ; je ne veux pas m'enfermer. J'aurai, quand je serai mort, du temps de reste à m'enfermer entre quatre murailles. Laisse-moi respirer l'air de la montagne et voir le ciel indigo du céleste Indra. — Mais, ajouta le brame, tu seras ignorant toute ta vie !

— Ce ne sera pas long, reprit Arzeb, je meurs demain ; toi et les autres, après-demain. »

Arzeb avait perdu un quart d'heure à faire ces réponses, et il ne s'en consolait pas. « Combien le temps est précieux ! disait-il en lui-même. Chaque instant est comme une perle sans prix, qui tombe de ma main au fond du fleuve Triplicam, et j'ai peu de perles encore à dépenser. »

Et il marchait précipitamment dans la plaine de Tchoultry, qui s'étend depuis le pont des Arméniens au faubourg de Tchina-Patnam, jusqu'aux temples souterrains d'Elora.

Arzeb courait comme un homme qui a une idée d'affaires ou de plaisir ; mais il n'avait point d'idée ; il cherchait un moyen de dépenser les perles de sa courte vie, et ne savait à qui les donner.

Il s'assit pour méditer entre deux buissons de tulipiers jaunes, et il ne tarda pas à regretter le temps qu'il avait consacré à sa méditation : « Grand Siva ! s'écria-t-il en se frappant le front sur la raie blanche qui distingue les sectateurs de ce Dieu ; grand Siva, qui as connu l'humanité dans ton incarnation en nain, donne-moi une bonne inspiration sur l'emploi de mon temps ! »

Arzeb se leva, et vit, de l'autre côté du fleuve, un délicieux *chatiram*, à colonnades de sandal, et toute retentissante des voix de sept brahmanesses qui chantaient le combat de Ravana et de Rama, en s'accompagnant du *bin*. Ces jeunes femmes l'appelèrent par son nom et lui firent signe de traverser le fleuve. Arzeb se dit :

« Je perdrai beaucoup de temps à traverser le fleuve, et après je serai obligé de finir ma vie avec sept brahmanesses qui promettent beaucoup et ne donnent rien, même lorsqu'elles donnent, comme toutes les femmes de Tchina-Patnam, » et Arzeb abandonna les brahmanesses.

Il rencontra un jémidar qui lui dit :

« Arzeb, si tu as faim et soif, viens à ma cabane là-bas, devant la cascade d'Elora, je te servirai un plat de péomérops et de troupiales rouges, du jambon d'ours de Labiata, et tu boiras du wampi délicieux.

— Me prends-tu pour un fou ? dit Arzeb ; crois-tu que je vais perdre mon temps à charger ma tête et mon estomac ? Voilà un pauvre *beraidje* qui passe et qui a faim, fais-le boire et manger à ma place, et reçois cette once d'or. »

Deux bayadères et un chanteur ambulant, un *saradu-caren*, avec sa longue mandoline, voyant la générosité d'Arzeb, s'approchèrent de lui et lui demandèrent une once d'or, en lui offrant de danser et de chanter la célèbre idylle *Guita-Govinda*, sur les amours de Krishnâ, l'Apollon indien, et de Radhâ.

Arzeb donna l'once d'or, et dit aux bayadères que les amours de Krishnâ avaient fécondé l'Inde, et qu'ils étaient trop longs pour être écoutés par un agonisant.

Cependant Arzeb s'aperçut qu'en refusant tout ce qu'on lui offrait, il perdait beaucoup plus de temps qu'en acceptant quelque plaisir ; mais, dans cette perspective de mort prochaine qui dominait toutes ses autres idées, il ne se sentait au cœur aucun penchant.

Arzeb, à la deuxième heure de sa seconde vie, s'ennuyait à la mort.

« Brama ! s'écria-t-il dans un bâillement prolongé, ô Brama, que la vie est longue et lourde ! Je ne suis point étonné que tu te sois incarné dix fois pour tuer le temps ! »

Après cette exclamation, il était arrivé devant le temple *Ten-Tauti*, qui a deux portiques et qui est cité comme merveille parmi les merveilles d'Elora.

Il s'assit sur la queue d'un singe, à l'ombre du bœuf Nandy, taillé tout d'un bloc dans une carrière de granit, et mangea nonchalamment et sans appétit quelques noix de bétel.

Ses regards, lancés obliquement vers le ciel, lui révélèrent une chose pénible : Arzeb avait encore vingt heures à passer sur cette terre avant d'être frappé au front par le noir Yama, le dieu des funérailles.

Alors il adopta la ressource de ceux que l'ennui tue ; il s'étendit horizontalement sur le sable et il s'endormit.

Arzeb fit un rêve magnifique. Il crut voir, ou pour mieux dire il vit Roudra, le dieu de la mort, qui lui ouvrait la porte bleue du beau palais nommé Kaïlaça, dont les portiques de pierreries conduisent au jardin Mandana, tout peuplé de bayadères.

Siva, le plus puissant des dieux, lui disait :

« Arzeb, tu as été juste, et je vais te récompenser. Je te nomme roi des Maldives ; il y en a douze mille à l'entrée du golfe Arabique ; elles ont toutes des grottes de perles et de corail, et dans chaque grotte il y a une reine belle comme Latchmi, la déesse du plaisir. Ces douze mille reines seront tes épouses, et tu auras un harem flottant plus beau que celui du grand Sévadjy, le fondateur de l'empire mahratte. »

Arzeb, dans son rêve, descendit du firmament par un escalier d'or et d'indigo, et quand il fut arrivé au-dessus de la région des nuages, il découvrit son royaume, qui ressemblait à douze mille conques marines flottantes sous des aigrettes de palmiers.

En abordant aux Maldives, il lui sembla que l'Océan lui chantait une symphonie céleste en se divisant douze mille fois en petits ruisseaux d'azur vif et joyeux qui découpaient les Maldives.

Avec cette agilité de mouvements que les rêves donnent, Arzeb sauta légèrement d'une île à l'autre, et à chaque élan il voyait luire entre des feuilles de palmier, deux yeux noirs, sous des boucles ondoyantes de cheveux d'ébène, et sur un visage doux et doré comme celui de la belle Radhâ.

Les rêves, entre autres secrets mystérieux qui leur appartiennent, nous font perdre le sentiment des heures, du temps et de l'espace ; aussi Arzeb, en se réveillant, avait dans ses souvenirs plusieurs années de bonheur écoulées au milieu de ces douze mille reines dans le golfe Arabique, sur des couches de perle, d'ambre et de corail.

Arzeb revint pourtant bientôt au sentiment de sa réalité misérable ; il se retrouvait à l'ombre du bœuf Nandy, devant le temple d'Elora.

D'après ses calculs astronomiques, il avait dormi huit heures et, sans une maudite couleuvre qui l'avait piqué au talon, il aurait prolongé de quelques années encore son bonheur fantastique des îles Maldives. Arzeb se dit en soupirant :

« J'ai douze heures à vivre maintenant, et je jure, par Proudha-Çoura, que je suis fort embarrassé de mon existence. J'ai douze siècles devant moi, et si je n'étais un bon et fervent sectateur de Siva, j'irais me précipiter du haut de ce *Viranda* sur ce rocher, pour me soulager du fardeau de ces douze heures qui me tuent sous leur poids : au moins, ajouta-t-il, au moins si je pouvais me rendormir jusqu'à la fin de mes jours, qui arrivera dans douze heures, je reverrais mon beau royaume perdu, mon harem de reines, et le teint uni et frais de ma jeunesse dans le miroir du golfe ; mais, hélas ! lorsque le besoin naturel du sommeil me reviendra sous les paupières, je serai mort ! Oh ! c'est bien maintenant que j'ai compris le mystère de la vie !

« Nous n'avons que des plaisirs d'un instant qui peuvent être contestés, et des ennuis ou des douleurs incontestables. »

«La meilleure part de notre vie est celle du sommeil !

« Si le dieu Bleu, si le céleste Indra m'accordait une troisième vie, je ne l'accepterais qu'à la condition de dormir toujours. »

Comme il achevait ce monologue, en ayant soin de le prononcer syllabe par syllabe, avec une lenteur affectée, pour gagner quelques minutes sur les éternelles douze heures de son solde d'existence, il vit passer le bonze de la grande pagode de Nagpour, qui venait de descendre d'un éléphant pour s'agenouiller devant le temple de Dès-Avantara ou des dix incarnations.

Le bonze de Nagpour se nommait Dhéaly ; il avait quitté la riche capitale du Bherâr avec sa suite de jémidars des deux sexes, pour visiter la presqu'île du Bengale, et vaincre les fameux joueurs d'échecs de l'Indoustan.

Arzeb se prosterna devant le bonze Dhéaly, et lui dit :

« Rayon de la septième tête de Siva, toi qui assistes aux conseils d'Indra, et qui as désarmé avec une parole la colère du serpent Ananta, le serpent éternel, enseigne-moi le secret de passer dix heures sans être dévoré par l'ennui.

— Tu me demandes l'aumône d'une distraction ? dit le bonze.

— Je te la demande à genoux, étoile de Nagpour, dit Arzeb.

— Shegmadid, le glorieux architecte des temples d'Elora, qui a été mis au rang des dieux, et qui parcourt le firmament bleu sur le char du Souriah, a toujours conseillé aux bonzes de faire l'aumône aux malheureux, dit Dhéaly ; je vais te donner dix heures de volupté à faire envie à la chaste Sita ; je consens à faire cinq parties d'échecs avec toi. »

Arzeb ouvrit de grands yeux, de l'air d'un homme qui redoute plus le remède que le mal, et balbutia quelques paroles inintelligibles que le bonze interpréta dans le sens du remercîment le plus profond, celui qui ne trouve pas d'expressions pour se formuler.

Arzeb était peut-être le seul Indien de ce siècle lettré qui ne connaissait pas les échecs ; mais il avait oublié, dans son rêve des Maldives, que la déesse Sursutée, en lui accordant un jour de vie supplémentaire, lui avait implicitement donné une science universelle qu'il pouvait appliquer à tout.

Ce ne fut que devant l'échiquier qu'Arzeb sentit naître en lui l'intelligence d'un joueur d'échecs, et la révélation spontanée des hautes combinaisons.

Un jémidar avait retiré l'échiquier du bonze de l'étui de laque suspendu au cou de l'éléphant comme une décoration d'honneur.

C'était un merveilleux échiquier ; le meilleur ouvrier chinois du Penjab avait mis, dit-on, sept années à faire ce chef-d'œuvre d'ivoire, de nacre, de perles et d'ébène.

Le Roi-Blanc était l'image parlante du monarque alors régnant à Lahore, et qui se nommait Goala-Sing, le lion-berger, emblématique désignation qui désignait le courage et la bonté personnifiés en un seul homme. Le Roi-Noir faisait reconnaître à tous les fils du Céleste-Empire leur empereur vénéré, le magnanime Fo-Hi, ce monarque agriculteur qui inventa deux arbustes et trois fleurs, par un travail merveilleux de greffe et d'accouplement.

Les seize pions d'ivoire et d'ébène étaient ciselés avec un goût exquis ; leurs petits yeux luisaient comme deux escarboucles ; ils tendaient un pied en avant et ajustaient une flèche de nacre sur un arc de filigrane d'or.

Le bonze Dhéaly avait gagné cet échiquier dans un défi avec le petit-fils du grand Kosroû ; il en était fier, comme le temple de Nagpour est fier de sa porte de bronze, chef-d'œuvre du sculpteur El-Manoussi.

Les deux joueurs s'étaient assis sur le sable, devant le bas-relief qui représente Iriarte, l'éléphant chéri d'Indra.

Les premières pièces étaient à peine jouées que le bonze s'aperçut qu'il avait à combattre le plus redoutable joueur de l'Asie ; mais il ne désespéra pas de le vaincre, en lui faisant la proposition d'intéresser le jeu.

Généralement, en effet, les joueurs qui compromettent quelque chose de leur fortune, commettent souvent des fautes grossières, et perdent par timidité.

— Je vous joue toute ma fortune, dit Arzeb en souriant.

— Est-ce peu ? est-ce beaucoup ? dit le bonze.

— Un champ de riz, une habitation sur la Tiplicam, une maison à Tchina-Patnam, et un kattamaram qui fait les voyages de Taragambour, la ville des ondes de la mer, à la reine du Coromandel. Voici mes titres de propriété dans cette boîte de sandal ; ils sont tous revêtus du sceau de notre grand prévôt.

— Prends garde ! dit le bonze : ne te réserves-tu rien ? Songe qu'en perdant tu es obligé d'atteler les bœufs au Tandigel pour vivre ; songe que tu seras plus pauvre qu'un beraidje ou qu'un batteur de riz.

— Soleil de Nagpour, dit Arzeb en souriant, j'ai songé à tout.

— Eh bien ! moi, dit le bonze, je joue contre ta fortune un enjeu bien plus précieux pour toi. Écoute : l'architecte des temples d'Elora fut mordu par un serpent, ici, à cette même place ; le plus illustre de mes ancêtres desservait le temple de Williakarma ; il accourut au cri de l'architecte, et pilant sur un caillou sept feuilles de Tody, l'arbre du bienfait, il les appliqua sur la blessure mortelle et le guérit.

Quand l'architecte fut dieu, il apparut à mon ancêtre et lui dit : J'ai reçu de Siva le pouvoir d'accorder à toi et à tes descendants la grâce qu'ils demanderont une fois dans leur vie, soit pour eux, soit pour les autres ; cette grâce serait-elle de transporter au milieu de la plaine de Tchoultry la cascade voisine, formée d'une larme de la chaste Siva ! Je n'ai rien encore demandé, moi, au glorieux architecte ; je suis avare de la faveur qu'il me réserve, et je la mets pour enjeu sur cet échiquier.

— Accepté, dit Arzeb; continuons.

A ces mots, l'éléphant Iriarte agita sa tête énorme, secoua ses oreilles, et balança majestueusement sa trompe de granit sur la tête du bonze; puis il reprit sa pose monumentale et son éternelle immobilité.

— Vous le voyez, dit le bonze, l'architecte-dieu vient d'animer un instant son œuvre pour justifier mes paroles.

— Continuons notre partie, dit Arzeb en s'inclinant; rayon du Bherâr, j'accepte votre enjeu.

Les domestiques s'étaient retirés à l'écart par respect.

Ainsi, aucun regard humain ne vit ce combat sans égal, qui n'eut pour témoins que les dieux de l'Inde. Arzeb, par la grâce de Sursutée, s'était initié du premier coup aux mystères du jeu.

Sa tête échauffée au soleil de l'Inde, s'embrasa encore au feu des combinaisons victorieuses qui éclatent dans le cerveau et font ruisseler la joie dans le cœur.

A mesure qu'il poussait en avant ses pièces d'ivoire, il lui semblait que l'échiquier prenait des dimensions colossales et qu'un souffle infernal ou divin animait toutes ces figures, en leur donnant la taille et les passions des êtres humains qu'elles représentaient.

Dans ce délire d'une passion ardente, il croyait assister à cette bataille de Rama et de Ravana, immortalisée dans un poëme qui semble avoir été écrit par le soleil, en lettres de perles, entre l'île de Ceylan et le cap Coromandel, splendide théâtre de la guerre des monstres de l'Indoustan.

Le joueur d'échecs se vit grandir, à ses propres yeux, de toute la taille d'Aureng-Zeb; il luttait pour un empire; il poussait du bout de son doigt une armée de géants; il ébranlait la terre sous le choc d'une mêlée immense, et il croyait entendre autour de lui les applaudissements de tous les dieux de marbre sculptés sur les bas-reliefs des dix temples d'Elora.

Le bonze, habitué à vaincre tous ses adversaires, le bonze, qui avait même *maté* son illustre confrère de la pagode de Djagrénat, frémissait de colère et d'étonnement à chacune de ses défaites; et quelquefois, saisi d'un saint respect, il s'imaginait que son merveilleux adversaire était Wischnou lui-même, transformé en joueur d'échecs, dans une onzième incarnation. Cette idée plaisait à son amour-propre et l'empêchait de se briser le front de désespoir sur la croupe de l'éléphant de granit.

Le soleil tombait dans le golfe de Bengale et la vie d'Arzeb s'éteignait avec le soleil au moment où un mat décisif lui assurait sa victoire.

Le bonze vaincu fit sa prière à Siva, et l'architecte-dieu descendit dans une auréole d'azur et d'or.

« Bonze Dhéaly, dit l'architecte, quelle faveur demandes-tu au dieu Bleu?

Le bonze interrogea son vainqueur Arzeb, qui lui dit : Demande pour moi la faveur de rester encore cinquante ans sur cette terre de délices.

— Accordé, dit l'architecte-dieu; et il remonta vers le ciel pour prendre sa place sur les palmiers du jardin Mandana.

Arzeb sentit au même instant que la vie rentrait dans son corps et qu'un nouveau sang circulait dans ses veines; il baisa les pieds du bonze Dhéaly, et fit une prière de remercîment à l'architecte et à Siva.

— Tu es donc bien amoureux de la vie, dit le bonze à Arzeb, et que feras-tu de ton demi-siècle?

— Je dormirai pour vivre en rêve, et je me réveillerai pour jouer aux échecs, répondit Arzeb.

— Tu as raison, dit le bonze, je crois que la vie n'a été faite que pour cela. Il ne faut à l'homme ennuyé que deux choses : un lit et un échiquier. »

Il faut peu de chose pour donner une diversion salutaire aux ennuis mortels dont se compose le désespoir. Sir Edward trouva dans cette histoire toutes les consolations de cette noble sagesse indienne, vieille comme le monde : la vie lui apparut sous des aspects nouveaux, et il consentit à l'accepter.

— Nizam, dit-il, mon brave Nizam, il faut nous résigner à vivre, non pas pour dormir et jouer aux échecs, mais dans un but plus noble et plus digne de nous deux.

Et quatre mois après, sir Edward entrait en France et sauvait la vie et l'honneur au père de Lorédan de Gessin !

A l'habitation de *la Floride*, Willy et Lorédan étaient mariés.

FIN DE LA FLORIDE

www.ingramcontent.com/pod-product-compliance
Lightning Source LLC
LaVergne TN
LVHW050627090426
835512LV00007B/718